재앙을 축복으로
만드는 사람들
2

재앙을 축복으로
만드는 사람들

2

지은이 김원수

바른법연구원

【 일러두기 】

이 책자는 2017년 가을에서 2020년 겨울까지 매주 토요일 새벽 법문을 글로 옮기고 순서대로 세 권의 책에 나누어 실었습니다.
법문에서 백성욱 박사님과 김원수 법사님의 특징적인 말씀은 그대로 옮기도록 노력하였습니다.
원문은 네이버 카페, 백성욱 박사 교육문화재단
새벽법회II [https://cafe.naver.com/buddhaland]에서 들을 수 있습니다.

머리말

 금강경을 공부한 지 50여 년이라는 긴 세월이 흘렀습니다. 금강경을 처음 접하고 불교의 심오한 철학에 깊이 감동하여 그 가르침을 응용 실천하여 이기심을 모두 버리고 오직 부처님을 시봉하며 깨달음을 얻는 불자, 부처님 시봉하는 불자가 되려 하였습니다. 그러나 거친 사회생활을 하는 과정에서 이기적 욕망을 억누르며 부처님 시봉하는 일이 만만치 않음을 발견하였고, 부처님 시봉하는 일과 눈앞의 재앙을 소멸하고 소원을 성취하는 기복祈福의 마음이 충돌하기 시작하였습니다.

 금강경 공부의 초창기에는 깨달음의 길과 복을 구하는 구복求福의 길이 다른 줄 알았으나, 공부가 점차 성숙해지며 금강경 가르침의 핵심이 불이사상不二思想에 있음을 알게 되었습니다. 깨달음의 길, 즉 부처님 시봉의 길과 구복의 길이 결코 다르지 않음을 발견하면서, 금강경 공부가 잘될수록 소원은 기적적으로 더 잘 이루어지는 듯하였습니다.

하지만 금강경을 열심히 읽어도 10년 이상 지속되는 재앙의 생활을 두어 번 체험하기도 하였는데, 이런 고달픈 체험 뒤에 금강경 공부에 대해 허탈감이 들기 시작하였습니다. 금강경 공부의 보람은 과연 무엇인가? 금강경 공부에 대한 회의가 들기 시작하며, 전지전능하다는 자신감 대신 무력한 자신의 한계를 절감하였습니다. 이때 후딱 깨친 것이 있었습니다. 바로 금강경 16분의 구절입니다.

선남자 선여인 수지독송차경 약위인 경천
善男子 善女人 受持讀誦此經 若爲人 輕賤

시인 선세죄업 응타악도 이금세인 경천고
是人 先世罪業 應墮惡道 以今世人 輕賤故

선세죄업 즉위소멸 당득 아누다라삼막삼보리
先世罪業 卽位消滅 當得 阿耨多羅三藐三菩提

이 말씀으로 비로소 10년 이상의 인고忍苦의 세월이 결코 허송세월이 아니요, 선세죄업의 소멸 기간임을 알게 되었습니다. 이 긴 소멸의 시간에 공부가 진전이 없었던 것이 아니라 조금씩 나아지고 있었는데, '아니 된다'라는 잘못된 생각에 가려 허송세월이라 이름을 짓고 퇴타심의 세월을 보냈던 것입니다. 비로소 선인들이 말씀한 '번뇌가 곧 보리'요 '생사가 곧 열반'이라는 진리를 실감하게 되었고, 재앙이 닥쳐도 이를 재앙이라 이름 짓지 아니하고 축복이라 이름 지으면 축복으로 변한다는 사실을 깨달았습니다.

재앙이 축복과 다르지 않다는 불이不二의 가르침을 깨치는데 수십 년의 세월이 걸린 것입니다. '재앙이 곧 축복'이라는 구절을 실감하는 순간, 나는 새로운 불자로 태어났다고 감히 말씀드립니다.

그 후 매주 토요일 아침마다 도반들에게 재앙이 '재앙이 아닌 축복'임을 실감하는 것을 알려드리려 하였고, 이 법문들을 모아서 만든 것이 이 책입니다. 그리하여 나는 책의 제목을 『재앙을 축복으로 만드는 사람들』로 하게 된 것입니다. 재앙이 곧 축복이 되는 것을 깨닫는 순간 매일매일 좋은 일만이 우리 앞에 있을 것입니다.

이 책을 가까운 도반들은 물론 전 세계 모든 사람들이 잘 읽어서 부처님과 내가 둘이 아닌 진리, 번뇌와 보리가 둘이 아닌 진리, 재앙이 곧 축복임을 아는 불이不二의 진리를 단박에 깨쳐, 나처럼 오래도록 허송세월하지 않으시고 부처님 시봉 잘하기를 기원합니다.

2021년 11월

김원수 합장배례

●
차
례
○

- 일러두기 … 004
- 머리말 … 005

제1장
탐진치를 소멸하여
환희심이 날 때까지 수행하라

법다운 법당과 법다운 법문 … 017
선지식 모시고 대승의 마음으로 공부해야 한다 … 027
우리 가르침은 목표달성이 아니라 부처님 시봉 … 040
불도佛道 수행은 늘 즐거운 것 … 046
축복의 씨앗, 고통을 감사하며 즐겁게 바친다 … 057
소원 성취해서 부처님 드리겠다고 하면 진실로 내 것이 된다 … 064
탐진치를 소멸하여 환희심이 나도록 수행하라 … 070
분별심이 다양해도 하나만 마음 세워서 끝까지 바쳐라 … 078

진정한 무주상 보시의 복덕은 바로 실감할 수 있다 … 085

백 선생님 가르침의 특징 … 092

금강경식 지혜 교육, 모른다는 생각을 부처님께 바쳐 터득한다 … 100

제2장
재앙은 소멸하고 소원을 성취하는 올바른 마음가짐

금강경 가르침의 위대성, 모든 것을 내 마음에서 찾는다 … 113

본능을 거스르기 싫은 마음을 부처님께 바치며 즐겁게 한다 … 122

재앙은 소멸하고 소원을 성취하는 올바른 마음가짐 … 130

집중하여 아는 것과 깨달음은 다르다 … 138

무슨 일이든지 이름 짓지 말아야 하는 이유 … 147

밝은이가 가르쳐 주시는 진정한 행복의 길 … 156

성공과 환희심을 유지하려면 치심癡心을 닦아야 … 169

바치는 것은 공경심으로 완성된다 … 179

밝은이가 보시는 재앙의 원인과 소멸 … 185

제3장
난제를 부처님께 바치면 가장 좋은 결과로 축복받는다

도인의 법식, 바쳐서 나오는 지혜로 대처한다 … 193
소원을 적극적으로 성취하고 오래오래 유지하는 방법 … 201
계율의 참뜻, 마음속에서도 하지 않아야 한다 … 209
내 마음이라 깨치고 참회할 때까지 재앙은 반복된다 … 220
우리 법당의 정체성 … 231
우리 가르침의 탁월함, 마음속에 이미 구족함을 알라 … 239
난제를 부처님께 바치면 가장 좋은 결과로 축복받는다 … 248
아상을 소멸하여 금생에 이루는 우리 가르침 … 254
불안한 생각이 올라올 때 … 261

제4장
무슨 생각이든지 착각인 줄 알고 형상 없는 부처님께 바쳐라

진정한 불자는 늘 부처님을 향한다 … 273
진심을 해탈하여야 세상 떠날 때 부처님을 향할 수 있다 … 283

무슨 생각이든지 착각인 줄 알고 형상 없는 부처님께 바쳐라 … 288
부처님 시봉하는 마음, 응무소주 이생기심의 실천 … 294
음탐심을 깨치면 큰 지혜와 생사해탈로 이어진다 … 304
금강경 가르침, 4차 산업혁명 시대의 훌륭한 대안 … 314
아무 염려하지 마라, 걱정 근심이 본래 없는 것이다 … 325

제5장
사람을 대할 때 항상 주는 마음으로

순수한 신심과 환희심, 장엄 불토의 본질 … 331
지혜로워지는 법문과 행복해지는 법문 … 337
지혜로운 이는 일할 때 원을 세우며 바치고 연구한다 … 342
우리 가르침은 부처님과 함께 하는 참선이며 기도수행 … 351
아름다운 우리 법당의 특징과 나아갈 길 … 357
재앙을 미리 소멸하는 금강경 가르침 … 365
사람을 대할 때는 바라지 말고 주는 마음으로 … 372
코로나바이러스에 대한 진실한 해법 … 381

- 찾아보기 … 391
- 주제로 찾아보기 … 396

- 편집후기 … 401

법문 들으시는 모든 분들이
재앙은 소멸하고 소원은 성취해서
부처님 전에 복 많이 지으시기를 발원드립니다

제1장

탐진치를 소멸하여
환희심이 날 때까지 수행하라

법다운 법당과
법다운 법문

날짜는 정확히 기억하지 못하지만 1988년 무진년 초겨울, 법당을 2층 건물로 낙성하고 《용화정사》라고 현판을 걸었습니다. 그때는 초라하기 짝이 없던 법당이었는데, 30년이 지나서 물적으로 큰 발전은 없었지만 정신적으로는 적잖게 발전하지 않았나 생각합니다.

오늘은 법당의 정의와 특징에 대해서 한번 생각해 보겠습니다. 법당에서 깨친 이들이 법문을 합니다. 법문의 뜻이 무엇인지 생각해 보겠습니다. 법문을 듣기만 하면 아무 의미가 없습니다. 법문을 실천해야 합니다. 실천하는 과정에서 나타나는 현상들도 생각해 보기로 하겠습니다.

지금 말씀드린 법당, 법문 앞에는 반드시 '법다운'이 포함됩니다.

법다운 법당의 정의와 특징은 무엇일까?

법다운 법문의 뜻은 무엇일까?

법다운 법문을 실천했을 때 나타나는 현상은 무엇일까?

법다운 법당

그저 공부하는 사람들과 스님이 모여서 공부하고 생활하는 절 같은 곳을 모두 법당이라고 하는 것에 저는 동의하지 않습니다. 반드시 깨친 이(밝은이)가 생활하면서 수도하고 마음 닦던 곳이 법당입니다. 아상이 없는 깨친 이가 아상이 없는 가르침, 즉 금강경을 실천하는 곳이 법당이라고 정의할 수 있습니다.

따라서 법당은 법당 아닌 곳과 분위기가 다릅니다. 절이라고 해서 다 법당이 아닙니다. 절에 스님과 신도가 있어서 수행을 열심히 해도 아상을 닦는 수행을 하지 않는다면, 그 절은 법당으로서의 올바른 역할을 할 수 없습니다. 법당이 아니라고 말하고 싶습니다.

법다운 법당은
마음을 편안하게 한다

도인이 계시고 깨친 이가 수도하던 법당은 법다운 특징이 반드시 있습니다. 제 경험을 말씀드리겠습니다. 1966년 여름, 처음으로 소사에 계신 백 선생님을 찾아갔습니다. 서울에서 인천 가는 시외버스를 타고 소사 삼거리 정류장에 내려서 백 선생님*이 계신 곳으로는 약 10여 분 걸어갑니다. 소사 삼거리에 내려서 백 장관님 댁이 어디냐고 물으면 다 안다고 해요. 처음에는 세상을 다 아는 도인, 전생을 훤히 내다보는 도인이라는 소문을 듣고 가서 그런지 굉장히 긴장

-----
* 백 박사님, 백 선생님은 불세출의 도인이시며 큰 스승이신 백성욱 박사님입니다. 호칭은 법사님께서 말씀하신 그대로 혼용하여 옮겼습니다.

하였습니다. 제가 비교적 바르고 성실하게 살았지만 내 속에 허물이 많이 있는데, 저의 나쁜 점을 보고 꾸중하시면 어떻게 하나 하는 두려운 마음이 들기도 했습니다.

그런데 참 이상해요. 그 뒤로 일주일에 한 번씩 갔는데, 소사 정류장에서 한 10여 분을 걸어가는 동안 마음이 점점 안정됩니다. 또 여쭈어볼 것을 많이 적어갔는데, 백 선생님께 인사드리고 앉으니 하나도 생각이 나질 않았습니다. 어느 때는 근심 걱정을 잔뜩 안고, 선생님께 여쭈어 재앙을 해결하고 싶은 불안한 마음으로 갑니다. 선생님 계시는 곳으로 한 걸음 한 걸음 가는 동안에 마음이 편안해지며 차분히 가라앉는 것을 느꼈습니다. 나중에 선생님께서 그 이유를 말씀해 주셨습니다.

"여기에 오면 왜 사람들 마음이 쉬는 줄 아느냐? 내가 마음을 닦고 분별을 바치고 있기 때문이다. 그래서 이곳은 아상이 없는 곳이다. 아상이 없는 자리에 오면 상대의 마음도 따라서 쉬기 때문에 편안해진다. 이쪽을 향해서 오면 부처님을 향해서 오는 것과 마찬가지니, 오기 전부터 마음이 편안해지고 근심 걱정이 사라지면서 질문할 것조차 잊어버리게 된다."

그 뒤 백 선생님께서 서울에 가셔서 소사에 거의 오시지 않았을 때도 가끔 갔습니다. 1972년으로 기억하는데 선생님은 안 계셨습니다. 한 사람이 남아서 수행하고 있어서 여러 번 놀러 가기도 하고 거기서 자기도 했는데, 비록 선생님이 소사를 떠나신 지 여러 해가 지났어도 항상 마음이 편안했습니다.

금강경을 읽고 도인이 계셨다는 생각을 해서 편안함을 불러온 것일까?

자기 최면이 편안함을 불러온 것일까?

전혀 금강경을 읽지 않고 공경하는 마음을 내지 않는 사람들은 어떨까?

신기하게도 백 선생님이 어떤 분인지 전혀 모르고 금강경을 읽지 않는 사람들도 소사에 다녀오면 마음이 깨끗하고 편안해집니다. 실례가 있습니다. 제가 소사에서 공부할 때 친구들이 비교적 자주 찾아왔습니다. 처음에는 나를 보러 왔겠죠. 불교를 전혀 믿지 않는 친구도 거기 갔다 오면 머리가 맑아진다고 하였습니다. 나중에는 자기들이 편안하니까 오는 것도 있었습니다. 이것이 법당의 특색입니다.

이와는 반대로 마음이 편안해지지 않는 법당이 있습니다. 법당이라고 하는데 법당을 향해도 편안해지지 않고, 거기서 업보들을 만나면 어떻게 하나 하는 불안한 생각이 들 때가 있습니다. 물론 깨친 이가 봐야 하겠지만, 분별 내는 사람이 그 절에 자리 잡고 있어서 그곳을 향했을 때 마음이 편안해지지 않는 겁니다.

법당은 밝은 곳이다

또 하나의 특색은 법당은 밝은 곳이라는 것입니다. 분별은 어두움을 일으키고 바로 영향을 미칩니다.

백 선생님께서는 종종 이런 법문을 하셨습니다.

"밝은 태양 아래 응달은 더욱 어둡다."

백 선생님께서는 "여기 와서 법문 들으면 재앙은 소멸하고 소원이 성취되느니라. 나한테 돈 가져와서 기도해라. 소원을 성취시켜준다." 하는 말씀은 절대 하시지 않았습니다. 정반대입니다. 굉장히 잘 내

쫓습니다. 거기서 오래 있기 힘들어요. 내쫓기지 않고 있었던 사람이 거의 없을 정도입니다.

대자 대비한 법당에서 조금 잘못한 것 갖고 왜 그렇게 살벌하게 내쫓을까? 의문이 들지요. 도인을 제대로 알아야 합니다. '나한테 많이 가져오라.'고 하고, 사람들을 아무나 받아주고 내쫓지 않는 법당은 법당으로서 제대로 자격을 갖추지 못했다고 생각합니다. 제가 법다운 법당에 있어 본 경험으로 말씀드립니다. 내쫓을 때는 반드시 설명해 주십니다.

"보따리 싸라. 나가라. 여기는 밝은 곳이다. 밝은 태양 아래 응달이 더 어둡다. 이 밝은 곳에서 탐심과 진심의 분별을 내면 밖에서 분별 내는 것보다 훨씬 더 어둡고 진하다. 재앙을 바로 일으키게 된다. 네가 그 탐심과 진심을 가지고 이 법당에 오래 있으면 바로 그것이 재앙이 되어 네 몸뚱이를 상하게 한다. 여기서 너를 내보내는 것은 네가 규칙을 지키지 않고 나쁜 짓을 해서 다른 사람들도 따라서 나쁜 짓을 행하기 때문에 내보내는 것이 아니다. 네가 여기서 분별을 내기 때문에 네가 여기서 죽는다. 네가 죽는 것을 방지하기 위해서 내보낸다."

백 선생님의 법당만 그런 것이 아닙니다. 어떤 법당이라도 아상이 없는 밝은 곳에서는 분별을 일으키면 굉장히 괴롭습니다. 소사에서는 분별만 일으키면 그날로 지옥고입니다. 실제로 재앙이 일어나서 견딜 수가 없습니다. 스스로 보따리 싸서 나가든가 내쫓기든가 합니다.

소사에서 한 도반이 '저게 별거야?' 하면서 백 선생님께 발길질했다가 바로 처벌받았습니다. 또 다른 이는 법당에서 백 선생님의 돈을 훔쳐서 벼락 맞을 뻔했습니다. 누가 벌을 주고 누가 처벌하는 것이 아닙니다. 밝은 태양 아래 응달은 더욱 진하다는 법당의 특징을 그대로 나타낸 것입니다. 법당은 이런 조건을 갖추어야 합니다.

지금 법다운 법당의 두 가지 특징을 말씀드렸습니다.

첫째, 법당을 향해서 가면 반드시 마음이 편안해져야 한다.

둘째, 법당에서 분별을 일으키면 반드시 처벌이 뒤따를 정도로 법당은 밝아야 한다.

법다운 법문

법다운 법문의 뜻을 말씀드리고자 합니다. 요새 BBS나 BTN의 법문을 가끔 듣습니다. 다른 분의 법문을 들으면서 백 선생님께서 어떻게 생각하실지 종종 생각해 봅니다. 한편 백 선생님이 말씀하시는 법다운 법문이라는 것은 어떤 것인지 생각했습니다.

어떤 스님이 방송에서 이렇게 말씀하시는 것을 들었습니다.

"무엇 때문에 오셨습니까? 이 법문 듣는다고 돈이 생기나, 밥이 생기나, 출세를 하나, 여기에 무엇 때문에 사람들이 많이 모였을까요? 아마 영생을 사는 길을 알려고 오시지 않았을까요?"

법당에서 법문 들으면 돈이나 밥은 생기지 않는다고 생각하는 것이 일반적입니다.

요새 법문을 들으면 부처님에 대한 공경심과 신심이 대단하다고 느껴지는 법문보다 대부분 자기 잘난 척하는 법문이 많습니다. 경전을 해석하더라도 자기 잘난 모습이 드러납니다. 금강경에서는 여아해불소설의我解佛所說義라고 합니다. '내가 부처님의 뜻을 헤아려보면 부처님께서는 아마 이렇게 말씀하셨으리라.'는 것입니다. 그런데 요즘 이런 표현을 잘 안 씁니다. 어떻게 보면 탐심과 오만불손이 넘치고 있습니다.

스님들은 마땅히 신도들을 가르치려고 합니다. 가르치려는 것이 뭐지요? 치심입니다. 그리고 굉장히 잘난 척합니다. 모인 사람들을 자기 부하로 알면서 가르치려 하고 또 잘난 척합니다.

법문을 제대로 하려면 탐진치가 있어서는 안 됩니다.

심지어는 법문하는 사람이 불교 신자인지 아닌지도 모를 때가 있습니다. 철학을 강의하는지 불교를 강의하는지, 심리학을 강의하는지 불법을 강의하는지 도대체 알 수가 없습니다. 법문 속에 부처님이 안 계십니다.

부처님이 계시지 않다는 뜻은 무엇인가?

아상, 탐진치가 넘친다는 뜻입니다.

부처님 강의를 한다면서 철학이나 심리학을 강의하고, 자기가 외국에서 배워 온 것을 그대로 말하면서 그것이 최신 법문이라고 합니다. 이런 법문은 돈이나 밥이 생기지 않음은 물론이고, 영생으로 가는 데에도 아무 도움이 되지 않습니다.

그렇다면 참 법문은 어떤 것일까?

제가 참 법문을 들어 봤기 때문에 말씀드릴 수 있습니다.

백 선생님은 절대로 잘난 척하지 않고, 꾸중은 하시지만 가르치려고 하지 않습니다. 묻는 것에 대답만 하실 뿐입니다. 꾸중 맞을 질문을 했기에 그것에 대해서 거울 비추시듯이 꾸중을 하셨던 것이지, 이 사람을 바로 잡아서 사람 만들려고 꾸중하는 법문을 하지 않았습니다. 거울 비추듯이 비추기만 해서 그이한테 도움이 되게 하는 것입니다. 즉 탐진치가 없는 법문을 하십니다. 달리 말해서 부처님이 계시는 법문을 하십니다. 이런 법문은 밥도 먹여 주고 돈도 벌게 합니다.

　탐진치가 있어도 엔터테이너 같이 법문을 하면 재미있을 수는 있습니다. 하지만 거기에는 자랑하려 하고 가르치려 하는 치심이 있어서 사람들을 실지로 살리지 못합니다. 저는 요즘 큰스님이 하시는 동안거 결재법문을 가끔 듣습니다. 아마 백 선생님께서 들으셨다면 "저이는 법문하는 것이 아니라 잘난 척하고 있다."라고 하실 것 같습니다.

법다운 법문을
실천하는 과정에서 일어나는 일

　지금까지 세 가지, 법당의 정의, 특징, 그리고 법다운 법문이 무엇인지 말씀드렸습니다. 이런 참 법문을 실천하는 과정에서 나타나는 현상이 있습니다.

　금강경식으로 공부해야 합니다. 아상이 없는 가르침을 실천해야 바로 금생에 됩니다. 더 빠른 기간에 될 수도 있습니다. 좋은 일을 해도, 나쁜 일을 해도 그 결과가 빨리 나타납니다. 아상이 있는 법문은 실천해도 내생에 이루어지니 거의 의미가 없습니다. 대학에서 철학 강의 듣는 것과 절에 와서 불법 강의 듣는 것이 똑같습니다. 세상에 수많은 실천법이 있지만, 금강경만이 아상을 없애는 경이고, 그것을 실천함으로써 좋은 일도 빨리 나타난다고 생각합니다. 금생에 나타나서 금생에 밝아질 수 있습니다. 나쁜 일도 빨리 일어납니다.

만약 어떤 사람이 누군가를 심하게 욕한다고 합시다. 금강경 읽지 않는 사람이 욕하면 금생에 벌 받지 않고 내생으로 갑니다. 반면 금강경 읽는 사람이 진심을 낸다면 바로 멀지 않은 금생에 바로 재앙이 옵니다. 우리는 소사에 들어와서 열심히 금강경을 읽고 실천했습니다. 나쁜 일이라고는 하나도 할 수가 없습니다. 올라오는 대로 다 바칠 뿐입니다. 그런데도 악심이 나서 몸에 종기가 생기거나, 배탈이 나고, 머리가 아프고, 체해서 고생을 하는 수가 있습니다. 소젖 짜다가 소한테 발길질을 당하는 경우도 있었습니다.

왜 그럴까요?

분별을 내는데 한편으로는 금강경을 읽으니, 분별을 자기 몸에 빨리 실현하는 것입니다. 재앙으로 나타납니다.

법당에서 재앙을 마주치니 천만다행입니다. 밖에서 재앙이 난다면 재앙이 빠져나가는 것이라고 할 수 없습니다. 법당에서 당한 재앙, 예를 들면 손을 베거나 자동차 사고를 당하는 것은 죄업의 소멸이며 업장이 빠져나가는 것으로 해석합니다. 한의학에서 말하는 명현반응하고 비슷합니다. 약을 먹는데 처음에는 몸이 좋아지는 것이 아니라 몸이 괴롭고 더 나빠지고 심지어는 종기도 나는 수가 있는데 이것을 명현반응이라고 합니다. 마치 그와 비슷하게 체험합니다.

법당에 처음 가서 공부가 안 되고 더 괴롭고 심지어는 재앙이 일어나는 것은, 자기도 모르게 전생에서 가져온 식識으로 분별을 내지만 올바르게 공부도 하니, 나쁜 것을 자기 몸에 빨리 실현해서 나타나는 것입니다. 그러나 이 재앙을 통해서 죄업과 분별이 소멸합니다. 법당에서 일어나는 재앙은 반드시 나쁜 것이 아니고 축복입니다. 이것이 수도하는 과정에서 일어나는 일입니다.

이런 이야기는 다른 어느 법회 가서도 듣기 어려울 것으로 생각합니다.

"이런 법문을 들어도 가지지 마라. 기억해 두지 말라. 그 생각 또한 부처님께 바쳐라."

백 선생님께서는 이렇게 말씀하십니다.

제가 법다운 법당에서 공부했던 경험으로 말씀드렸습니다.

여기서도 소원 성취가 빨리 되는 분이 있고, 또 재앙도 빨리 일어나는 분이 있습니다. 그것은 정법이기 때문에 그렇습니다. 재앙이 일어나도 나쁜 것이 아닙니다. 빨리 실현해서 해탈하는 것입니다.

이 가르침을 만난 것을 영광으로 알고 부처님 시봉 잘하시기를 발원드립니다.

2018.12.01.

선지식 모시고
대승의 마음으로 공부해야 한다

　오늘은 제가 소사 수도장에서 공부했던 이야기와 그 공부를 바탕으로 살아온 이야기를 말씀드리려고 합니다. 말씀드리는 것의 핵심은 우리 공부는 소승의 공부가 아니라 대승의 공부이며, 대승의 마음으로 출발해야만 참 공부가 된다는 것입니다. 소승, 대승하면 불교의 역사를 이야기하는 것처럼 진부하게 들릴지도 모르지만, 저는 그런 진부한 이야기를 하려고 하는 것이 아닙니다. 수도생활뿐 아니라 일상생활에서도 꼭 필요한, 지침이 되는 말씀이라고 생각합니다.

　우리는 학교 다닐 때 좋은 성적을 얻으려고 합니다. 초등학교 때만 하더라도 공부 잘하는 학생이 부자나 힘센 학생보다 더 대접받았습니다. 공부는 노력하면 잘한다고 생각합니다. 그때 공부는 혼자 하는 공부였습니다. 물론 지금도 혼자 공부합니다. 옛날에 과거시험도 혼자 공부했습니다. 하버드식으로 같이 모여서 토론하는 공부와는 다릅니다. 우리나라 전통이 그러했습니다.

저는 공부는 혼자 하는 것으로 알았습니다. 그리고 스승의 지침대로 열심히 하면 성과를 이루고 목적을 달성할 수 있다고 생각했습니다.

지금 간화선 하시는 스님들을 보면, 스승의 지침을 받아 화두를 들지만, 어느 때가 되면 스승의 곁을 떠납니다. 혼자 열심히 화두를 참구하다가 언젠가 깨친다고 합니다. 간화선뿐 아니라 위파사나, 염불도 혼자서 열심히 노력만 하면, 난행고행만 하면 결국에 깨친다는 생각인 것 같습니다. 여럿이 모여 함께 토론하는 공부는 과거에도 없었고 앞으로도 있을 것 같지 않습니다.

일이나 사람과의 관계에서 올라오는 모든 분별을 해탈하는 공부

금강경을 읽고 무슨 생각이든 바치는 공부도 역시 혼자서 올라오는 생각만 잘 바치고 성실히 노력하기만 하면 깨치기도 하고, 재앙이 변해서 소원이 이루어지고, 다 잘 될 것으로 생각했습니다. 혼자 해도 되는 공부로 알았습니다.

처음에 수도장에 들어갔을 때 제 생각대로 혼자 공부했습니다. 수도장에 들어가기 일 년 전부터 매주 선생님을 찾아뵐 때에도 공부는 혼자 했고 출가해서도 처음엔 혼자 했습니다. 혼자 했더니 마냥 편했습니다. 아마 만약 계속 혼자 공부했다면 저는 공부가 그렇게 어려운 것인지도 몰랐을 것입니다. 공부는 마냥 재미있고 즐거운 것이라고 생각하고, 지금과는 다른 느낌을 가졌을 것입니다.

물론 어려운 일도 있었지요. 목장에서 도반들과 짜증나는 일도 있고 어려운 일, 귀찮은 일도 있었습니다. 그래도 그것은 금강경을 읽고 바치기만 하면 대개 다 없어져요. 시간이 가면 갈수록 그런 문제는 어렵지 않게 해결이 됩니다. 훌륭한 스승이 계시기 때문에 거친 행동을 하는 것은 지극히 제한되어 있습니다. 그래서 조금 바치기만 하면 다 잘되었습니다.

그렇게 큰 어려움이 없이 혼자서 신선놀음을 하고 있었는데, 어느 날 선생님께서 매일 아침 법담에 들어오라고 하셨습니다. 매일 선생님께 예배하고 매일 대화하라는 것입니다. 저는 그 뜻을 알 수 없었습니다.

'공부하는 방법을 일러 주셨으면 됐지, 매일 대화해야 할 필요가 있을까? 이 공부는 혼자서도 할 수 있는 공부가 아닌가? 왜 매일 들어오라고 하실까? 잔소리 같은 이야기를 더 하실 것이 있을까?'

뒤늦게 깨치고 보니 저는 상당히 공부에 대해 잘못 알고 있었습니다.

우리 공부라는 것이 무엇입니까? 마음속에서 올라오는 갖가지 번뇌 망상, 탐진치를 해탈하는 것, 나로부터 떼어서 소멸하는 것입니다. 내 마음속에 번뇌 망상, 탐진치는 여러 생 동안 사람들과 맺은 관계로부터 발생합니다. 사람뿐만 아니라 일과도 관계를 맺었습니다. 일을 할 때 떠오르는 추억, 낭만, 번뇌 망상이 있을 수 있습니다. 일이나 사람과의 관계에 의해 형성된 것이 '나'입니다. 일을 할 때, 사람들과 관계를 맺을 때, 여러 가지 분별이 일어납니다. 이것을 바치는 것이 수도입니다. 내가 이렇게 관계 속에서 살고 있다는 것을 전혀 몰랐을 때, 일과 사람과의 관계를 떠나서 공부하는 방법만 일러 주면 혼자서 공부를 할 수 있다고 생각했습니다.

선생님께서는 참선도량처럼 조용하게 혼자 공부하게끔 하지 않고, 일을 같이 하도록 목장으로 꾸며놓으셨습니다. 목장 일을 하면서 '어렵다. 힘들다. 지저분하다.' 등 여러 가지 분별이 많이 올라옵니다. 또 사람 관계에서도 '고약하다. 심술궂다. 도둑 같다. 얌체 같다.' 등 여러 가지 분별들이 올라옵니다. 그들과 여러 생 맺었던 관계에서 나오는 분별 망상입니다. 그것을 바쳐서 해탈하는 게 수도입니다.

그때 저는 관계를 철저히 해탈하는 것이 공부라는 생각은 전혀 하지 못했습니다. '공부하는 방법만 알고 있으면 사람과의 관계는 대충 올라오는 것을 바치기만 하면 된다. 마음 속 번뇌 망상에 집중하여 맑아지면 삼매에 들고 결국 깨치게 된다.'는 내 나름대로의 막연한 생각으로 그대로 밀고 나가려고 했습니다. 지금 알고 보니 그런 식의 사고방식은 올라오는 번뇌 망상을 눌러 참고, 무엇 하나에 집중해서 깨치려는 것입니다.

사실 위파사나, 간화선, 염불이 그런 식입니다. 그들은 세상일과의 관계를 외면하고, 집중해서 마음을 편안하게 하고 깨달음을 얻고자 합니다. 그러면 내가 없어지고 환희심이 나는 것 같지만, 그것은 번뇌를 해탈해서 나오는 환희심과 다릅니다. 일시적으로 눌러 참아 자기최면에서 나오는 환희심입니다.

행동 지침을 선지식께
구체적으로 들어야 한다

저는 공부가 일과 사람과의 관계에서 올라오는 모든 분별 망상을 해탈하는 것이라는 사실을 모르고, 그저 그 생각들을 바치기만 하면 되고 내 마음속만 맑게 하면 되는 것으로 생각했습니다. 바친다고 하였지만 사실 바쳐지지는 않고 눌러 참는 것이었습니다.

매일 법담에 들어오라는 것은 무엇인가?

일과 사람과의 관계에서 맺었던 분별 망상을 근본적으로 제거하기 위해서는 '바쳐라'만 가지고는 안 됩니다. 특히 혼자 해서는 안 되며, 스승으로부터 바치는 행동 지침을 구체적으로 들어야 합니다. 꾸중도 듣고 잔소리도 들어야 하고, 그 가르침이 살 속으로, 뼈와 뇌 속으로 침투할 때까지 들어야만 분별 망상을 제거할 수 있습니다. 이런 것을 가르쳐 주시기 위해서 매일 들어오라 하셨던 것을 뒤늦게 알았습니다.

매일 들어가면 공부에 대한 지침을 구체적으로 이야기하십니다. "올라오는 생각을 바쳐라."라는 가르침만으로는 절대 밝아질 수 없습니다. 그냥 '바쳐라'로 되는 듯하지만, 사실은 눌러 참는 것이었고 자기도취였습니다. 선생님께서는 "바치기는 바치되 네 마음인 줄 알고 바쳐라." 하십니다. '그 사람이 아니라 내 분별'이라는 일체유심조의 진리를 아침 공부에서 일러 주셨습니다. 우리는 내 마음인 줄 알고 바치지 않습니다. 저이가 나쁜 놈이라고 생각하지만 그냥 바칩니다. 내 마음, 내 분별이라고 해야 바칠 수 있지, 저 사람이라고 하면서 바치는 것은 눌러 참는 것이고 외면하는 것입니다. 그저 눌러 참으면서 '공부가 잘된다. 선정禪定에 든다. 내가 완전히 없어진다. 부분적으로 유체이탈까지 한다.'라고 생각하는 것은 분별을 해탈하는 것과는 완전히 다릅니다.

매일 법담에 들어가면 선생님께서는 공부의 지침과 진리를 일러 주십니다.

우선 일체유심조의 진리를 가르쳐 주십니다.

"네 마음인 줄 알고 바쳐라."

그것 가지고는 부족합니다.

"그것이 본래 없는 줄 알고 바쳐라(空)."

그래도 진심이 남아 있다면,

"너와 내가 둘이 아니다(不二). 남을 욕하는 것은 나를 욕하는 것이다."

또 그래도 안 된다면,

"본래 우리는 부처다. 구족(具足)하다."

이렇게 알려주실 수 있는 분은 선지식뿐입니다.

우리는 수시로 일체유심조, 공, 불이, 구족의 진리에서 벗어납니다. 매일 아침 법담에 들어가면 그것을 아시고 그때그때 시정해 주시고 야단치셔서 그 가르침이 우리 뇌와 뼈와 살 속에 침투하게 해 주십니다.

또 이런 말씀을 하십니다.

"자기가 가장 못난 줄 알아라. 잘난 척하면 공부를 절대로 할 수 없다."

그런데 공부하는 사람은 '공부 잘된다. 깨쳤다.'고 잘난 척하면서 공부를 까먹습니다. 매일 아침 "네가 가장 못난 줄 알아라. 모든 사람을 부처로 보아라."라고 가르쳐 주지 않는다면 번뇌 망상에서 진실로 자유로워질 수 있겠습니까? 매일 법담에 들어가야 할 필요성을 느꼈고, 선지식 없는 공부는 말짱 꽝이라는 것을 알게 되었습니다.

책임지는 것을 연습해야 한다

　책임지는 것을 연습하라고 하십니다.
　저희는 공부하는 방법을 알고 그대로 실천하면 깨칠 수 있다고 생각했고, 수도장의 살림을 책임지는 것은 수도하는 데 아무런 도움이 되지 않는다고 생각했습니다. '세상에서는 주인의식을 갖는 사람에게 봉급도 많이 주고 사장 자리도 주지만, 왜 수도장의 어려운 살림에 관심을 가지고 책임을 져야하는 것일까? 또 사람들이 미우면 안 보면 되지, 왜 끝까지 해탈해서 내 마음속에서 제거하는 것을 내 책임이라고 하실까?' 당치 않다고 생각했습니다. 나중에 공부를 하고 성숙해지고 나서 보니, 저에게 공경심이라고는 하나도 없었던 겁니다. 도통만 몰래 훔쳐서 내 몫을 챙기려는 도둑의 마음이 내 마음속에 있는 것을 모르고, '수도하는데 책임지는 것이 왜 필요할까?' 생각했던 것입니다.
　선지식이 아니면 일체유심조, 공, 구족의 진리도 알려주지 못하고, 못났다는 것도 강조하지 못하고, 책임지라는 이야기는 더더욱 못합니다.
　예를 들어, 가난한 것이 눈에 띕니다. 거지가 눈에 많이 띄면 거지가 내 마음속에 있다는 뜻이라고 수도장에서 배웠습니다. 해탈하는 것이 내 책임이라는 게 말이 안 된다고 해야 합니까? 당연히 내 눈에 띈 가난을 책임지고 해탈해야겠다고 해야 합니까? 그때는 책임지고 해탈할 생각을 하지 않고 그냥 가난하게 살았습니다. 책임지라는 말을 이상하게 생각했습니다. 책임져야 해탈할 마음이 나고, 해탈해야만 가난에서 벗어나 부자가 되지요. 저는 공부라는 것을 전혀 몰랐습니다.

　죄송하지만, 간화선, 염불, 위파사나 하는 분 중에 누가 일체유심조, 공, 가장 못난 줄 알라는 행동 지침을 알려줍니까? 그러한 행동 지침 없이 그저 바치기만 하고 금강경 7독을 하면 일시적으로 맑아지고 기분이 좋고 신선처럼 느껴지지만, 실은 눌러 참은 것입니다.

　행동 지침을 실행하려니 수도는 살점을 떼어내는 것처럼 아픈 것 같았어요. 책임지기는 또 얼마나 귀찮아요. 그렇지만 저는 그러면서 비로소 주인 마음, 어른 마음, 나 하나만의 공부가 아니라 모든 사람이 함께하는 공부가 무엇인지 알게 되었습니다. 즉, 소승의 마음과 대승의 마음이 얼마나 차이가 나는지 비로소 알았습니다. 역경이 축복으로 변한다는 것도 다소 이해하게 되었습니다.

　저는 책임지기 싫었어요. 내가 책임질 이유가 없다고 생각했습니다. 나는 금강경 7독, 가행정진, 일일일식……, 시키는 것은 잘합니다. 그런데 산유량 증가, 수도장의 살림, 어느덧 선배가 되어 후배들 통솔하는 것까지 내 책임이라고 하는 게 어려웠습니다. 그 어려운 것도 바치라고 하십니다. 결국 그 고비를 넘기고 편안해졌습니다.

　상당 부분 바쳐졌고 자유로워졌지만, 눌러 참았던 것이 있었나 봅니다. 먹고사는 것도 어느 정도 자신 있었지만 완전하게 자신 있지는 않았습니다. 처음에는 세상에 나가려고 하였지만, 수도장에서 통일천하하여 신선놀음처럼 점점 편안해 지니, 세상에 나가는 것은 고달플 것 같았습니다. 내 마음속에는 세상이 두렵고, 세상에 나가기 싫고, 먹고사는 일을 하라고 하면 도망가고 싶은 생각이 있었습니다.

　이런 생각이 들 때 백 선생님께서 말씀하셨습니다.

　"너는 먹고사는 것을 해결해야 한다."

산속에서 신선놀음해서는 닦아지지 않습니다. 밖에 나가서 돈 버는 것도 무엇인지 알아야 하고 그것을 깨쳐서 극복해야 여러 사람을 먹여 살릴 수 있습니다. 내 속에 본래 부자가 있다는 것을 깨우쳐야 합니다. 산속에 있을 때는 맑아지고 깨쳐진다고 느낄지 모르겠지만, 책임지는 것 모르고, 리더십도 모르고, 부자가 되는 것도 모르고, 사람 사랑하는 것도 모른다면 완전히 소승입니다. 아마 그것을 깨치게 하기 위해서인지 때마침 집에서 저를 부르러 왔고 저는 따라 나가게 되었습니다.

바치는 것은
행동이 뒷받침되어야 한다

소사에서 나갔지만 내 마음속에는 소사에서의 신선놀음에 대한 향수만이 가득했고, 취직은 안 되었습니다. 말로는 먹고살기 위해서 취직을 원한다고 했지만, 알고 보니 내가 하기 싫어서 안 되었다는 것을 뒤늦게 알았습니다. 소원 성취가 그대로 된 것입니다. 취직이 아니라 신선놀음이 하고 싶었습니다. 만약 그랬다면 부분적으로는 신선이 됐을지는 몰라도 내생은 장담할 수 없습니다. 겉으로는 취직하려고 무척 애썼으나 속으로는 싫어했던 것입니다. 제가 외출한 빈 방에서 독경소리가 나도록 금강경을 읽었습니다. 그렇게 금강경 읽는데 취직이 왜 안 되었나? 취직은 내가 하기 싫어서 안 된 것이고, 금강경 읽어서 된 것이 식당이었습니다.

저는 '식당 그까짓 것' 했지만, 나중에 알고 보니 빈 방에서 소리 나도록 금강경 읽은 것이 식당의 동력이라고 합니다. 그때는 '식당

그까짓 것' 했는데 지금에 와서 보니 벤처사업입니다. 저는 그때 월급쟁이를 좋아했습니다. 시키는 것은 모범생같이 누구보다 잘할 수 있기 때문입니다. 그런데 혼자서 개척하고 남 먹여 살리고 리더가 되는 것은 자신이 없었습니다. 저는 모범생이고 칭찬은 잘 들었지만, 직장에서 잘리면 완전히 시체가 되는 부족한 사람이었습니다. 빈 방에서 독경 소리가 나도록 원을 세운 것은 그런 삶에서 탈피해서 독립하는 터전을 마련하는 공부였고, 그래서 된 것이 식당이었습니다.

백 선생님께서는 "이거 그냥 되는 것이 아니다." 하시며 식당 하는 것을 무척 축하해 주셨습니다. 근데 저는 그 말씀이 전혀 이해되지 않았습니다. '이까짓 것' 했습니다. 영광으로 알고 했더라면, 그것이 대승의 마음입니다. 식당을 우습게 알고 고상한 것을 좋아했던 것은 소승의 마음입니다. 제가 소승의 마음을 닦아 대승으로 바꾸려고 했으나, 부분적으로밖에 바꾸지 못했던 것입니다.

백 선생님께서는 소승이니 대승이니 이런 말씀은 하지 않으셨습니다. 다만 "식당 하는 것을 영광으로 알아라."라고 몇 번을 강조하셨는데 그 말씀도 외면했습니다. 그때 외면하지 않고 '영광이다. 나는 벤처사업을 하는 위대한 사람이다.'라고 생각했다면 식당으로 성공했을 것입니다. 그러나 진부한 사고방식, 소승의 사고방식으로 식당을 하니까 숨이 막혔고 도망가고만 싶었습니다. 식당을 영광으로 생각하지 않고 무시하는 마음이 장사를 안 되게 하고 희망이 없게 하였습니다.

식당을 하면서 선생님 말씀 중에서 제일 따르기 힘들었던 것이 있습니다. 그 당시에는 세무 공무원, 순경, 보건소에서 수시로 와서 상납하라고 했습니다. 저는 정의감에 불탔던 사람이라 십 원도 주기 싫었습니다. '세금을 물릴 테면 물려라.'하는 마음이었습니다. 그런데 선생님께서는 싫어도 무조건 차비 주고 밥도 먹이라고 하십니다. '내가 왜 이런 뜯어내려는 사람들에게 차비를 주고 밥을 먹여?' 속에서 불이 납니다. 그렇지만 선생님이 시키시니, 차비도 주고 밥도 먹였습니다. 참 싫었습니다. 살점을 떼어내는 것처럼 아팠습니다.

바치는 것으로만 되지 않습니다. 행동이 뒷받침되지 않는다면 바쳐도, 금강경 천 독을 해도, 만 배를 해도 안 됩니다. 식당을 하고, 천대받고, 주기 싫은 것을 주는 버릇을 하면서 밴댕이 같은 속이 넓어지고 인색한 마음이 주는 마음으로 바뀌었습니다. 산속에서 수도 하면서 대쪽같은 마음만 가지고 있었다면 절대 깨치지 못했을 것입니다. 식당을 하면서 가난을 체험했고, 무시하는 마음을 닦았고, 주기 싫은 인색한 마음도 닦았고, 불의와 타협하지 않는 마음도 닦았습니다. 이것이 공부라는 것은 꿈에도 생각하지 못했습니다. 참 어려웠던 시절이었는데, 완전하게 대승의 마음은 되지 못했지만 많이 나아졌습니다.

식당을 4년이나 운영한 것은 저로서는 최선을 다한 것이었습니다. 끝까지 책임지고 전성기에 떠나지 못한 것이 유감이 되어, 지금 다시 식당을 하고 있습니다. 식당은 반드시 성공할 것이고, 식당이 되지 않으면 책으로라도 성공할 것입니다. 결국 저는 성공하는 것으로 끝날 가능성이 있어 보입니다. 어제도「현대불교신문」을 보니깐 6개월 동안『우리는 늘 바라는 대로 이루고 있다』가 베스트셀러 1위예요. 이것도 쉬운 것은 아니지만 이 정도로 만족할 것이 아닙니다. 천만 부가 나가고 세계를 바꾸어야 합니다.

무주상의 복을 지어야 한다

"바쳐라. 금강경 7독 해라." 이것만으로는 부족합니다. 반드시 도인의 행동 지침이 있어야 합니다. 일체유심조, 내 마음인 줄 알아야 합니다. 지금 공부하시는 분들이 남에게 책임 전가하고 거짓말하고 남 탓하면서 금강경 7독만 하면 다 되는 줄 아는 것은 큰 잘못입니다. 그리고 내가 책임질 줄 알아야 합니다. 공의 진리를 알아야 합니다. 자신이 가장 못난 것을 알아야 합니다.

준다는 것 쉬운 것 같죠? '김원수가 잘 주니깐 나라고 못하겠나.' 그렇습니다. 저 지금은 잘 줍니다. 이전에는 옳지 않은 일에는 절대 못 줄 것 같았는데 주는 걸 배웠어요. 행동 없이는 금강경 7독, 만 배, 다라니 만 번, 이뭣고 몇 백 번 해도 안 됩니다. 행동을 해야 됩니다. 몸으로 복을 지어야 합니다. 무주상無住相으로 복을 지어야 합니다. 그 결과 재앙이 축복인 줄 어느 정도 알게 되었습니다.

그리고 무슨 일이든지 주인 마음, 책임지는 마음으로 해야 합니다. 이것은 사회인에게 필요하고 출가자나 성직자에게는 필요 없는 말인 줄 알았습니다. 아닙니다. 여기서도 궂은일이 모두 내 책임이라고 해야 합니다. 궂은일은 피하고 금강경만 읽겠다고 하는 얌체가 절대 밝아질 수 없습니다.

어디서 이런 말씀 들으실 수 있을까요?

이제 재앙이 축복인 줄 알게 되었고, 가난이 복의 근원이라는 것도 알게 되었습니다. 출발부터 대승의 마음으로 해야 빠르다는 것도 알게 되었습니다. 대승의 마음으로 해야 금생에 이루어집니다. 나 혼자 밝아지겠다는 마음으로는 내생에는 되어도, 금생에는 안 됩니다. 이왕이면 금생에 되어야지요.

　제 경험을 이야기하는 것이 가장 좋겠다고 생각해서 말씀드렸습니다. 제가 새로운 것을 많이 깨쳤습니다. 절망할 필요 없습니다. 절망이 희망과 둘이 아니기 때문입니다. 재앙에 실망할 필요 없습니다. 재앙이 축복의 근원입니다.

　대승의 뜻을 잘 아셔서 항상 행복하시고 희망찬 생활을 하시고 금생에 이루는 삶을 찾으시길 바랍니다.

2018.12.08.

우리 가르침은
목표달성이 아니라 부처님 시봉

종종 아이들에게 커서 뭐가 되고 싶은지 묻습니다. 주위에서 물어보면 뭐가 되고 싶은지 정해야 한다는 생각을 자기도 모르는 사이에 하게 되고, 그런 과정에서 장래희망이 생기는 것 같습니다. 하지만 이런 것은 우리나라 전통은 아니었습니다. 목표지향적인 사고방식은 동양의 사고방식 같지는 않습니다. 근래 우리나라 사람들의 사고방식이 서양식으로 목표를 세우고 달성하기 위해 계획을 세우는 방향으로 바뀌지 않았나 생각합니다. 오늘은 계획을 세우고 노력해서 목표를 달성하는 삶이나 사고방식이 적절한지 생각해 보겠습니다.

저는 철학을 거의 공부한 적이 없었습니다. 물론 대학 다닐 때 철학 개론이라는 과목이 있었지만, 대학입시에 전력을 다했던, 입시가 전부였던 신입생들에게 서양철학은 도저히 이해할 수 없는 어려운 것이었습니다. 그때는 칸트, 소크라테스, 아리스토텔레스, 데카르트의 철학이 무슨 뜻인지 하나도 몰랐습니다. 그 뒤로 불교와 금강경을 공부하고 사회에서 적지 않게 고생하면서, 비로소 서양철학이 귀에 들리기 시작했습니다. 얼마 전에 서양철학 강의를 들을 기회가 있었습니다. 데카르트가 대단하다고 느꼈습니다. 그중에 가장 기억에 남는 사람은 임마누엘 칸트였습니다.

칸트는 상당히 동양적이고 불교적이라는 느낌을 받았습니다. 저는 『순수이성비판』의 내용을 잘 모르지만, 강의를 들어 보니 부처님의 가르침, 일체유심조와 유식무경唯識無境의 진리와 아주 똑같습니다. 겉으로 나온 모든 현상은 내 마음, 내 분별심이 만들어 낸 결과라는 것이 칸트의 『순수이성비판』의 핵심입니다. 서양에도 이렇게 위대한 학자, 도통한 밝은이가 있나? 새삼스럽게 놀랐습니다. 백 선생님께서 칸트 이야기를 많이 하셨던 것이 생각났습니다. 이 이야기가 공부에 도움이 될 것으로 생각합니다.

백 선생님께서 하신 칸트 이야기

칸트는 일생을 독신으로 수도자처럼 흐트러짐 없이 살았다고 합니다. 매일 똑같은 시간에 그가 산책하는 모습을 보고 사람들이 시간을 알았다고 전해집니다. 독일 하이델베르크에 가면 칸트가 걸었다는 철학자의 길이 있습니다. 칸트는 성실하고 수도자적인 삶을 살았다고 합니다. 일체 분별을 내지 않고 자기 마음만 들여다보며 오로지 바치는 공부만 하여 상당히 지혜로워진 분이라 생각합니다.

하루는 공원을 산책하는데 어떤 사람이 칼을 들고 위협하여 사람들이 다 도망갔습니다. 칸트는 놀라지 않고 태연하게 걷고 있었는데, 그 사람이 칸트에게 다가와 칼을 겨눴다고 합니다. 칸트가 조금도 두려워하지 않고 그에게 오늘은 무육일無肉日이라고 귓속말을 하였습니다. 그는 무육일은 고기를 먹지 않는 성스러운 날인데 불순한 짓을 해서는 안 된다고 생각하였는지, 난동을 멈추고 사라졌습니다. 일촉즉발 위기상황에 침착하게 지혜를 발휘해서 난동피우는 사람을 설득하는 것은, 우리식으로 말하면 난제에서 해답을 찾는 것입니다. 상당히 지혜롭지 않으면 할 수 없는 일입니다.

칸트는 열심히 탐구하고 복을 짓고 수도하며 지혜도 생겼을 것입니다. 작은 지혜가 자꾸 쌓여서 드디어 말년에 크게 깨쳐서, 그동안 자신이 탐구했던 우주의 본질, 이 세상의 이치에 대한 모든 의문이 풀렸다고 합니다. 그가 알고 보니 이 세상은 질서정연했습니다.

우리는 이 세상이 굉장히 험하고 살벌한 오탁악세五濁惡世라 생각합니다. 이 세상이 정말 그런 것일까요? 내 마음속의 번뇌 망상이 세상을 살벌한 말세로 봅니다. 그러나 마음에 분별이 없어지는 깨달음의 세계에 도달하면, 마음속에 불순함과 탁함이 없어지기에 세상이 질서정연하게 보입니다. 깨친 이는 세상을 말세로 보지 않습니다. 세상을 말세로 보는 사람은 그 마음속에 말세가 있는 것입니다. 부처님께서 처음 깨달으셨을 때 주위가 그대로 다 황금으로 변했다고 합니다. 부처님 마음속에 모든 번뇌 망상이 사라지니 이 살벌한 사바세계가 그대로 극락세계로 변했다는 것을 표현한 것입니다.

칸트가 깨닫고 나서 황홀하고 환희심이 넘쳐 사람들에게 그것을 알려주고 싶었습니다. 체계화하여 알리려는 과정에서 다양한 분별이 나고 머리가 점점 혼미해져서, 도통의 경지를 까먹고 겨우겨우 쓴 것이 『순수이성비판』이라고 백 선생님께서 이야기해 주셨습니다.

『순수이성비판』을 본격적으로 공부해 보려고 읽어 보았는데, 금강경은 이해해도 그건 쉽지 않았습니다. 학자들에 의하면 『순수이성비판』의 핵심은 세상은 본래 존재하는 것이 아니라 내 분별의 결과로 이루어졌다는 것입니다. 칸트는 서양 철학자 중 가장 불교적인 철학자가 아닐까 생각합니다.

목표지향적인 서양식 사고방식

백 선생님께서는 그가 동양적인 수도방법을 알았다면 도통을 잃어버리지 않았을 텐데, 서양식 사고방식으로 그것을 체계화하려는 분별심 때문에 도통을 잃어버렸다고 말씀하셨습니다.

서양식 사고방식은 목표를 세우고, 목표 달성을 위한 구체적인 계획을 세우고, 노력합니다. 그런 과정에서 '어서 하겠다'는 탐심이 나오고, 잘 안되면 '왜 안 되느냐'는 진심이 나오고, 또 큰 깨달음을 얻으면 '이만하면 되었다'는 치심이 나오게 되어 있습니다. 목표와 계획을 세우고 노력을 하는 한, 어느 정도 성과가 있으면 반드시 '이만하면 되었다'는 분별심이 생깁니다. 이 분별심이 깨달은 것을 잃어버리게 할 수 있습니다. 오르락내리락하는 사이클의 삶을 살 수밖에 없는 것이 서양식 사고방식입니다.

만약에 칸트가 도통을 목표로 하지 않고 우리식으로 '우리는 부처님 같은 위대하고 구족한 존재다. 안 된다는 생각을 바치기만 하면 된다.'하고 공부하였다면, 깨달음을 얻었을 때 '이만하면 되었다'는 치심을 내었을까 생각해 봅니다.

칸트가 도통을 오래 유지하려면 어떻게 해야 했을까?

도통했으니 '이만하면 되었다'고 하면 내리막길을 가게 되어 있습니다. 잘난 척하면 더더욱 까먹게 되어 있습니다. '우리는 본래 부처다. 안 될 일이 없다.'하며 자신감을 가지고 묵묵히 복을 지었다면, 설사 알게 되어도 '당연히 알아지는 것이지 행운도 놀랄 일도 아니다. 불경불포불외不驚不怖不畏한 일이다.'라고 생각하였다면, 그 깨달음을 오래 유지하지 않았을까요.

백 선생님께서는 그이가 동양에 태어나서 불법을 공부했다면 크게 깨우친 위대한 선각자로 이름이 빛났을 것이라며 아쉬워하셨습니다.

위대하고 영원한 가르침,
'부처님 시봉 잘하기를 발원'

우리와는 거리가 먼 훌륭한 사람들의 이야기가 우리의 일상과 무슨 상관이 있을까? 칸트 이야기가 아니라 바로 우리 이야기이기도 합니다.

우리는 작은 목표라도 달성하면 수시로 '이만하면 되었다'는 자만심을 내고 설치고 심지어는 남을 지배하려 하면서, 얻은 공덕을 순식간에 날려 버릴 수 있습니다.

우리 공부법이 굉장히 위대하고, 영원히 보존할 수 있는 가르침이라고 말씀드리는 증거가 있습니다. 우리 공부법으로 하면 다른 어떤 템플스테이, 주말 출가보다 훨씬 더 수승한 결과를 빨리 얻을 것이라고 확신하는 근거가 있습니다. 우리는 도통을 해서 부처님 시봉 잘하기를, 부자가 되어서 부처님 기쁘게 해 드리기를 발원합니다.

도통을 목표로 하는 수행자들은 도통해서 자랑하려는 마음이 있기에, 조금이라도 깨달음을 얻으면 반드시 자랑하고 들뜨고 결국 까먹는 악순환을 겪게 됩니다. 가난한 사람이 좋은 차를 사서 무시당했던 한을 풀고 사람들에게 뽐내겠다는 마음을 가지고는 그 차를 사도 오래 유지하기 어렵게 됩니다. 부처님 시봉 잘하기를 발원하는 순수한 마음으로 해야, 좋은 지위나 재산을 오래 유지할 수 있고 공부도 빨리 이루어지고 도통도 오래 유지할 수 있습니다. 분별을 내면 잘 이루어지지 않고, 이루어져도 곧 까먹어서 내리막의 악순환을 겪습니다.

조금 미련하고 어리석은 것 같아도 내가 하는 일은 다 부처님 기쁘게 해 드리기 위해서, 가장 좋은 것도 나 잘 먹고 잘살기 위해서가 아니라 오로지 부처님 시봉하기 위해서 한다는 마음으로 하시는 것이 좋습니다. 칸트의 교훈에서 이것을 잘 깨닫고 더욱더 부처님 시봉 잘하시기를 발원합니다.

2018.12.15.

불도佛道수행은 늘 즐거운 것

　매주 전국각지 멀리서 새벽 일찍 자시 가행정진을 오시는 인연 공덕으로 부처님의 밝은 축복의 광명이 비칠 것으로 기대해 봅니다.

　승려가 되려고 하면 행자 생활을 한 다음에는 남자라면 사미계, 여자라면 사미니계를 받고 어느 정도 기간이 지나면 비구, 비구니계를 주는 것으로 알고 있습니다. 스님들이 처음 출가해서 초발심자경문을 배웁니다. 초발심자경문의 내용을 지킨다는 것은 굉장히 어려운 일입니다. 보통 살생, 투도, 사음, 망어, 양설, 악구, 탐진치 등 10계를 지키는 것은 그리 어렵지 않습니다. 5계는 더 쉽습니다. 산속에서 거짓말하지 않고, 술 안 먹고, 고기 안 먹는 것은 그렇게 어려운 것 같지 않습니다. 초발심자경문에는 까다로운 내용이 한두 가지가 아닙니다.

초발심자경문

 초심, 발심, 자경, 이 3개를 합쳐서 초발심자경문이라고 합니다. 초심은 지눌 스님(고려중기, 계초심학인문誡初心學人文)이 쓰신 것이고 발심은 원효 스님(신라)이 쓰신 것입니다. 자경은 야운(고려후기)이라는 신선으로 일컬어지는 비구가 지었다고 합니다. 내용을 보면 '승려 되기가 이렇게 어려운가? 이렇게 난행고행을 해야만 하는가? 불도는 이렇게 닦기가 어려운가?'라고 생각하게 됩니다. 이것이 승려의 길이라면 도저히 할 수 없을 것 같습니다.

 지눌 스님이 쓰신 초심도 지키기 상당히 어렵습니다. 예를 들면, 육재일六齋日이 있어요. 육재일은 아미타불이나 지장보살, 관세음보살 등 여섯 성인이 지정하신 날인데, 이날이 아니면 내복을 빨 수가 없습니다. 요새는 어떤지 모르겠습니다만, 처음 승려가 됐을 때 육재일 아니면 세탁도 할 수 없게끔 까다롭게 되어 있습니다. 그리고 참회의 내용이 많습니다. "잘난 척하면 안 된다. 티 나지 않게 살아야 한다. 자기가 가장 못난 줄 알아야 한다."는 대목이 초발심자경문의 초심에 나오는 대목입니다. 초심은 그런대로 실천할 수 있다고 생각했습니다.

 그런데 발심에 들어가면 도저히 못할 것 같아요. 원효 스님이 쓰신 발심의 구절을 살펴보겠습니다.

 "재물을 아끼고 탐함은 마구니의 권속이요." 재물을 아끼고 남에게 베푸는 데 인색하면 안 된다는 이야기입니다. 저는 이 구절을 읽으면서 '나는 마구니의 권속이로구나. 나는 깨달음과 거리가 멀구나.' 생각했습니다.

"자비로 보시하면 법왕의 자녀니라." 자비로 베푸는 건 쉽지 않지요. '아! 참 부처님의 자녀가 되기 쉽지 않구나.'

"높은 산 험한 바위는 지혜 있는 이가 거처할 곳이요, 푸른 산 깊은 골짜기는 수행하는 이가 깃들 곳이니라." 저는 한때 스님이 되기를 바랐지만 그래도 세상에 나와 구경도 하고 가끔 영화도 보고 살만한 데서 살아야지, 높은 산 험한 바위 동굴에서 수도하라면 절대 못한다고 생각했습니다. 굉장히 겁주는 말씀입니다. '불도를 제대로 닦는 사람은 이런 곳을 좋아해야 하나? 고대광실 좋은 집은 아니어도 살만큼은 되어야지, 어찌 동굴에서 수도한단 말인가? 나는 못한다.'라고 생각했습니다. 과거에는 이런 흉내를 내는 사람이 꽤 많았습니다.

"절하는 무릎이 얼음과 같을지라도
불을 생각하는 마음이 없으며,
몹시 추워서 무릎이 시릴 때에도 따뜻한 걸 그리워하지 말라.
시장하면 나무 열매를 먹어서 주린 창자를 위로하고,
갈증이 나면 흐르는 물을 마셔 목마른 생각을 쉴 지니라."

이런 고행이 있습니까? 대단히 어려울 것입니다.

"맛있는 것을 먹어서 소중히 길러도 이 몸은 결정코 무너지고, 부드러운 옷을 입어서 지켜 보호하여도 목숨은 마침내 마침이 있느니라."

이 몸은 아무리 키워 봐도 언젠가 사라진다는 것입니다. 성철 스님께서도 좋은 옷을 입을 필요가 없다고 하셨습니다. 옷을 여러 번 기워 누더기를 입는 것이 훌륭한 스님의 상징이었고 그런 스님이 존경의 대상이었습니다.

이것이 승려가 되어 가장 첫 번째 배우는 초발심자경문 중 발심을 강조하시는 원효 스님의 말씀입니다.

야운 비구스님이 지으신 자경에 나오는 내용입니다.

"세상은 무상하다. 어느덧 죽을 수밖에 없다. 살아있는 동안 부지런히 수행해서 깨달음을 얻을지어다. 급하고 급하도다. 부지런히 용맹정진해서 깨달음을 얻을지어다."

원효 스님 이야기도 기가 질리는데 야운 스님 말씀에는 불도가 그저 고행일 뿐 즐거운 것은 하나도 없습니다. 고행해서 불도할 기분이 나지 않을 것 같습니다.

얼마 전만 하더라도 승려의 생활은 굉장히 어렵고 척박하여 밥 먹기도 힘들 정도였습니다. 조선시대에 천대를 받았던 스님들은 초발심자경문을 읽으면서 '인생은 행복을 추구하는 것이 아니다. 고행해서 위없는 깨달음을 얻으면 된다.'고 생각을 하셨던 것 같습니다.

지금도 초발심자경문을 배웁니다. 유명하신 직지사 조실로 계셨던 ○○ 스님께서 따님인 ○○ 스님(지금은 비구니 큰스님)께 남기신 유언이 있습니다. "초발심자경문 천 번을 수지 독송하고 사경해라. 그러면 깨달음을 얻을 것이다." 천 번을 읽으라는 것이 그의 유언이었습니다. 그 정도로 초발심자경문이 부처님 가르침의 핵심을 이루고 있다고 보시고 수지 독송을 강력히 권하셨다는 이야기가 전해집니다.

팔순이 넘으신 노스님들은 아직도 옛 스님들의 정신을 간직하시며, 불도 수행은 행복 추구가 아니라 고행하고 용맹정진해서 위없는 깨달음을 얻는 것으로 생각하시는 것 같습니다. 저도 막연하게 그렇게 생각했고 얼떨결에 출가했습니다. '이런 것이 불도 수행이라면 나는 할 수가 없을 것 같은데, 불도란 이렇게 어려운가?' 늘 생각했습니다.

백 선생님의 불도 수행

백 선생님의 가르침은 초발심자경문과 달랐습니다. 초발심자경문을 읽지도 못하게 하셨습니다. 육조 혜능 대사의 육조단경은 초발심자경문과는 다르게 시원한 이야기로 되어 있습니다. 계율을 지키라는 이야기도 없고 금강경을 읽고 반야행을 하면 견성할 수 있다는 내용으로, 고행 없이 한달음에 부처가 되는, 우리한테 꼭 맞는 시원한 글이었습니다. 백 선생님께서는 초발심자경문도 읽지 말라 하셨지만, 육조단경도 읽지 못하게 하셨습니다. 오직 금강경만 하라고 하셨습니다.

"불도 수행이라는 것이 무엇이냐? 고행이 아니다. '나'라는 것이 본래 없다고 깨우치는 게 불도 수행의 목표다. '나'라는 것, 아상은 몸뚱이 착着이다. 추운 것 싫어하고 따뜻한 것 좋아하고, 맛있는 것 좋아하고 배고픈 것 싫어하고, 잠자는 것 좋아하는 게 몸뚱이 착이다. 몸뚱이 착을 해탈하는 것, 나아가서는 몸뚱이 착이 본래 없다고 깨우치는 것이 불도다."

제가 초발심자경문의 내용도 질문한 적이 있습니다.

"나무 열매를 먹어서 주린 창자를 위로하고 갈증이 나면 흐르는 물을 마셔 목마른 생각을 쉴지니라. 이렇게 해야 합니까?"

"주린 창자를 물을 마셔 채우려 하지 말고, 그 생각을 바쳐라."

"높은 산 험한 바위는 지혜 있는 이가 거처할 곳이요, 푸른 산 깊은 골짜기는 수행하는 이가 깃들 곳이니라. 저는 이런 험한 데서 못 삽니다. 좀 괜찮은 곳에서 살아야 하지 않습니까?"

"그것은 아상을 없애라는 표현일 뿐이지 실제로 그렇게 살라는 이야기가 아니다. 그 이면의 뜻을 보아라!"

백 선생님의 시원한 답변이었습니다.

소사 도반 중에는 이 몸은 언제가 죽을 것이라며, 일부러 좋은 옷을 안 입는 사람이 있습니다. 이발을 하지 않아 수염도 덥수룩하게 기르고 다닙니다. 이발을 사치라고 생각하고 불도와 역행하는 것으로 생각합니다. 그것이 대세이니 자연히 나도 따라서 하게 됩니다. 우유를 짜면 몸에 지저분한 냄새가 뱁니다. 서울 시내에 나갈 일이 있으면 깨끗한 옷으로 갈아입고 나가고 싶습니다. 그런데 옆에 있는 사람은 뭐 하러 사람들 눈치를 보냐며, 옷도 빨아 입지 않고 검정 고무신 신고 나가는 것이 불도인 줄 알고 그렇게 합니다. 추한 옷 입어야 하고, 좋은 음식 먹으면 죄짓는 것 같은 고행의 풍토가 소사에서도 있었습니다.

백 선생님은 억지로 눌러 참지 못하게 하셨습니다.

"참으면 그것이 일시적으로 없어지는 것 같아도 금생 후반이나 내생에 드러나서 재앙이 일어난다. 억지로 눌러 참지 마라. 올라오는 생각을 자꾸 바쳐라. 옛날 성인들의 말씀은 아상을 없애라는 간접적인 표현이니, 그것을 그대로 따라서 실천하지 마라."

그래서 저희는 배고플 때, 냉수를 먹어서 배고픔을 달랜 것이 아니라 배고픈 것을 바치며 적당히 먹었습니다. 저는 굉장히 추위를 잘 탑니다. 추위도 바치라고 하세요. 추운 겨울에 찬물로 목욕을 한다면 금방 병이 들 것입니다. 목욕탕에 갈 수가 없으면 물을 데워서 감기 안 들 정도로 살살해야지요. 원효 스님 글대로 하면 몸이 어떻게 되겠어요? 스님들은 언젠가 죽을 몸이니 아끼지 말고 추위도 배고픔도 참고 용감하게 군대식으로 해야 한다고 생각하는 것 같습니다. 그렇지만 백 선생님께서는 잘 바쳐서 스텝바이스텝step by step으로 하라고 시키셨습니다.

저는 저 자신을 원효 스님의 글은 죽었다 깨어나도 실천하지 못하는 사람으로 알았습니다. 어떻게 산속에서 살며 배고픔도 추위도 꾹 참고 산단 말인가? 죽어도 못한다고 생각했습니다.

"핵심은 그것이 아니고 아상이다. 따뜻한 것 좋아하고, 보드라운 것 좋아하고, 사람의 사랑 좋아하는 것을 없애라는 뜻이지, 실제로 고행하라는 뜻이 아니다. 그것을 바쳐라. 금강경식으로 해라."

이런 백 선생님 가르침을 3년 정도 따르니 제 속에서는 아상이 녹으면서 실제로 원효 스님이 하는 고행이 하나도 두렵지 않게 되었습니다. 배고픔도 바치며 견딜 수 있었고, 중노동을 하지 않을 때는 한 끼 먹고도 살 수 있었고, 나에 대한 칭찬에도 상당히 자유롭게 되었습니다.

초발심자경문은 처음 출가한 사람에게는 맞지 않는다고 뒤늦게 깨우치게 되었습니다. 저는 수도생활 3년 동안 성인들이 말씀하신 난행고행의 겉만 보지 않고 아상을 없애라는 이면의 뜻을 따라서, 억지로 눌러 참지 않고 올라오는 대로 단계적으로 자꾸 바치면서, 아상이 차츰 소멸되고 나아가서는 본래 없음을 알게 되었습니다. 그러면서 원효 스님과 야운 스님이 하신 말씀이 어렵게 느껴지지 않았고 자신감을 가지게 되었습니다. 고지식하게 했으면 하나도 이루지 못했을 것입니다. 금강경 수행법이 이래서 좋습니다.

'나는 이제 비구가 될 수 있다. 원효 스님의 발심이 이제 어렵지 않게 되었다. 추위도 배고픔도 두렵지 않고, 사람이나 부귀영화를 좋아하는 것과도 멀어졌다.' 바야흐로 성인의 대열에 합류하는 것 같았습니다. 몸이 가벼워졌고 매일 골골하던 병도 씻은 듯이 사라지고 건강해졌습니다.

돈 벌기 싫은 것과 사람 만나기 싫은 것도 바쳐야 할 아상이다

하지만 아직 깨치지 못한 문제가 있는 것을 몰랐습니다.
"돈을 좋아하지 마라. 재물을 아끼고 탐함은 마구니의 권속이요."
이것을 바치지 못한 것입니다. 저는 돈복도 없지만, 돈을 벌려고 해본 적도 없고 돈을 탐하지도 않았습니다. 돈을 탐하는 것은 불도에 역행한다고 생각했습니다. 돈을 벌고자 하는 것이 아상이라는 점은 너무나 잘 알았습니다. 그러나 돈 버는 것을 싫어하는 것도 역시 아상이라는 것을 몰랐습니다. 나는 돈을 좀 주는 편으로, 돈에 대한 애착이 없다고 생각했습니다. 그렇지만 돈 버는 것을 소중히 여기는 정신을 대단찮게 생각했습니다. 돈이 있으면 사람들을 위해 좋은 일을 많이 하니 돈을 많이 벌어야겠다는 생각은 하지 못했습니다. 돈 버는 자체가 불도에 역행한다고 알았습니다.

그리고 사람을 사귀고 어울리는 것도 불도에 역행한다고 알았습니다. 덕분에 사람을 싫어했고, 특히 인간 같지 않은 사람은 상종하기도 싫고 멀리하고 싶었습니다. 불자로서 당연한 것으로 생각했습니다.

번뇌가 참 싫었습니다. 번뇌로 신경쇠약에 걸려서 까딱하면 정신병원이 필요했을 정도였습니다. '번뇌를 해탈해라. 번뇌를 멀리해라. 궁리하지 마라. 산만하지 마라. 집중하고 몰입하고 일심이 되어라.' 이런 말들을 참 좋아했습니다. 저는 번뇌가 복의 근원, 지혜의 바탕이 된다는 것을 꿈에도 몰랐습니다. 번뇌와 보리가 전혀 다른 것으로 알았습니다. 번뇌는 멀리 피해야 할 대상으로 생각했지, 번뇌를 즐긴다는 것은 상상도 할 수 없었습니다.

저는 출가 3년이 지나며 원효 스님의 글을 이해할 수 있었지만 밝은이는 제가 사회성과 점점 멀어지는 것으로 봤습니다. 돈 벌 줄도, 사람을 사랑할 줄도 모르고 책임지는 것은 더더욱 몰랐습니다. 사람에 대해 책임질 줄 모르니, 나아가서는 출가해서 절에 대해서나 부처님 시봉도 책임지지 못하는 것으로 연결되었습니다. 제가 비록 금강경의 핵심인 아상이 본래 없음을 알아서 원효 스님과 지눌 스님이 말씀하신 난행고행의 뜻을 깨치기는 했지만, 아상의 범위가 이렇게 큰 줄 몰랐습니다. 불이不二라는 말은 들었지만, 번뇌는 복의 근원이 아니라 기피의 대상이고 재색은 멀리해야 할 악의 상징으로 알았습니다. 고약한 사람은 상종하지 말아야지, 그런 사람을 나의 분신으로 알고 사랑한다는 것은 말이 안 된다고 생각했습니다.

백 선생님께서도 그때는 그것을 설명해 주지 않으셨습니다. 그저 바치라고만 하셨습니다. 그러다가 제가 미처 못 바친 부분을 아시고, 이제 산속에 있으면 안 되니 밖에 나가서 사회생활을 하라고 하셨습니다. 저는 그때까지 푸른 산 맑은 물을 좋아했고, 골치 아픈 일이나 진심 내는 사람은 멀리하고 산속에서 신선같이 조촐하게 지내는 삶을 좋아했습니다.

"푸른 산 맑은 물을 좋아하는 마음을 바꿔 주기가 이렇게 힘들구나."

나중에 사회에 내보내면서 말씀하십니다. 이런 이야기는 스님들한테 들을 수 없습니다.

우리의 공부는 소승의 공부가 아닙니다. 소승의 불교로는 깨친 아라한은 양산할 수 있을지 모르지만, 불도가 설 자리가 없습니다. 아라한은 완전한 성인이 아닙니다. 번뇌를 싫어하지 않고 보리를 밝히지 않는 사람, 재앙을 나쁜 것이라 기피하지 않고 즐기며 복의 근원으로 여기는 사람을 키워 내는 대승의 가르침이 불도라는 것을 새삼스럽게 알았습니다.

새로운 사회생활이 불도 수행의 큰 밑거름이 된다는 것을 알게 되었습니다. 비로소 책임진다는 것이 무엇인지 알게 되었습니다. 책임지는 자세, 싫어하는 사람을 포용하는 자세에서 불도의 참뜻을 비로소 하나하나 알게 되면서 선지식 가르침의 위대성을 실감하고 은혜에 감사했습니다.

불도 수행은 처음부터
끝까지 즐거운 것이다

불도라는 것은 고행이 아닙니다. 행복도 추구해야 합니다. 본래 우리는 행복해야 하고 능력과 지혜가 있어야 합니다. 그전에는 이런 것 다 떠나서 고행 속에서 오로지 깨달음만 추구하는 것이 불도인 줄 알았습니다. 왜 불도가 어려운 것이겠어요? 불도는 우리를 편안하게 해 주고 즐겁게 해 줍니다. 고생하다가 나중에 즐거워지는 것이 아닙니다. 처음부터 즐겁고 중간에도 즐겁고 나중에도 즐기다가 깨달음을 얻게 되는 것이 불도라는 것도 알게 되었습니다.

    공부하는 데 난행고행은 결코 필요 없습니다. 부처님의 위대한 유산이 본래 우리 것임을 알고, 어렵고 힘든 것과 근심 걱정도 모두 바치고 즐겁고 행복한 마음으로 부처님께 다가가야 합니다. 훌륭한 선생님의 가르침을 마음속에 잘 지녀야 합니다.

2018.12.22.

축복의 씨앗,
고통을 감사하며 즐겁게 바친다

수년 전 「법보신문」 이○용 기자가 제 개인 인터뷰와 바른법연구원을 소개하는 긴 기사를 두 번이나 썼습니다. 이 신문 기사들은 제가 알려지는 계기가 되기도 했습니다. 그분은 아마 지금 편집국장이 된 것으로 알고 있는데 참 고맙게 생각하고 있습니다. 당시 인터뷰에서 금강경 중 가장 맘에 드는 구절을 물어보았는데 그때는 다 좋다고 대답했었습니다.

아마 더 구체적으로 물었다면 금강경 5분의 범소유상 개시허망 약견제상 비상 즉견여래 凡所有相 皆是虛妄 若見諸相 非相 卽見如來를 말했을 것입니다. 금강경 전체를 나타내는 보편적인 글귀로, 개개인의 심금을 울리는 특징은 없는 구절이지요.

지금 가장 인상에 남는 금강경 구절을 묻는다면, 서슴지 않고 금강경 16분을 말할 것입니다.

희망의 말씀, 금강경 16분

수지독송차경 약위인 경천 시인 선세죄업 응타악도
受持讀誦此經 若爲人 輕賤 是人 先世罪業 應墮惡道

이금세인 경천고 선세죄업 즉위소멸 당득아누다라삼막삼보리
以今世人 輕賤故 先世罪業 卽爲消滅 當得阿耨多羅三藐三菩提

현실적으로 이해하기 쉽게 해석해 봅니다.

금강경을 열심히 읽으면 재앙이 소멸되고 소원도 성취된다고 하는데, 재앙 소멸이나 소원 성취는 되지 않고 점점 일이 더 꼬이는 것 같습니다(경천). 이 사람은 전생에 지은 죄업으로 사람 몸도 못 받고 마땅히 악도에 떨어져야 하지만, 이러한 경천을 당하기에 선세죄업을 바로 소멸하고 아누다라삼막삼보리를 얻는다는 것입니다.

경천에는 여러 종류가 있지요. 빈곤도 간접적인 경천입니다. 존경이라고는 받아 본 적 없이 일생을 지내는 사람은 너무나 많습니다. 반대로 '존경받고 칭찬받으며 살았다. 인생은 살만한 것이다.' 하는 사람은 적을 것입니다. '태어나지 않았어야 했다.' 하는 이가 더 많을 것입니다.

그런데 금강경 16분에서는 이렇게 경천 당하는 것이 선세죄업을 소멸하는 것으로 나쁘지 않다고 합니다. 가난하거나 남에게 무시당하거나 병으로 골골하는 것이 경천당하는 것입니다. 이렇게 경천으로 고통받을 때 아상이 죽고, 아상이 죽으며 축복의 씨앗이 터서 다시 지옥에서 나올 수 있습니다. 기독교에서는 지옥에서 나올 수 없으나, 불교에서는 지옥에서 나올 수 있습니다. 특히 금강경을 읽으면 더 빨리 되고 드디어는 밝아져서 아누다라삼막삼보리도 얻는다는 희망의 구절입니다.

예전에는 이 구절에 포함된 의미를 지나치고, 금강경 5분의 범소유상 개시허망凡所有相 皆是虛妄과 10분의 응무소주 이생기심應無所住而生其心을 더 좋아하였습니다. 그러나 이런 구절은 거창하여 혜능 대사같이 대단한 사람들에게 더 적합할 것입니다. 우리 같이 힘들게 사는 사람들에게는 금강경 16분이 더 실감나는 구절입니다. 16분의 말씀은 희망과 구원의 말씀이며 행복과 지혜의 말씀입니다.

선세죄업에 의해
금생이 결정된다

우선 선세죄업, 전생이라는 말이 나옵니다. 우리는 전생을 실감하지 못하고 심지어는 무시하며 살고 있습니다. 죄를 짓고도 꺼림칙하지 않다면 전생을 인정하지 않는 것입니다. 불자들도 대부분 의식적으로는 전생을 인정하는 듯해도, 잠재의식 속에서는 무시하고 있습니다. 죄를 지어 벌을 받고 착한 일을 하여 복 받는다는 것을 생각하지 못합니다.

저는 금강경을 읽고 실천하며, 막연하게 알았던 전생의 개념을 확실하게 이해하고 실감하게 되었습니다.

금강경 16분의 '선세'라는 것은 굉장히 중요한 의미가 있습니다. 한 생뿐 아니라 무시겁으로 여러 번 전생이 있었고, 그때 좋은 일도 하고 나쁜 일도 하고 마음 닦는 일도 하였겠지요. 그런 좋은 일, 나쁜 일이 그대로 인과응보가 되어서 조금도 거기서 벗어나지 않는다고 합니다. 경전에는 남의 집에서 콩 한 되를 빌렸더니 다음 생에 그 집에 가서 종노릇을 몇 년 했더라는 이야기도 있습니다. 예전에는 잘 믿기지 않았지만, 지금은 전생에 지은 선업善業과 죄업罪業에 의해 금생이 결정된다는 것을 믿게 되었습니다. 운명을 믿게 된 것입니다.

사람은 아무리 재주를 부리고 노력해도 선세죄업을 소멸할 방법이 없습니다. 절을 백만 번 한다고 전생에 지은 죄업을 지금 당장 없앨 수 없습니다. 금생의 삶은 전생에 지은 죄업과 선업에 의해 결정되는 것이며, 운명은 타고날 때부터 정해져서, 대부분의 사람은 자기가 할 수 있는 것은 거의 없이 타의에 의해 살아갑니다. 너무 서글프지요? 운명을 바꿔 봐야 하지 않겠어요? 가난에서 벗어나고 건강하게 살아 봐야 하지 않겠어요?

마음을 바꾸어 금생에 운명을 바꿀 수 있다

운명을 내생이 아닌 금생에 바꾸려면 자기 마음을 바꿔야 합니다. 자기 마음이 모든 운명을 만들기 때문입니다. 일체유심조입니다. 절을 백만 번 한다고 마음이 바뀌지 않습니다. 자기가 정해서 하는 절, 독송, 염불, 화두참구, 자기가 정해서 하는 금강경 독송으로는 운명을 바꿀 수가 없습니다. 탐진치가 본래 없음을 일깨워 주는 가르침이 아니기에, 마음을 닦을 수 없고 따라서 운명도 바꿀 수 없어요.

그러나 도인이 시키시는 것이라면 좀 다를 수 있습니다. 저는 운 좋게도 도인을 만났고, 완전히 깨치지는 못해도 도인의 가르침이 살 속에 뼛속에 침투될 정도의 기간을 모시고 살았습니다. 그 가르침을 실행하여 마음을 닦을 수 있었고, 마음이 변하면 운명을 바꿀 수 있다는 것을 확실히 알게 되었습니다. 운명을 바꾸는 길은 도인의 밝은 가르침으로 자기 마음을 바꾸는 것입니다.

• 가난한 삶에서 풍요로운 삶으로

저는 오랫동안 가난하게 살았습니다. 그것을 운이나 요행으로 바꾸려 하지 않고 직면하였습니다. 그때는 어려웠지만 지금 생각하면 참 잘된 일이었습니다. 바닥에서부터 일하면서, 가난은 선천적으로 누군가에 의해 주어지는 것이 아니라 지극히 인색한 내 마음이 가난을 불러오는 것임을 알게 되었습니다. 베풀기 싫어하는 인색한 마음을 자꾸 바치니까 주는 마음으로 바뀌었습니다. 때로 인색한 마음이 들기도 하지만 이제는 주는 마음, 베푸는 마음으로 바뀌었습니다. 지금은 가난이 느껴지지 않습니다. 다 주려고 하는데 가난이 어디 있겠습니까! 주는 것이 받는 것이라는 가르침을 실감하였기 때문에 가난을 벗어났습니다. 금강경을 만나지 않았다면 아마 가난을 벗어나지 못하고 풍요를 몰랐을 것입니다.

• 경천의 삶에서 존경받는 삶으로

저는 죄업이 많은지, 가끔 선생님 칭찬을 듣기는 했습니다만, 존경을 받거나 괜찮은 사람이라는 소리를 들은 적이 없었습니다. 나도 나 자신을 시원치 않게 생각하는데 누가 나를 잘 보아 주겠습니까? 70세까지는 경천의 삶이었어요. 무시하고 천대하는 경천이 아니라 아무도 저를 알아주지 않는 것입니다. '네까짓 게? 네가 감히?' 이런 간접적인 경천이었습니다.

부모 복, 형제 복, 처자식 복, 친구 복도 없었어요. 처음에는 주위를 원망도 했습니다만, 알고 보니 선세죄업이었습니다. 전생에 스스로 자신을 무시하는 행위를 많이 했어요. 남을 무시하는 것이 곧 자신을 무시하는 것입니다. 죄를 지었어요. 금강경 16분이 실감납니다. 아마 금강경 가르침을 만나지 않았다면, 끊임없는 경천의 세월 속에 허덕이다가 원망하며 세상을 떠났을 것입니다.

스스로 자신을 괜찮게 여기게 되니 남들도 저를 존경하게 되었습니다. 금강경 공부를 하며 부처님 말씀의 위대성과 절대성을 느끼며 '나 자신 속에도 괜찮은 것이 있구나. 불가능이 있는 게 아니구나.' 자신에 대해 괜찮은 평가를 하게 되었습니다. 이와 정비례하여 주위 사람들에게 법사라고 불리며 다소 존경을 받게 되었습니다. 70세가 되니 부족하지만 바뀌었습니다.

• 병약한 삶에서 건강한 삶으로

저는 어렸을 때부터 군대 시절까지 병약했지만, 지금은 비교적 건강합니다. 금강경 독송만으로는 안 됩니다. 음식을 조절하여야 합니다. 소식小食하며 오후에는 적게 먹고 몸은 부지런히 움직이는 수행을 병행해야 합니다. 도인을 모시고 그러한 삶을 살아서 건강할 수 있었고 건강을 유지하는 법도 알게 되었습니다.

고통에 감사하며 즐겁게 바치면
축복의 씨앗이 된다

금강경 수행을 50년 이상 하며 16분의 말씀을 실감하게 되었고, 전생을 믿게 되었습니다. 그전에는 고통과 축복이 별개라고 생각했었어요. 고통을 포기하지 말고 바쳐 보세요. 고통은 누가 준 것이 아닙니다. 내가, 나의 죄업이 불러온 것입니다. 나의 죄업이 본래 없음을 알고 부처님 향하면 운명적인 고통은 바뀔 수 있습니다. 고통이 축복과 둘이 아님을 알게 된 것이 수도의 가장 큰 보람입니다.

백 선생님께서도 몸이 불편하실 때가 있었습니다.

"나는 완전히 밝은이가 아니다. 나도 닦는 사람이다."라고 하십니다.

몸이 불편하다고 느끼는 것은 재앙이 닥쳐옴을 느끼는 것입니다. 보통 몸이 불편하면 사람들은 약부터 찾습니다. 또 재앙이 닥치면 재앙을 피하려고 합니다. 그러나 닦는 이들은 다릅니다.

'내가 깨칠 것이 있어서 이런 일이 생기는 거로구나.'

고통을 감사하게 생각하며 피하지 않고 즐겁게 바칩니다.

그러다 고통이 더 심해질지 모릅니다.

'부처님께서 더 큰 깨달음을 주려고 이런 시련을 주시는구나.'

이렇게 억지로라도 생각하는 것이 좋습니다.

지치지 않고 바치면 그 고통은 선세죄업을 소멸하고 축복의 씨앗을 싹트게 해 행복으로 바뀝니다. 드디어는 밝아집니다(당득아누다라삼막삼보리). 고통이 올 때 감사할 수 있어야 합니다. 축복과 희망의 씨앗입니다. 그 말씀을 믿으면 선세죄업을 소멸하고 반드시 좋은 결과로 이어집니다. 이때 '이만하면 되었다'고 하면 다시 내리막길로 갑니다. 우리는 더 위로 자꾸 올라가야 합니다.

금강경 16분의 뜻을 잘 새겨서 다 함께 희망과 축복, 밝음의 삶을 살게 되기를 발원합니다.

2019.01.05.

소원 성취해서 부처님 드리겠다고 하면
진실로 내 것이 된다

공식적인 질의응답이나 개인적인 상담을 하면, 난관을 극복하고 소원을 이루고자 하는 주제가 가장 많습니다. 소원을 어떻게 효과적으로 이룰 수 있는지 백 선생님의 말씀으로 복습하겠습니다.

지난해 책『우리는 늘 바라는 대로 이루고 있다』를 냈습니다. 이 책은 "우리는 시시각각으로 소원을 성취하는 위대한 존재이다."라는 백 선생님 말씀에서 비롯하였습니다. 우리는 고통받고, 능력에 한계가 있고, 아는 것도 별로 없는 불완전한 존재가 아닙니다. 우리는 본래 부처님처럼 전지전능한 무한한 능력이 있으며 상락아정常樂我淨의 열반의 세계에 살 수 있는 존재입니다. 따라서 부처님께서 한마디로 모든 것을 이루듯이, 우리도 시시각각으로 소원을 이룰 수 있는 위대한 존재입니다.

우리는 부처님처럼 모든 것을 순간순간 이루는 존재라고 하지만, 실제로 이루어지는 것은 하나도 없고 부처님 말씀과 현실은 너무나 다른 것 같다고 생각합니다.

　백 선생님께서는 "다르지 않다. 우리가 원하지 않는 방향으로 빌기 때문이다. 우리는 원하는 대로 100% 이루고 있다."라고 하시면서 실례를 들어 주셨습니다.

돈은 쓰겠다고 정해 놓은 곳으로 가고, 나에게 오지 않는다

　돈을 벌고 싶은 사람은 대개 미리 돈 쓸 곳을 정합니다. 의식적으로는 쓸 곳을 정하지 않은 것 같아도 잠재의식 속에는 '내가 돈을 많이 벌면 우선 무엇부터 하겠다.'라는 생각이 있습니다. 사람들은 공통적으로 돈을 벌어서 자신의 욕망을 채우고 싶어 합니다.

　배고픈 사람을 생각해 봅니다. 제가 6·25 전쟁 때 초등학생이었는데 수시로 죽을 먹어서 '흰쌀밥을 한 100일 먹었으면!' 하고 간절하게 바랐던 적이 있습니다. 가난한 사람은 부자가 되어서 잘 먹고 아등바등하지 않고 돈을 펑펑 썼으면 합니다. 자기도 모르게 '돈 잘 벌어서 원 없이 잘 먹고 잘 쓰고 살았으면!' 하고 원을 세우고 있습니다.

　실제로 제 주위에 실감 나는 예가 있습니다.

　한 사람은 돈을 많이 벌어서 원 없이 잘 쓰고 잘 먹고 살았으면 했습니다. 결국은 돈을 벌어서 잘 먹고 잘 썼습니다. 자신과 부인은 최고급 차를 타고 해외여행을 다니고, 원 없이 썼습니다. 자식들에게도 최고의 대접을 했습니다. 10년 동안 잘살았습니다. 이후 쫄딱 망했습니다.

돈을 벌어서 장래성 있는 자식을 위하여 모든 것을 뒷받침하면서 많은 재산을 물려주겠다는 사람도 있었습니다. 돈을 벌어 자식을 위해 모두 썼습니다. 돈 많이 드는 의과대학에 들어간 아들에게 어느 부잣집 부럽지 않게 최고로 보조해 주었고, 어려울 때 집도 사주고 돈이 생기는 족족 주었습니다. 돈 벌어서 자식 잘되게 빌었던 그대로 되었습니다. 그 결과 자기는 거지가 되었고, 아들은 부모를 배반하였습니다.

백 선생님께서는 이렇게 말씀하셨습니다.

"많은 사람이 돈 벌어서 어디에 쓰겠다고 정해 놓고 돈을 번다. 그러면 그 돈은 자기가 원한 곳으로 그대로 간다."

돈을 벌어 잘 먹고 잘 쓰겠다고 하면, 나한테 오는 것이 아니라 잘 먹고 잘 쓰는 데로 갑니다. 돈 벌어서 자식 잘되게 만들겠다고 하면 돈은 나한테 절대로 오지 않습니다. 자식에게 갑니다. 자기는 오히려 빈털터리가 되고 배신을 당합니다. 소원 성취가 시시각각으로 이루어지지만, 돈 버는 목적을 자기가 원하는 쪽으로 하지 않았기 때문입니다. 소원은 자기가 원하는 그대로 정직하게 이루어집니다.

어떻게 하면 돈이 나에게 올까?

어떻게 하면 돈이 내게 와서 내가 자유롭게 될까요?

돈 벌어서 부처님 드리기를 발원하는 것입니다.

사실 이런 사람은 아무도 없습니다. 돈 벌어서 내가 잘되겠다고 하기는 미안하니까 좋은 집, 좋은 차, 자식 잘되는 것 등을 자기가 잘되는 것으로 알고 원 세우고 기도합니다.

내 속의 무한한 능력은 아주 정직합니다. 원하는 대로 100% 이루어집니다. 소원이 아주 정직하게 성취됩니다. 돈이 나에게 오는 게 아니라 목적한 곳으로 가고, 자신은 빈털터리가 됩니다. 돈이 나한테 오게끔 기도하는 방법을 몰랐기 때문입니다. 잘 먹고 잘 쓰는 것, 자식에게 주는 것이 나한테 오는 것이라고 착각했기 때문입니다.

백 박사님께서 돈이 어떤 사람이나 사물에게 가지 않고 나에게 오는 효과적인 방법을 가르쳐 주셨습니다.

"돈 벌어서 부처님 드리기를 발원해라."

'돈 벌어 부처님 드리겠다고 하면 부처님께 가지, 나에게 올까? 돈 벌어서 절에 다 주면 나한테 올까?'

여기서 부처님은 절이 아니고 '참나'입니다. 참나에게 가는 것입니다. 돈이 흩어지지 않고 진실로 자기에게 오는 것입니다.

우리는 이런 가르침을 받지 못했지요. 소원은 분명 이루어집니다. 그러나 자기가 원하지 않는 쪽으로 빌었기 때문에 돈은 그리 가고 자기 실속은 하나도 없었습니다. 자식이 잘되기를 바라거나 잘 먹고 잘 쓰는 것은 자기가 잘되는 것이 아닙니다. 내가 생각하는 나는 다 '가짜 나'이기 때문입니다.

우리는 전지전능해서 바라는 것을 다 이루고 있습니다.

어떻게 바라야 하는가? 그 소원은 내가 이루는 소원이어야 합니다. '참나'에게 돈이 오게 빌어야 합니다.

이 순간부터 사고방식을 바꾸어야 합니다. 돈 벌어서, 소원 성취해서 부처님 드리기를 발원해야 합니다. 이렇게 하면 나한테는 별 소득이 없을 것이라고 생각하는 것은 큰 착각입니다. 이것이 가장 효과적인 방법입니다. 돈을 벌든, 큰일을 이루든 내 것이 되도록 하는 기도입니다.

소원이 이루어지면, 감격하지 말고
당연히 올 것이 왔다고 생각한다

한 가지 주의사항이 있습니다.

로또복권 당첨금이 한때 20억 원까지도 했지요. 돈이 궁하여 당첨을 원하는 사람이 있었습니다. 부처님께 드린다고 하면 당첨되었을지도 모릅니다. 그러나 우선 돈을 타면 잘 먹고 잘 쓰고 자식에게 주려고 합니다. 부처님께 드린다는 생각은 하지 않습니다. 그래서는 복권에 당첨될 수가 없습니다.

만약 간절히 빌어서 로또에 당첨됐다면 감동하고 감격합니다. '이게 웬 횡재냐.' 하며 감동합니다. 소원 성취에 눈물까지 흘리며 감격합니다. 이 감동하는 마음은 '나는 이 돈을 받을 자격이 없는데 우연히 생겼구나. 이 돈은 머지않아 나한테서 나갈 거야.'라는, 나가기를 바라는 마음을 전제하고 있습니다.

미국에서 거액의 복권에 당첨된 사람들이 얼마나 행복해지는지 조사한 적이 있습니다. 대개는 더 가난해지고 더 불행해졌다고 합니다. 결코 행복해지지 않습니다. 처음 몇 년 동안은 잘살겠지요. 결과적으로는 잘살지 못합니다. 자기가 그렇게 바라기 때문에 그래요.

소원이 이루어졌을 때 감동하고 감격하는 것은 불길한 징조입니다. 그럴 필요 없어요. 당연히 나에게로 올 것이 왔다고 생각해야 합니다. 나는 한마디로 소원을 이루는 위대한 존재이며 전지전능한 부처님이기 때문입니다. 가질 복이 부족한 사람은 돈이 생기면 감격하며 우선 쓸데를 생각합니다. 그 생각이 재앙을 불러와서 돈을 유지하지 못하게 됩니다.

 돈을 잘 벌고 또 잘 유지해서, 행복하고 지혜롭게 부처님 시봉 잘 하시기를 발원합니다.

2019.01.12.

탐진치를 소멸하여
환희심이 나도록 수행하라

도인(보살)의 법식은 굉장히 불가사의하다는 말씀을 드리고자 합니다. 제가 이런 말씀을 종종 드립니다.

"우리는 밖에서 구할 필요가 없다. 우리는 부처님과 같이 전지전능한 위대한 존재이다. 도통하려고 할 필요가 없다. 자신 속에 모든 것이 구족具足되어 있다."

저는 지금은 이것을 다소 실감합니다.

수행의 로드맵을 제시하며 희망을 주시다

백 박사님을 1966년 4월에 처음 뵈었습니다. 당시에는 도통하기 위해 노력을 해야 하고 도통을 하는 수도 방법, 즉 수행의 로드맵이 있어야 한다고 생각했습니다. 선생님께서도 자신 속에 모든 것이 구족되어 있다고 하지는 않으셨어요.

"수행을 하면 언젠가 깨달을 것이다. 열심히 금강경 독송하고 무슨 생각이든지 바치는 수행을 하면 3년이면 숙명통, 9년이면 타심통, 27년이면 누진통이 나고 완전히 밝아진다. 3년을 부지런히 수행해서 숙명통만 나도 지혜가 대단해져서 세상을 행복하게 살 수 있을 것이다."

이런 희망의 말씀을 하시고 수행의 지침을 주셨습니다.

1967년 출가하면서 본격적으로 수도를 했습니다. 수도 생활은 세상 기준으로는 고생스러웠지만, '3년을 고생하면 숙명통이 나고 모든 고난에서 벗어나서 행복하게 살리라.' 하는 희망이 있었어요. 도통을 기대하며 고생을 감수하였습니다. 어느 정도 세월이 지나니 별로 고생으로 느껴지지 않고 마음이 편안해지고 부분적이나마 깨달았다는 것도 실감했습니다.

기대하고 바라는 탐심이
우울, 의심, 퇴타심을 불러오다

하지만 선생님께서 말씀하신 숙명통, 타심통은 나에게 오는 것 같지 않았습니다. '언제 나에게 오나? 깨달음이 온다는 3년이 되어도 감감무소식…. 언제 되려나?' 마음이 우울해졌습니다. '선생님께서 거짓말을 하신 건가?' 이런 우울한 생각, 의심하는 생각이 공부를 결정적으로 방해한다는 것을 그때는 몰랐습니다.

'숙명통 몇 년이면 된다지만 나는 기대하지 않는다. 내 속에 구족되어 있지 않은가! 기대하고 바라는 마음은 탐심이라고 하지 않는가? 나는 기대하지 않고 오직 감사하게 바칠 뿐이다.' 이랬어야 했을 것입니다.

내 속에 구족되어 있다는 말씀을 들어도 워낙 바라는 마음이 많아서인지 '왜 아니 되는가' 하는 진심은 저 자신을 우울하게 했고, 구하고 바라는 마음이 퇴타심으로 이어졌습니다. 그리고 방해하는 업보 때문에 마음이 움직였던 것도 사실입니다. 오래 수행하던 사람들도 나와 비슷하게 바라는 마음이 충족되지 않으니 선생님 말씀을 의심하면서 수시로 퇴타심을 냈습니다.

퇴타심이 난 도반 이야기

퇴타심이 났을 때 때로는 퇴타심도 끝이 있다며 격려나 위로를 해 주시지만 야단을 치시기도 합니다.

어떤 도반은 위로나 격려를 해 주지 않고 내보냈습니다.

"네가 수도장에서 분별심 내면 네 몸이 상한다. 나가 있어야 한다."

나가도 뚜렷이 할 일이 없고, 뭘 하려고 하는데 잘 안 되니 다시 찾아옵니다. "밖에서 무엇을 하려고 했더니 잘 안 됩니다."

백 선생님께서는 뭘 하라고 말씀하시는 게 아닙니다. 다시 들어오라고 하세요. 그이는 다시 들어왔습니다. '그래, 그때는 숙명통이나 타심통이 전혀 안 되었지만 기다리면 된다는 뜻인가 보다. 나에게 여전히 희망이 있구나.' 하며 공부하지만, 바라는 마음이 다시 퇴타심으로 이어집니다.

"분별을 내서 네 몸이 상한다. 안 되겠으니 다시 나가라."

백 선생님께서 다시 내보내십니다. 그 뒤로도 두어 번 또 들어오라 하셨고 다시 내쫓았습니다.

도반은 화가 나서 '나는 이제 아니 들어오리라.' 하고 나갑니다. 그러고서 본격적으로 일을 벌였는데, 소사에서 수도했던 결과로 밖에서 일이 잘되고 사람들도 많이 모여듭니다. '이 정도면 난 할 일도 생겼고, 이제 소사에 안 들어간다. 선생님도 칭찬하실 것이다.' 라는 기대를 하며 옵니다. 그러나 백 선생님께서는 포교도 잘하고 불사도 잘한다고 칭찬하기는커녕, 별 볼 일 없으니 다시 들어오라고 하셔서 그이는 다시 들어왔습니다.

선생님께서는 건강이 좋지 않으셔서 서울의 아파트에서 거주하시고, 소사에서 점검도 없을 때였습니다. 그는 기분이 안 좋았겠지요. '선생님께서 수도장에 계시며 하나하나 챙겨 주실 때는 꾸중하셔도 머무를 기분이 나는데, 나더러 들어오라 하시고 정작 선생님은 서울에 편안히 계시니 이게 뭐람!' 하며 화가 나서 다시 나갔어요.

사람들이 기다리는 법회 생각이 생생하게 아른거려서 3일 만에 다시 달아났습니다. 밖에서 법당이 커지고 법회가 눈부시게 잘되니 그이는 법회가 깨질까 봐 도저히 떠날 수가 없게 되었습니다. '이렇게 법당이 크고 눈부시게 발전하였으니 이제는 칭찬하시겠지.' 하고 찾아갔는데, 백 선생님께서는 외려 꾸중하셨습니다.

"네가 지금 법회 하는 것이 잘하는 것이 아니다. 소원 성취이고 업장질이다. 사실은 불사도 시봉도 아니다. 다시 들어오너라."

왜 선생님께서는
다시 들어오라 하셨나?

그 당시에는 저도 잘 몰랐어요. 백 선생님 본인이 수도장에 계시지도 않았고, 책임을 지거나 위로를 해 주신 것도 아니었으니까요. 그래서 그이는 결국 보따리를 쌌고, 밖에 나가서 잘했는데 왜 다시 돌아오라고 그러실까? 이해할 수 없었습니다. 저희 모두 이렇게 생각했던 것 같아요.

'선생님도 소사에 아니 계시는데 왜 들어오라고 하실까? 이해가 안 돼! 선생님 나이도 있고 망령이 드셨나? 그이는 밖에서 법회 하는 것이 좋을 것 같아.'

나와 진지하게 상의했어도 계속하라고 했을 것입니다. 물론 나와 상의하지도 않았습니다. 그이는 이미 결심이 섰어요. 주위 도반들도 그이를 대단히 칭찬하며 '소사에 오래 있어 봐야 희망이 있어? 도통이 되겠어?' 했습니다. 이제 그이는 선생님께 영원히 상의하지 않을 것입니다. 보나 마나 백 선생님께서 다시 들어오라 하실 것이 틀림없기 때문입니다.

그때가 1970년대 말이었습니다. 그리고 저는 소사를 떠난 지 40여 년이 지난 지금 분명히 알게 되었어요.

법당에 들어올 때 순수한 환희심으로 부처님 시봉하기 위하여, 부처님 뜻을 잘 깨쳐서 밖에서 위대한 불사를 하기 위해 오는 사람은 드뭅니다. 저 자신도 그렇습니다. 대개 밖에서 일이 꼬이고 힘들고 나 혼자 해결할 수 없어서, 부처님께 의지해서 부처님의 가피로 난관을 극복하려고 옵니다. 매달리는 마음으로 들어와 공부하는 것입니다.

공부하면서 마음이 안정되며 재앙도 소멸하니, 이만하면 되었다고 생각하여 밖에 나가고 싶은 생각이 듭니다. 참 조심하셔야 합니다. 저도 그때는 몰랐습니다. 밖이 그리워요. 더 있어 봤자 전망도 없고 목적 달성, 소원 성취도 했으니 수행이 재미없어집니다. '나가서 내 할 일을 하자.'고 합니다. 법당을 꾸짖는 진심 끝에 '이만하면 되었지' 하는 치심을 내며 나가게 됩니다.

진심 끝에 치심이 옵니다. 진심 끝에 이직이든 이혼이든 일을 저지르게 됩니다. 진심이 없어지지 않는 한 새로운 직장, 가정에서 똑같이 나쁜 업보를 만나게 됩니다. 진심 끝에 일을 저지르지 마십시오. 제가 여러 번 말씀드렸습니다. 옮기는 때는 언제인가? 환희심이 날 때, 여기가 좋아서 떠나고 싶지 않지만 업그레이드되어 다른 데서 꼭 해야 할 일이 있을 때 나가는 것이 좋습니다. 환희심이 날 때 밖에 나가면 일이 잘되고 죽 뻗어 나가게 됩니다.

그때 우리는 공부를 꽤 했어도 그것을 몰랐어요. 그 사람이나 나, 어느 정도 바라는 것이 이루어지니 법당을 꾸짖고 이만하면 되었다 하고 밖에 나간 것입니다. 그이는 나가서 크게 성공하니 잘 나갔다고 생각합니다.

그런데 나간 배경에 무엇이 있죠?

꾸짖는 마음과 이만하면 되었다는 마음이 있어요. 이 진심과 치심을 해탈하지 않는 한, 일시적으로 성공할 뿐 똑같은 일이 반복됩니다. 전생의 일이 반복되는 것입니다.

퇴타심의 원인을 소멸하여
환희심이 날 때까지 공부한다

지금은 백 선생님의 들어오라는 그 뜻을 분명히 압니다.

'너는 진심과 치심으로 나갔기 때문에, 밖에서 불사하고 부처님 시봉한다고 하지만 바람직하고 성공적인 불사가 아니다. 결코 뒤끝이 좋지 않을 것이다. 밖에서 무엇을 구하지 마라. 환희심 나는 그것을 찾아라. 들어와서 퇴타심으로 나간 기억을 지워라. 바로 이 자리에서 퇴타심의 원인을 알고 소멸하여 기쁨이 충만하도록 공부해라. 그 자리에서 도통하고 지혜가 충만할 것이다. 밖의 일은 아무것도 아니다. 진심과 치심으로 밖에 나가서 일을 한들 그것이 어찌 빛나는 성공이 되겠느냐? 그 일을 그만두고 돌아와 초심으로 돌아가서 기쁜 마음이 들 때까지 공부하라.'

한때는 불사가 눈부시게 잘되어서 자만하고 잘나가던 그 사람은 눈부신 성공이 인생 결산기 80대까지 이어지지 못하고 참혹한 재앙에 맞닥뜨렸습니다. 그때 그이가 불사에 연연하여 잘되는 것에 자만하지 말고, 밖의 일이 최고라 생각하지 않고 선생님 말씀에 따라서 들어왔으면 얼마나 좋았을까? 비록 고통스러운 순간이 있었어도 진정으로 법당의 소중함과 공부의 가치를 알고, 밖에서 저절로 일이 되어서 기쁨에 충만한 채로 나갔다면 어땠을까? 그러면 참혹한 재앙도 없었을 거고 큰 불사를 이룩해서 선생님의 뜻을 잘 받들었을 텐데, 하는 아쉬움이 많습니다.

그이 이야기를 하자는 것이 아닙니다. 우리가 당면한 현실의 문제입니다.

기분 나쁠 때 일 저지르지 마십시오. 기분 나쁠 때 직장을 그만두거나 사람들과 헤어지지 마세요. 좋을 때 축복받으며 헤어져야 합니다.

사람들은 밖에서 새로운 것을 찾으며 거기에 행복이 있다고 생각합니다. 그러나 구하는 마음, 탐심에서 행복을 찾을 수 없습니다. 어떻게 해야 합니까? 항상 구족되어 있음을 믿고 감사하며 불평스러운 것, 안 되는 것만 바치면 됩니다. 끝까지 해야 합니다.

공부는 언제까지 해야 합니까? 답이 저절로 나오지요. 환희심이 날 때까지 해야 합니다. '공부를 언제까지 할까요?'라는 질문에는 그때까지 하고 쉬겠다는 굉장히 불순한 마음이 있습니다. 환희심이 나면 그만두라고 해도 공부할 것입니다. 그런 질문은 있을 수 없습니다.

도인의 법식은 불가사의하다

도인의 법식이 불가사의한 것을 이해하시겠지요. 처음에 몇 년이면 타심통, 숙명통이 난다는 법문은 우리가 구하는 마음이 많으니 우리를 달래 주기 위해 그때 그 환경에 필요했던 일시적인 법문이었던 것 같아요. 우리는 일시적인 수기설법인 줄 모르고 '선생님 말씀은 진리고 영원하다. 3년이면 도통이 될 텐데 왜 안 되느냐.' 하는 그 마음을 연습하였고, 도인의 진의를 몰랐습니다.

도인의 진의는 정해져 있지 않습니다. 도인의 법식은 알 수 없습니다. 도인은 수기설법을 하십니다. 그 사람, 그 상황에 맞게 말씀하실 뿐입니다.

퇴타심 내지 말고 항상 환희심 내어, 언제까지 공부해야 하나 하는 마음을 영원히 해탈탈겁하시기 바랍니다.

2019.01.19.

분별심이 다양해도
하나만 마음 세워서 끝까지 바쳐라

밝은 선지식인 백 선생님의 가르침은 강의식이 아닌 묻는 말에 대한 대답으로 법문이 진행됩니다.

"아침저녁으로 금강경을 독송하라.

올라오는 생각은 모두 다 부처님께 바쳐라.

몸은 규칙적으로 움직이고 정신은 절대로 가만두어라."

난제에 대한 백 선생님의 설법

좀 더 구체적으로 질문하면 대개 이렇게 얘기하십니다.

"가난 때문에 먹고 살기가 힘듭니다. 어떻게 해결해야 하겠습니까?"

"그 생각을 부처님께 바쳐라."

잘 바쳐지지 않지요.

"그 생각에다 대고 자꾸 미륵존여래불 해라.* 자꾸 미륵존여래불 하다 보면 가난 때문에 괴롭다는 생각이 점차 엷어지게 되느니라."

또 아픈 사람이 찾아와서 여쭙니다.

"병고 때문에, 앞으로 병이 더욱 위중해질 것 같아서 괴롭습니다."

"병에 대한 걱정을 부처님께 바쳐라. 자꾸 바치다 보면 병에 대한 두려움이 없어지게 될 것이다."

'병에 대한 두려움만 없어진다고 병이 해결될까?' 의문이 생기지요.

"네 마음속에 병에 대한 두려움이 사라질 때, 병 또한 사라지리라."

각종 난제에 대한 백 선생님의 말씀입니다.

"그것이 난제라는 생각을 부처님께 바쳐라. 그러면 더이상 난제가 아니라는 것을 발견하게 된다. 난제가 허상임을 알게 된다. 네 마음속에서 난제가 아닌 줄 실감할 때 현실의 난제는 본래 존재하지 않음을 알게 될 것이다."

예를 들어 "가난이 굉장히 고통스럽습니다." 할 때, "가난이라는 생각을 부처님께 바쳐라." 하십니다만, 좀 더 보충해서 "가난이라는 것이 착각인 줄 알고 바쳐라."라고 이야기하십니다.

바치는 마음가짐

단순히 바치라고 하면 잘 몰라요. 그리고 잘 안 됩니다. 바치는 방식도 배워야 합니다.

"소원을 이루고자 할 때 그 이루고자 하는 생각을 부처님께 바쳐

━━━━━
* 백 선생님께서 말씀하시는 "미륵존여래불 해라."는 가부좌나 장궤 자세로 미륵존여래불을 소리 내어 정진하는 것을 의미합니다. 서가모니불, 금강반야바라밀경, 사구게를 하라고도 하십니다.

라. 소원을 이루고자 하는 생각이 없어질 때 소원이 이루어질 것이다. 오히려 소원을 이루겠다고 설치는 마음, 바라는 마음이 소원성취를 방해하고 있다."

'소원이 이루어지지 않으면 어떻게 하나?' 이런 마음으로 바쳐서는 아무리 열심히 바쳐도 소원이 이루어지지 않습니다. '소원은 이미 다 이루어졌다.'라고 믿고, 낙관적으로 자신감을 가지고 부처님께 바쳐야 합니다. 불안한 생각을 가지고 바치는 한, 아무리 잘 바쳐도 힘듭니다. '부처님께서 된다고 하셨으니 틀림없이 가능하다.'는 자신감을 가지고 바칠 수 있으면 더 좋습니다. 이미 다 되었다고 믿고 바칠 때 확실히 이루어집니다.

소원을 성취하고자 할 때 이 공부를 합니다만, 나에게 닥친 여러 재앙을 소멸하는 데도 바치는 법을 많이 활용할 수 있습니다. 특히 가정불화, 대인관계에서 증오심이 많이 듭니다.

"그 사람이 아주 밉고, 미운 생각이 들어서 견딜 수 없이 힘듭니다."

"미운 얼굴이 떠오르지? 그 미운 얼굴에다 대고 금강경을 읽어도 좋지만, 자꾸 미륵존여래불 해라."

처음에는 너무 미운 나머지, 그 미운 얼굴이 너무 생생하게 떠오릅니다. 눈빛도 고약하고 화낼 때 입술 찡그리는 것도 아주 고약합니다. 실감나게 떠오르는 그 미운 얼굴에 대고 미륵존여래불 합니다. 자꾸 미륵존여래불 하다 보면 나중에 미운 얼굴이 잡히지 않게 됩니다. 그럴 때 억지로 그 얼굴을 떠올리거나 사진을 놓고 미륵존여래불 하는 것은 바람직하지 않습니다.

"미운 것이 그 사람이라는 생각에 대고 미륵존여래불 해라. 그 사람이 밉다는 마음이 허상임을 알고 바쳐라. 더 나아가, 미운 그 사람이 이미 더는 밉지 않게 되었다고 믿고 바쳐라."

막연하게 바치라는 것 하나만 가지고서는 잘 바쳐지지 않을 수 있습니다. 항상 원칙적인 얘기를 듣고 구체적으로 실천할 때는 시행지침을 잘 알아 두면 효과적으로 수행이 됩니다.

여러 가지 분별심이 있어도
하나만 마음 세워서 끝까지 바쳐라

여러 가지 난제가 있습니다. 가정불화도 난제이지만 먹고살기도 너무 힘든데 자식까지도 속 썩이는 상황, 사면초가의 상황에서는 바칠 게 너무나 많습니다. 보통은 가정불화에 대고 바치다가, 자식이 속 썩이니 자식 바치다가, 돈 버는 데 바치다가, 그렇게 왔다 갔다 하면서 바칩니다. 그런 경우는 어떻게 할까요? 제일 고약한 것 하나에만 대고 바치세요.

부인이라면 남편이 꼴도 보기 싫어서 자꾸 바치다가, 가난이 괴로우면 가난에 대고 바치는데, 이렇게 바치는 대상이 자꾸 바뀌면 마음이 서질 않습니다. 남편이면 남편 한 가지에만 대고 계속 바쳐야 합니다. 그러면 가난은 어떻게 해결하는가? 남편 하나에만 대고 편안해져서 그 생각이 안 날 때까지 계속해서 바쳐야 합니다. 가난이 떠오르고 자식이 떠오르고 뭐가 떠오른다고 마음이 자꾸 옮겨갈 때는, 바치는 돈독한 신심이 제대로 서지 않아 해결하기 힘듭니다.

남편, 가난, 자식이 둘이 아닙니다. 너무 욕심내서 동시에 다 해결하려고 하지 말고, 하나만 마음 세워서 끝까지 하십시오. 남편이 속

썩이는 것과 가난이 다르지 않듯이 하나에 모든 것이 다 포함되어 있습니다.

구체적으로 말씀드립니다. 여러 가지 올라오는 생각들을 분별심 또는 아상이라고 합니다. '나'라는 생각이 아상입니다. 내 몸뚱이를 보호하기 위해서 여러 생각이 나오는데, 이 생각 하나하나는 아상의 그림자입니다. 아상은 쉽게 말하면 생각이고 전문적인 용어로는 분별심이나 번뇌 망상이라고도 합니다. 아상, 생각, 분별심, 번뇌 망상, 이런 것들은 탐심, 진심, 치심을 포함하고 있습니다. 분별심이 바쳐질 때 탐심도 바쳐지고 진심도 바쳐지고 치심도 바쳐집니다.

부분과 전체가
둘이 아니다

우리는 깨치는 것만 수도의 목적으로 알고 있을 뿐, 먹고사는 문제를 해결하는 것은 수도의 목적으로 생각하지 않습니다. 스님들은 깨쳐서 견성 성불하기 위해 불교를 믿고 수도해야 한다고 합니다. 세상을 행복하게 살고 유능하게 사는 것이 수도의 목적이 아니라고 이야기합니다. 가톨릭이나 기독교에서도 마찬가집니다.

가톨릭 신부에게 들은 이야기입니다.

"사람들은 평화, 행복, 구원 셋 중에서 어떤 것을 좋아하는가? 본래 진정한 가톨릭 신자라면 구원을 목표로 해서 믿어야 하는데, 기독교 신자들은(가톨릭 포함해서 기독교 신자라고 얘기합니다.) 구원을 목표로 해서 종교 생활을 하는 것이 아니라 평화나 행복을 위해서 믿는다. 이것은 잘못된 믿음이다."

불교에서도 스님들께 물어보면 이렇게 말씀하실 것입니다.

"세상을 잘살기 위해, 인재가 되기 위해 불교를 믿어서는 안 된다. 깨달음을 위해 믿어야 한다. 세상을 잘살기 위한 길, 인재가 되는 길은 깨달음의 길과 전혀 다르다."

깨닫기만 하면 세상을 잘사는 문제는 동시에 해결되겠죠. 깨달음과 잘사는 길이 다르다고 얘기하는 것은 타당하지 않습니다.

우리의 생각은 분별이고 아상입니다. 어서 하겠다(탐)는 것에서 왜 안 되느냐(진)가 나오고 이만하면 되었다(치)가 나온다는 것을 어렵지 않게 알 수 있듯이, 분별에는 탐진치가 동시에 포함되어 있습니다. 그래서 생각을 바친다는 것은 탐진치가 동시에 소멸한다는 뜻입니다.

승려는 특히 치심을 닦는 데 역점을 두기 때문에 치심을 깨치면 깨쳤다고 합니다. 그러나 세상 사람들은 탐심과 진심을 해결하는 것이 더욱 필요하다 보고, 치심보다 탐심이나 진심을 닦는 데 중점을 둡니다. 탐심을 닦는다고 해서 진심이나 치심이 닦이지 않는 것은 아닙니다. 탐심의 세계에 몸담은 세상 사람들은 먹고사는 당면 과제인 탐심을 닦다 보면 탐심이 많이 닦아지고 진심, 치심이 덜 닦아질 수는 있겠지요. 하지만 바치면 다 닦아집니다.

치심을 소멸하여 깨달음을, 탐심을 소멸하여 풍요를, 진심을 소멸하여 능력을 얻게 되는 것입니다. 그렇다면 깨친 이는 가난해서도 능력이 없어서도 안 됩니다. 깨친 이는 아상을 소멸한 사람이고, 아상을 소멸하면 탐진치도 동시에 소멸하는 것이므로 가난하거나 무능하지 않습니다. 이것이 백 선생님 가르침의 일부분입니다.

정리

부분과 전체가 둘이 아닙니다. 세상에서 잘사는 것과 깨달음의 길을 가는 것이 둘이 아닙니다. 여러 가지 생각이 동시다발적으로 올라올 때 한 가지만 바치면 된다는 것은 부분이 전체와 다르지 않기 때문입니다.

바친다는 것은 분별심, 중생심을 불심과 바꾸는 것입니다. 분별심이 본래 없는 것으로 알고 바치라는 뜻이 포함되어 있습니다. 있다고 믿고 바치면 바쳐지지 않습니다. 난제라고 생각하고 바치면 난제가 해결되지 않습니다. 난제가 이미 소멸하였다고 믿고, 감사하면서 바쳐야 합니다.

잘 유념하셔서 행복한 삶을 사시기를 바랍니다.

2019.02.02.

진정한 무주상 보시의 복덕은
바로 실감할 수 있다

무주상 보시의 복덕은 불가사량하리라.

금강경에 나오는 말씀입니다. 무주상 보시가 어떤 것인지 실감하기는 어려워도 듣기는 참 아름다운 말 같습니다. 이 세상에서 가장 아름다운 말이 무주상 보시라고 생각합니다. 세상 사람들은 서로 계산하고 이해타산과 업보에 휘말려서 보시하지요. 반면 아무 조건이 없는 보시, 이유 없는 보시, 순수한 보시는 얼마나 아름답고 좋습니까? 저는 무주상 보시라는 표현을 참 좋아합니다.

오늘은 무주상 보시에 대하여 말씀드리겠습니다.

무주상 보시의 복덕

무주상 보시를 하는 분들은 그 복도 많을 것이라고 생각합니다. 정말 복이 많을까? 복이 많다 하더라도 바로 금생에 이루어져야지,

내생에 이루어지는 복이라면 그건 복이 많다고 할 수 없을 것입니다.

여기 성금 봉투가 있습니다. 이것은 성금을 부처님께 공양하는 것, 보시하는 것이라고 얘기할 수 있습니다. 어려운 살림에 십일조 하는 것도, 불공도 쉽지 않은 일입니다.

만약에 내가 십만 원을 보시하는 즉시, 바로 그날로 열 배인 백만 원이 되어서 돌아오는 것이 확실하다면 '거기에 가서 십만 원을 보시하면 바로바로 백만 원이 되돌아오는구나! 거기는 참 영험한 자리로구나!'라고 생각하면서 그 자리에 가서 없는 돈이라도 털어서 자꾸 보시할 겁니다. 없는 돈을 털어서 백만 원을 보시하면 천만 원이 되어서 바로 돌아올 것이 확실하기 때문입니다.

그렇지만 우리는 보시하기를 굉장히 주저하고 있는 게 사실입니다. 바로 되돌아오는 것을 실감하지 못하기 때문입니다. 만약에 보시를 해서 바로바로 되돌아온다면, 그것도 열 배쯤 되어서 되돌아오는 일이 생긴다면 그것은 무주상 보시의 결과라고 말씀드리고 싶습니다.

어떻게 돈이 베푸는 대로 열 배 이상이 되어서 되돌아올까?

그것이 무주상 보시라면, 어떻게 무주상 보시를 할 수 있을까?

오늘 이것에 대해 말씀드리고자 합니다.

**대가 없이, 부처님 모시는 마음으로
베푸는 것이 무주상 보시인가?**

우리 법당에서 무료 급식을 십 년 이상 지금도 하고 있습니다. 처음에는 제가 일선에서 직접 노인들한테 서빙도 하고 또 경우에 따라서 그분들한테 핀잔을 듣고 여러 가지 모욕도 당하면서 봉사한 적이 있었습니다.

저는 그때 아무 대가 없이 베푸는 것을 무주상 보시라고 생각했습니다. 그들에게는 줄 생각만 했지 어떤 대가도 기대하지 않았습니다. 십여 년 전 내가 무료 급식소에서 보시한 것이 대가를 기대하지 않는 보시, 무주상 보시라고 생각했습니다.

베푼 것이 일정 기간 이후 상당한 양이 되어 되돌아온 것은 사실입니다. 그러나 주는 것이 받는 것과 다르지 않다고 느낄 정도로 베풀면 바로 되돌아오지는 않았습니다. 몇 달 또는 몇 년 지나서 그 이상의 어떤 물질이나 칭찬으로 되돌아오는 것을 느낍니다.

'아! 주는 것과 받는 것이 다른 것이 아니로구나! 주는 것이 손해가 아니로구나! 무주상 보시의 흉내라도 냈기 때문에 이런 결과가 된 것이 아닐까?' 생각한 적이 있습니다.

하지만 조금 지나서, 몇 년이 지나서 되돌아온 것은 무주상 보시에 가깝기는 해도 진정한 무주상 보시는 아닐 겁니다. 진짜 무주상 보시는 바로바로 실감할 수 있습니다.

아낌없이, 심지어는 내 몸뚱이라도 바쳐서 주겠다는 생각이 들 정도로, 주는 것이 바로바로 받는 것으로 연결되는 것이 무주상 보시라면 어떻게 그 길로 갈 수 있을까요?

대가 없이 주는 것이 무주상 보시인 줄 알았지만 잘못 생각했던 것 같습니다. 진정한 무주상 보시는 아닙니다. 아직도 저에게는 귀찮다는 생각과 이 일을 언제까지 해야 할까 하는 피곤함이 있었기 때문에, 그것은 대가를 바라는 마음이었고 진정한 무주상 보시는 아니었던 것 같습니다.

'독거노인들한테 베푼다고 하지 말자. 부처님 기쁘게 해 드리는 마음, 부처님 시봉하는 마음으로 보시한다고 하자.' 이렇게 생각하며 계속 부처님께 공양하는 마음을 내려고 했습니다. 마음이 조금 닦아지는 듯하였고, 이것이 무주상 보시라고 생각을 했습니다. 실제로 부처님 모신다는 기분으로 주로 국수, 가끔 밥을 공양했더니 확실히 마음이 좀 닦아지고 업장이 소멸하는 것을 발견했습니다. 또 베푸는 것 이상의 물질이나 칭찬으로 되돌아오는 것을 느끼면서, 무주상 보시에 한 걸음 더 다가가는 것으로 생각했습니다.

그 이상으로는 무주상 보시를 해석할 길도 없었고 도달하는 방법도 알 수 없었습니다.

진정한 무주상 보시,
탐욕심이 본래 없음을 깨닫는 것

요새 방송에 자주 나가면서 무주상 보시가 어떤 것인가 좀 더 깊이 생각하였고, 다음과 같은 결론을 얻었습니다.

보통 '내가 물건을 독거노인들에게 베푼다.' 이렇게 출발합니다. 나, 독거노인, 베푸는 부처님, 주는 물건이 있다면 대가 없이 베풀고 부처님한테 공양하는 마음으로 드리더라도 무주상 보시는 될 수 없습니다.

어떻게 해야 진정한 무주상 보시가 될까?

우선 베푸는 행위를 해야 합니다. 거저 되지 않습니다. 내가 독거노인들한테 국수를 베푼다는 생각이 착각인 줄 알고 자꾸 바치면서 무료 급식이나 무주상 보시를 꾸준히 한다면, 국수나 밥이 물건이 아니라 내 탐욕심이라는 깨달음에 반드시 도달할 것입니다.

마치 금강경의 약난생, 약태생, 약습생, 약화생을 글자 그대로 해석해서는 금강경을 제대로 실천할 수 없는 것과 같습니다. 약난생若卵生은 배은망덕한 마음, 또 약태생若胎生은 남한테 의지하는 마음, 약습생若濕生은 숨는 마음, 피하는 마음. 이렇게 물질이 아닌 마음으로 해석할 때 금강경을 실천할 수 있다는 것을 금강경 3분을 통해서 알았습니다. 자꾸 바치다 보면 물질이 아닌 마음이라는 것을 알게 됩니다.

마찬가지로 '내가 물질을 독거노인에게 베푼다.'는 생각을 자꾸 바치다 보면, 물질이 아니라 내 탐욕심인 것을 알게 됩니다. '나'라는 생각, '독거노인'이라는 생각, '내가 베푼다'는 생각을 자꾸 바치면 나, 너, 독거노인이 허상이고 부처님까지도 허상이라고 알게 됩니다. 계속 바치면 밥과 국수는 탐욕으로 바뀝니다.

자꾸 금강경을 실천하여 일체유심조를 깨친 결과 약난생이 배은망덕하는 마음이 되고 약태생은 의지하는 마음이 되듯이, 물질이 탐욕심으로 바뀌고 '물질을 베푼다.'가 아니라 '탐욕심이 소멸한다.'로 바뀌게 됩니다. 공부하는 과정에서, 일체유심조를 깨치는 과정에서 반드시 그렇게 될 수밖에 없습니다.

계속해서 더 바치면 '탐욕심 자체가 본래 없다.'라는 깨달음에 도달하고, 나는 본래 부처님처럼 구족한 존재라는 느낌이 듭니다. 내 마음속에서 무한한 환희심과 자신감이 넘쳐흐르게 됩니다. 그 복덕은 불가사의합니다.

금강경을 실천하는 과정에서 '내가 밥과 국수를 독거노인들한테 베푼다.'는 것이 '탐욕심이 본래 없다.'는 것임을 알게 될 때 부처님 광명이 내게 임하여 무한한 기쁨과 능력이 생기는 것을 발견하며,

그 결과 "그 복덕이 불가사량하다."는 금강경 말씀을 실감할 수 있습니다.

무주상 보시를 실감하면, 내가 베풀 때 열 배 이상으로 바로 그 자리에서 되돌아옵니다.

금강경 가르침으로 무주상 보시의 복덕을 바로 실감할 수 있다

그런대로 계산하지 않고 부처님 드리는, 마음 닦는 무료 급식을 함으로써 바로바로는 아니더라도 몇 달, 몇 년 후에 축복으로 되돌아온 것을 발견했습니다. 몇 달 후에라도, 금생에 축복으로 돌아온다면 그것은 무주상 보시를 어느 정도는 실천한 것입니다.

그런데 아직 완전한 무주상 보시는 아닙니다. 내가 있고, 베푸는 독거노인이 있고 베풀었다는 생각이 남아 있기 때문입니다. 이왕이면 그 생각까지도 자꾸 바치면서 한번 해보십시오.

다른 사람은 죽었다 깨도 안 되고 내생에도 될지 말지 하지만, 금강경 하는 분들은 잘하면 금생에 이룰 수 있습니다. 무주상 보시의 복덕이 불가사량하다는 것을 실감하며, 주는 것과 동시에 바로바로 몇 배로 보상받는 현실을 생생히 체험할 수 있을 것입니다. 불가능하지 않습니다. 잘하면 가능합니다. 다른 방법은 안 됩니다. 금강경 수행 방법으로 금생에 실감할 수 있습니다.

그렇게 되지는 않는다고 하더라도 어느 정도 흉내는 낼 수 있습니다. 저는 어느 정도 흉내만이라도 내서 주는 것과 받는 것이 다르지 않다는 것을 깨우치게 되었습니다. 흉내만 내도 그렇게 되는데, 금강경 실천을 실감나게 한다면 "그 복덕은 불가사량하리라."라는 진실 불허한 부처님의 말씀을 실감하며 부처님 세계로 더 확실히 다가갈 것입니다.

2019.02.09.

백 선생님
가르침의 특징

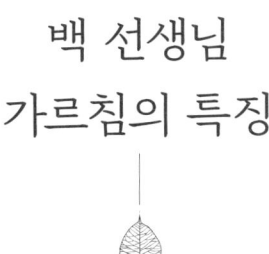

오늘도 금과옥조와 같은 백 선생님의 말씀을 복습하겠습니다.

백 선생님의 가르침, 평소의 말씀은 금강경 가르침에 근거하지 않은 것이 거의 없습니다. 한 말씀 한 말씀 출처를 찾으면 금강경 속에 있는 4대 진리에 근거해서 말씀하셨고, 그 말씀을 통해 금강경에서 표현한 무량무변공덕을 얻을 수 있습니다.

백 선생님 가르침은
금강경에 근거한 것이다

금강경 가르침을 몇 가지 진리로 압축해서 여러 번 말씀드렸습니다.

금강경의 가장 골자가 되는 금강경 3분에 실무중생 득멸도자實無衆生 得滅度者라는 표현이 나오고, 또 금강경 여러 곳에 실무유법實無

有法이라는 표현도 나옵니다. 이 표현을 검토하면 일체유심조의 진리를 발견할 수 있습니다. '보고 느끼는 세상의 모든 것은 바로 네 생각이 만들어 낸 결과다. 네 생각은 네 운명을 만들고, 네 눈에 띄는 산하대지도 만든다.' 이 내용이 그 말속에 다 포함되어 있습니다.

금강경 곳곳의 실무유법, 금강경 5분의 범소유상 개시허망 구절에 공空의 진리가 있습니다. 공의 진리는 특히 난제 해결에 결정적인 역할을 합니다. 절체절명의 난제는 꿈이 아니라면 벗어날 수 없습니다. 현실이고 팩트라고 생각하면 절체절명의 난제에 닥쳤을 때 죽을 수밖에 없습니다. 그것이 꿈인 줄 알고 본래 없는 것인 줄 알 때 절체절명의 위기에서 벗어날 수 있습니다. '절체절명의 난제도 사실 꿈이며 본래 없다.'는 것이 공의 진리이고, 그것이 금강경 여러 구절에 나와 있습니다.

또 일체유심조와 공의 진리를 바탕으로 '나'라는 것이 없다고 알게 되면 '너와 나가 둘이 아니며 부처와 중생이 둘이 아니다.'라는 불이不二의 진리를 어렵지 않게 알 수 있습니다. 이렇게 불이의 진리를 깨친다면 '나는 부처님과 똑같이 전지전능하다.'는 구족具足의 진리를 동시에 이해할 수 있습니다.

백 선생님의 가르침은 모두 금강경에 근거한 일체유심조, 공, 불이, 구족의 4대 진리로 설명할 수 있습니다.

"일체유심조, 공의 진리를 응용해라. 현실 속에서 실행해라. 구족의 진리를 실행해라. 그러면 그대들은 모든 고난에서 벗어나서 행복해짐은 물론, 모든 무능에서 벗어나서 능력자가 되고 모든 어두움에서 벗어나서 밝아지리라."

이것이 백 선생님 가르침의 특색입니다.

일체유심조의 실천
네 마음인 줄 알고 바쳐라

백 선생님께서는 일체유심조의 진리를 현실 속에서 응용할 수 있도록 구체적으로 예를 들어 주십니다.

가만히 있다 보면 좋은 것이 떠오르는 경우는 좀 적고, 대개는 과거에 불쾌했던 것이 많이 떠오릅니다. '예전에 누구한테 당했지! 누가 내 자존심을 건드렸지!' 이런 생각이 떠오르다가 특히 요맘때 입춘 시절이 되면 그 분한 것이 자꾸 생각나고 또 생각나서 실제로 행동으로 옮겨 그이를 찾아가 못된 짓도 하게 됩니다. 사람들은 '그 사람이 나쁘다. 그 사람에게 당했다.'고 생각합니다. 이때 백 선생님은 일체유심조의 진리를 이렇게 적용하십니다.

"그 사람이 나쁜 게 아니라 내 마음속의 업보업장이 그런 분별을 그에게 확 덮어씌워서 보는 것이다. 덮어씌워 보니까 나쁜 놈으로 보이지, 그이가 나쁜 게 아니다. 나쁘다는 것은 네 생각이다. 네 생각이 그이를 나쁜 놈으로 만들고, 너의 운명을 나쁘게 전개한다. 그 사람이 나쁜 게 아니라 네 속의 증오하는 마음이 그이를 나쁘게 보게 하니 그 마음을 바쳐라."

일체유심조를 응용하여 고난에서 벗어나는 행복의 길을 가르쳐 주십니다.

이것 하나만 잘 실행하셔도 일생을 아주 행복하게 살 수 있습니다.

이렇게 얘기하면 홍보는 것 같아 죄송합니다만, 스님들께서는 그건 네 마음이라고 이야기하지 않으시고 그 사람이 나쁘니 용서하라고 합니다.

"그 사람이 나쁘니 용서해라."

"그것이 네 생각이니 바쳐라."

이것은 하늘과 땅만큼이나 다릅니다.

"그것이 네 마음인 줄 알고 네 진심의 결과인 줄 알고 바쳐라."

이렇게 가르쳐 주는 스승이 이 세상에 아주 드물다는 것은 안타까운 현실입니다. 이것은 오직 백 선생님께서만 가르쳐 주신, 금강경에 나타난 일체유심조의 진리를 현실에서 응용하는 아주 위대한 실례입니다.

공의 실천
절체절명의 위기는 착각이고 꿈이다

공의 진리를 나타내는 가르침도 매우 많습니다. 특히 절체절명의 위기에서 벗어나는 데 공의 진리를 통하지 않고서는 불가능합니다. 위기를 어떻게 벗어납니까? 위기라고 인정하면 위기가 될 수밖에 없습니다. 몹시 어려운 그 일이 착각이고 꿈이라고 알 때 벗어날 수 있습니다.

사실은 그게 꿈이고 착각입니다. 하지만 팩트, 난제, 위기라고 보고 심지어 절체절명, 도저히 벗어날 수 없는 불가항력이라고 이름을 짓습니다. 이름 지은 세상의 모든 것은 착각이고 꿈이고 허상입니다. 이렇게 알 때 거기에서 벗어나면서, 오랜 착각의 삶에서 해탈할 수 있습니다.

"탕자의 삶에서 벗어나면서 부처님과 똑같은 구족의 진리를 체험하고 부처님 세계로 들어간다."고 백 선생님께서 말씀하십니다.

불이와 구족의 실천
우리는 본래 부처님과 같이 구족한 존재

"구족의 진리를 알고 실행하라."

백 선생님 가르침의 굉장히 중요한 핵심입니다.

우리는 본래 부처님과 같이 전지전능한, 위대한 존재입니다. 부처님께서 태어나시자마자 하신 천상천하유아독존이라는 말씀 속에 우리는 본래 부처님과 같이 위대한 존재라는 뜻이 다 포함되어 있습니다. 화엄경에 나오는 각종 사구게 또한 우리는 본래 부처님과 똑같이 위대한 존재라는 것을 실감나게 잘 설명하고 있습니다.

우리가 위대한 존재인데 왜 이렇게 고생할까?

백 선생님의 시원한 설명입니다.

"우리는 본래 위대한 존재, 전지전능한 존재이기 때문에 시시각각으로 소원 성취한다.

왜 고생을 하느냐? 고생을 원했기 때문에 고생하는 것이다.

왜 무능한가? 무능하기를 원하기 때문에 무능하다.

왜 모르느냐? 모른다고 스스로 생각하니까 모르는 것이지, 본래 열등한 존재라서 모르는 것이 아니다.

구족한 존재인 것을 깨닫고 행동해라! 모른다는 생각이 착각인 줄 알고 바쳐라! 그러면 부처님과 똑같이 아는 존재가 될 것이다. 본래 부처님과 같이 구족한 존재임을 믿고, 현실의 고난이 스스로 불러온 것임을 알고, 그것이 착각인 줄 알고 바쳐라. 그러면 모든 고난에서 벗어나 행복하고 지혜로운 삶을 살게 될 것이다.

전지전능한 존재임을 알게 되면 부처님께 뭘 바라지 않을 것이다. 네 속에서 스스로 찾을 것이며, 마음 밖에서 찾아 헤매지 않을 것이다. 네 속의 전지전능한 능력을 그대로 활용할 것이다."

내가 구족하기에 바랄게 없고
줄 것이 있을 뿐이다

제가 조금 보태서 말씀드립니다.

우리는 출세하고 성공하려고 좋은 사람 곁에 줄을 서고 아부하고 일러바칩니다. 그리고 성공하면 그 사람을 휘어잡으려 하고 내 밑에 두어 꼼짝 못하게 하려고 합니다. 왜 그럴까요? 자기가 위대한 존재, 구족의 존재라는 것을 모르기 때문입니다.

자기가 구족한 존재라는 것을 알고, 열등하다는 생각을 부지런히 바칠 때 부처님께 바랄 것이 없어요. '본래 내 것이다.'라고 믿고 당당하게 나아가기만 하면 됩니다. 아부할 필요는 더더욱 없습니다. 왜 아부합니까? 우리는 아부할 정도로 열등한 존재가 아닙니다. 우리는 수시로 아부하고 일러바치고 구걸합니다. 이렇게 살지 말라는 것이 제가 수도장에서 4년 동안 배운 백 선생님의 가르침입니다.

우리는 원체 무시겁으로 탕자의 생활을 했고 그것이 몸에 익숙합니다. 백 선생님께서 당당하게 살라고 하셨고, 실제로 백 선생님은 굉장히 당당하십니다. 재벌이 와도 위축되지 않습니다. 천하의 누가 와도 구걸하지 않습니다. 당당하게 야단칠 건 야단치십니다. 우리에게 시범을 보이시고 따라 하라고 하셨습니다. 그런 실례를 몇 가지 말씀드린 적이 있습니다.

　사람들은 부처님께 바치라는 가르침에 대해서 의심합니다. 심지어는 "내가 부처인데 무엇을 바치느냐."라고 합니다. 비굴한 사람이 뭘 빌기 위해서 공양을 바치고 복을 비는 것으로 생각하기 때문입니다. 큰스님도 "내가 부처인데 어디다 바치라고 하느냐."라고 이야기하며 부처님께 바친다는 가르침을 비난합니다.

　그런데 잘 생각해 보세요. 내가 비굴해서, 복을 빌기 위해 바치는 게 아닙니다. 비굴하고 복을 비는 사람은 섬길 줄 모르고 바라기만 합니다. 내가 당당하고 가진 게 많은 사람은 다른 사람을 돕기 위해서 삽니다. 섬기기 위해서 삽니다. 섬기며 돕고 바치는 것은 내가 열등해서가 아닙니다. 내가 모든 것이 구족함을 깨달았기 때문에, 바랄 게 없고 줄 것이 있을 뿐입니다. 섬길 것이 있을 뿐입니다. 바칠 것이 있을 뿐입니다. 당당하니까 주려고 하며 바치는 것이지, 비굴해서 사정하는 뜻에서 바치는 게 아니라는 점을 알아야 합니다.

　큰스님이 "내가 부처인데, 내가 당당한데, 내가 비굴하지 않은데 뭘 바치느냐?" 이렇게 말씀하시는 것은, 바치는 것을 점수를 따서 뭘 얻으려고 한다는 뜻으로 해석하기 때문입니다.

　백 선생님께서 부처님께 바치라고 하시는 뜻은, 사정사정하고 점수 따기 위해서 바치라는 것이 아닙니다. 주는 사람은 자기가 당당하기 때문에 줄 수 있습니다. 세상을 섬기러 왔다고 하는 사람은 당당하고 구족하기 때문에 구족한 모든 재산을 활용해서 섬기겠다고 합니다.

　바친다는 뜻을 잘 알아야 합니다. 부처님께 바치라는 말씀은 구족을 깨치는 귀한 가르침입니다. 우리가 당당한 것을 알고, 모든 사람을 부처님으로 생각하여 공양하며 정성껏 바칠 때, 구족의 진리를 실감할 수 있게 됩니다.

백 선생님의 가르침은 모두 금강경의 4대 진리에 기초하여 말씀하셨고, 그것을 실행할 수 있게 하여 우리를 행복하게 하고 밝아지게 하신 것이라고 정리합니다.

2019.02.16.

금강경식 지혜 교육, 모른다는 생각을 부처님께 바쳐 터득한다

우리나라식의 선비 교육은 그 교육 방법과 뿌리가 다 실종되었고, 서양식 교육 제도가 판을 치고 있습니다.

서양식 교육 방법은 가장 좋은 방법일까?

특히 4차 산업혁명 시대, 인공지능 만능 시대를 극복할 수 있는 교육이 될 수 있을까?

밝은이라면 이 시대에 어떤 교육 방법을 적용하실까?

조선말 선비와 축음기

조선 말기에 서양 문물이 물밀듯이 밀려 들어왔습니다. 일본은 일찍이 메이지유신을 통해 서양 문물을 그대로 받아들였지만, 한국은 쇄국정책을 펴서 결국 나라가 쇠망의 길을 걸었다고 역사학자들은 이야기하며 쇄국정책을 굉장히 배격합니다. 저는 쇄국정책이라고 하기보다는 동양문화에 대한 자부심이 더 컸던 것이라고 말씀드리고 싶습니다.

서양의 문물이 물밀듯이 들어올 때, 선교사들이 먼저 들어왔습니다. 조선 사람들의 콧대를 꺾어 놓기 위해서, 서양의 과학 문명이 얼마나 발달했는지 일깨워 주기 위해서 축음기를 가져왔습니다. 기계에서 소리 나는 것을 본다면 서양의 과학은 대단하다며 깜짝 놀라 머리를 숙이고 배울 것으로 생각하고 조선 양반, 선비들에게 축음기를 들어 줬는데 아무 반응이 없었습니다. 희로애락을 얼굴에 나타내지 않고 감정 표현을 하지 않는 것은 조선 양반들이 교육받은 결과이며 특징이기도 합니다.

서양 선교사들은 조선 사람들이 대단하다며 놀라고, 서양의 과학 문명이 대단하니 좀 배우리라 할 것으로 생각했는데 전혀 미동도 없거든요. 그래도 이런 경우는 놀랄 것으로 생각하여, 대화한 것을 녹음해서 그대로 들려주었습니다. 기계에서 소리가 나는 것에는 호기심을 갖거나 놀라지 않을지라도 이야기한 것을 그대로 녹음해서 재생한다면 아무리 희로애락을 표현하지 않는 양반이라도 호기심이 발동해서 어떤 원리로 목소리가 재생되는지 물을 것이라고 생각했습니다. 그러나 그 예상도 빗나갔습니다. 바로 녹음하여 그대로 들려주었는데도 미동도 없고, 기계에서 소리가 나는 원리를 아무도 질문하지 않았습니다.

아마 서양 사람들은 '조선은 뭘 배우고자 하는 마음이 없다. 호기심, 탐구력이 없다. 질문을 하지 않는다.'고 하며 비웃지 않았을까요? 결국 서양 선교사들의 예상대로 조선은 쇄국정책을 지켰고, 그 결과 서구 문명의 대표주자인 신흥 일본 제국주의에 의해서 아주 무참하게 유린당했습니다.

질문과 토론을 중시하는 서양식 교육

모르는 일에 대해 호기심을 갖고 질문해 알려고 하고, 서로 토론한 결과로 합리적으로 결정해서 더 발전시키는 것을 소위 과학적인 방법이라고 합니다. 이것이 과연 올바른 지혜를 일깨우는 바람직한 길일까요? 요즘은 대개 바람직하다고 생각합니다. 조선 시대의 양반들처럼 놀라운 일을 보더라도 호기심을 표현하지도, 질문도, 서로 토론도 하지 않는다면, 지혜를 개발하지 못해서 결국 이 나라가 세계에서 점점 뒤떨어지고 쇠퇴할 것으로 생각하기 쉽습니다.

이와 관련하여 학생 때 들었던 이야기를 소개하겠습니다. 1962년 즈음에 서양에서 공부한 유수한 전자공학자가 제가 다니는 대학교에 와서 특강을 했습니다. 그분은 굉장히 유명했어요. 미국 콜롬비아 대학교수로 있었던 김○○ 박사였습니다. 그때 왕성한 활동을 하고 있었던 분인데, 유학생 때 어려웠던 이야기를 소개하였습니다.

자기는 학교 다닐 때 성적이 나빴지만 운이 좋았는지 인연이 되었는지 미국 유학을 하러 가게 되었는데, 아무것도 몰라서 한국식으로 책을 달달 외워 그저 겨우 답안을 쓰고 그랬답니다. 그때에도 미국은 질문과 토론이 활발한 분위기였다고 합니다.

우리 초등학교 1~2학년 때 선생님이 뭘 시키면 저요, 저요, 하면서 서로 대답하던 기억이 있습니다. 우리나라에서는 초등학교 때는 그러다가 중고등학교, 대학교로 가게 되면 수업 시간에 거의 질문을 안 합니다. 왜 그렇게 되었는지 모릅니다. 조선 시대의 양반식 교육 방식이 그대로 이어져서, 수업 시간에 활발하게 질문하고 토론하는 것이 몸에 배어 있지 않아서, 우리나라 사람들의 DNA로 자리 잡았는지도 모릅니다.

우리나라 대학에서는 교수들이 강의할 때 활발하게 질문을 하거나 토론으로 이어지지 않는 것으로 알고 있습니다. 대학원 수업도 역시 대개 교수들이 강의를 거의 주입식으로 하고, 혼자 터득한 것을 나중에 조용히 이야기할지언정 활발하게 질문하고 토론하는 문화는 아직 한국 교육에 뿌리를 내리지 않고 있는 것 같아요. 그래도 점점 그런 식으로 바뀌고 있는 것은 현실입니다.

그때 미국에서는 너무나 활발하게 질문하고 토론을 하는데 김ㅇㅇ 박사 자신은 동양식으로, 한국에서 했던 식으로 조용히 있었답니다. 하도 조용히 있으니까 교수가 하루는 질문을 하더랍니다. 아무것도 모르는 바보로 생각했는지 고등학교 1학년도 알 수 있는 미분을 질문하더래요. 그 질문을 들으니 굉장히 부끄럽고 분노가 치밀었답니다. '나를 이렇게 무시하는가. 고등학생도 알 수 있는 간단한 것을 내가 모를 줄 알고? 내가 질문을 안 하고 있었던 것은 한국식 교육에 익숙해져 있었기 때문이지 몰라서 그런 것이 아닌데……' 그 일이 있은 뒤에는 용기를 내서 미국식으로 질문도 하고 토론도 했다고 합니다. 결국 열등생이었던 자신이 뒤늦게 두각을 나타내서 수많은 연구원을 거느리는 유수한 과학자가 되었다는 경험담을 실감나게 이야기하던 기억이 납니다.

결론적으로 우리나라 교육을 개혁해야 한다는 겁니다. 대학 교육에서 활발하게 질문할 수 있어야 한다는 것입니다. 모르는 것을 자꾸 토론하고, 알려고 하고, 올바른 것은 받아들여서 합리적인 결론을 도출해야 한다는 것이 그의 생각이었습니다. 우리나라 교육도 점점 그런 식으로 되어가고 있습니다.

고발, 항의, 자기 PR 하는
서양식 문화

일본이나 미국은 상당히 오래전부터 이미 누가 교통질서를 위반하면 바로바로 고발하는 정신이 있었습니다. 잘못한 것은 서슴지 않고 이의를 제기하고 고발합니다. 우리나라 사람들은 좋은 게 좋은 거라는 동양식 전통이 있어서 그런지 친구들끼리 식당에 가도 더치페이를 철저히 하지는 않는 것 같아요. 수업 시간에 활발하게 질문하기보다는 그저 선생님 말씀을 경청하고, 사회생활에서도 잘못을 고발하고 항의하거나 자기주장을 내세우지 않고 동양식으로 그저 덮어 주고 용서해 주는 것이 우리나라 사람들의 특징이었습니다.

그런데 요즘은 질문도 잘하고, 사회 정의에 위배되는 일은 친구건 뭐건 봐주지 않고 용감하게 고발하고 항의합니다. 때에 따라서 1인 시위 같은 것도 많이 합니다. 아마 서양에서 흘러들어온 문화가 아닌가 싶습니다.

그리고 자기 장점을 적극적으로 부각합니다. 자기 PR의 시대라고 하면서 자기를 내세웁니다. 이것은 너무나 당연한 권리이고, 이런 식으로 교육해야 잘된다고 생각합니다. 과연 도인들은 이것이 좋은 방법이라고 생각하실지 깊이 생각해 봤습니다.

질문과 토론보다는 바치는 방법으로
내면의 무한한 지혜를 개발한다

수업 시간에 모르는 것을 핵심을 짚어 질문하면 교수님들이 아는 것을 대답해 줍니다. 학생들은 몰랐던 것을 깨닫게 되어 자기의 실력을 키울 수 있다고 생각할 수 있습니다. 하지만 모르는 것을 호기심을 가지고 질문하여 교수의 답을 얻으면 과연 자기 실력이 향상될까? 저는 반드시 그렇다고 보지 않습니다. 질문하고 얻어들은 답, 너무 쉽게 얻은 겁니다. 일시적으로는 답안지를 잘 쓰는 실력이 생기지만 질문해서 얻은 지식은 참실력이 되지 않고, 직장이나 현장에서 적용하는 자기 실력이 될 수 없습니다.

그럼 질문도 하지 말란 말인가?

질문하기보다 될 수 있는 대로 알려고 해야 합니다. 교수가 일러 준 답이나 지식을 통해서 자기 자신을 업그레이드시키려고 하는 것은 금강경식으로 말하면 마음 밖에서 무엇을 찾는 것이며, 그것은 올바른 지식으로 이어지지 않습니다. 우선 모를 때 질문부터 하지 말고, 알기를 원하면서 내 속에 답이 있다고 먼저 생각하시길 바랍니다.

질문해서 얻은 답을 내 것으로 만들어서 실력을 키우고 나아지겠다고 하지 말라는 것이 밝은이의 말씀입니다. 질문의 답은 교수가 아니라 내 속에 있다는 것을 미리 알아차리고, 교수에게 궁금한 것을 묻기 전에 그것을 자꾸 부처님께 바치도록 노력합니다. 바쳐서 답이 안 나와도 정답을 물어보지 않습니다. "이렇게 갈등할 때에는 어떻게 해야 해답이 나오겠습니까?"라고 그 방법에 대해서 물어볼지언정 정답을 일러 주는 것을 거부해야 할 것입니다.

어렸을 때 질문하는 것을 권장하는 수가 있습니다. 그러나 질문해서 얻어들은 답은 마음 밖에서 찾은 것이기 때문에, 얼핏 들으면 자기 실력인 것 같아도 자기 마음속에서 깨쳐서 된 것이 아니라 진정한 자기 실력으로 이어질 수 없습니다. 자기 속에 정답이 있는 줄 알고, 모르는 것을 부지런히 부처님께 바치는 방법으로 수업을 지도한다면 어떨까요? 물론 서양식으로 활발한 질문이 이어지지는 않겠지요. 하지만, 부지런히 바치고 알려고 하는 노력 끝에 터득한, 자기 속에서 발견한 지혜는 자기의 참실력으로 이어질 수 있습니다.

활발한 토론이 반드시 자기 실력을 키우는 최선의 방법이라고 생각하지 않습니다. 물론 토론하며 남의 이야기를 들으면서, 자기 선입견이 어느 정도 깨지면서 거기서 터득되는 것도 있겠죠. 질문이나 토론 같이 언어의 힘을 빌려서 생겨난 지식은 마음 밖에서 구한 지식입니다. 마음 밖에서 구한 지식은 적용하는 데 한계가 있을 수밖에 없고, 4차 산업혁명 시대의 훌륭한 대안이 될 수 없습니다.

조선 시대에 호기심이 발동해도 아무 표현도 하지 않은 것은 바치느라고 표현 안 한 게 아니라 억지로 눌러 참았던 겁니다. '이것이 뭐요? 그 원리가 뭐요? 알고 싶소.'라고 하면 군자답지 않고 점잖지 않고 들뜨는 것이 얼굴에 나타날 테니 부끄러워서 체면상 억지로 눌러 참았던 것이지, 부지런히 바치느라고 질문을 하지 않았던 것은 아닐 거라고 봅니다. 부지런히 바친다는 점에서 질문이 꼭 필요하지는 않습니다. 질문하더라도 정답을 얻는 질문은 좋지 않습니다. 질문을 하더라도 '당신들은 어떻게 노력을 했기에 이런 축음기를 발견했소? 당신들은 어떤 사고방식으로 이렇게 되었소?' 그렇게 해야지, 정답을 알려는 질문은 자기 내면의 무한한 지혜를 개발하는 데 굉장히 큰 손실이 됩니다.

그래서 지금 서양에서도 정답을 일러 주는 교육은 적극적으로 피하고 있습니다. 원리를 아는 교육으로 방향을 전환하는데, 토론문화는 아직도 이어지고 있습니다. 정답을 알려고 하지 말고, 원리를 아는 것도 가능한 대로 자기 속에서 찾으려고 해야 합니다. 토론이나 말의 힘을 빌리는, 색성향미촉법에 의해 터득된 지혜에서 벗어나려고 해야 합니다. 그 대신 부지런히 알려고 하고 깨치려고 하는 노력을 반드시 병행해야 합니다.

바람직한 교육이 어떤 것인가?

소위 서양에서 배웠다는 교육이 가장 옳은 것인가?

용감하게 질문하고 토론하는 것이 꼭 최선의 길인가?

억지로 눌러 참거나 잘난 척하고 오만한 것보다는 훨씬 낫습니다. 그렇지만 침묵이 웅변보다 낫다는 말처럼 자기 속의 무한한 능력, 내부의 신성을 개발하는 데는 언어의 힘, 활발한 토론의 힘만을 빌리기보다 부처님께 바치는 방법이 가장 효과가 있을 것입니다.

**고발, 항의, 자기 PR보다는
진실한 마음으로 무한한 위력을 개발한다**

서양에는 잘못된 것은 가차 없이 항의하고 고발하는 정신이 굉장히 보편화되어 있습니다. 서양식 교육에 상당히 익숙한 학생들은 일례로 부모라도 자신에게 폭력을 휘두르면 경찰에 고발한다는 사고방식을 가지고 있습니다. 그런 사고방식은 자식이 부모의 소유물만은 아니라는 측면에서는 합리적이고 그럴듯하게 들리지만, 자기 속의 무한한 신성의 위력을 개발하는 데는 적합하지 않을 뿐 아니라 자신 속의 무한한 지혜를 차단합니다. 고발정신, 항의정신도 바람직하지 않습니다.

자기를 드러내려는 PR의 사고방식을 살펴봅니다. 예를 들어서 학회 발표를 한다면 그의 이력을 소개하는데, 잘한 것을 모두 소개하여 그에게 권위를 실어 주고 그의 이야기를 경청하게끔 합니다. 밝은이는 이렇게 이야기하실 것입니다.

"겉으로 나타난 권위는 진정한 권위가 아니다. 자기 속에서 정말 진실한 마음이 청중한테 전달되었을 때 그것이 진정한 권위가 되는 것이지, 그의 화려한 경력이나 이력을 소개하는 것으로는 깊은 인상을 줄 수 없다. 그의 강의에서 참다운 진실이 우러날 때, 그것이 진정한 권위로 전달될 것이다."

자기를 드러내고, PR하고, 나아가서는 휘어잡으려는 성향이 우리나라 대학 교육에 상당히 보편화되고 만연해 있습니다. 정치인들도 다 이런 식으로 하는 것 같습니다. 그들의 토론을 한참 들으면, 이런 식으로 하면 결국 4차 산업혁명 시대의 인공지능에 뒤떨어지고 기계의 노예가 될 수밖에 없다는 결론에 이릅니다. 될 수 있는 대로 잘난 척하지 않고, 휘어잡지 않으려고 하고, 싸워서 꼭 이기려 하지 않을 수 있어야 합니다. 겉으로 이기는 것보다 속으로 진실로 이기는 것을 개발해야 합니다.

인간 내면의 무한한 지혜를 개발하는
금강경식 교육

서양식 교육도 어떤 점에서는 꽤 배울 것이 많지만, 4차 산업혁명 시대에 인간 내면의 무한한 지혜를 개발하는 데는 한계가 있습니다. 언젠가 우리 금강경식 교육이 그 가치를 인정받을 것으로 생각합니다.

조선 시대의 선비 교육은 호기심도 없고 질문도 할 줄 모르고 싫은 걸 싫다고 표현하지 못하고 쇄국주의도 하였지만, 나쁘다고만 할 수 없습니다. 거기에 부처님의 정신이 들어있습니다. '내 속에 무한한 모든 것이 다 개발되어 있으니, 왜 겉으로 찾겠는가?' 하는 부처님 가르침이 담겨 있다고 생각합니다. 단지 그분들은 방법론을 잘 몰랐을 뿐입니다. 우리나라 고유의 선비 정신을 잘 살려야 합니다. 용감하게 질문하고, 용감하게 고발하고, 활발하게 토론하고, 합리적인 것을 최고의 가치로 아는 것도 좋습니다. 더불어 그 이상의 더 빛나는 가치가 우리 속에 있다는 것을 알고, 밝은이가 일러준 금강경식 교육을 개발해야 할 것입니다.

수업 시간에 활발한 질문보다도 자기 내면의 무한한 지혜를 개발하는 데 더 역점을 두어봅시다. 때로는 질문도 필요하지만, 질문이 다가 아닙니다. 토론으로 입씨름해서 이기는 것은 큰 의미가 없습니다. 토론해서 이기는 것보다 자기 속의 무한한 지혜를 개발하는데 더 역점을 두어봅시다. 자기 잘난 척하고, 휘어잡으려하고, 패권을 쥐려고 하는 것은 동양식 사고방식이라기보다 상당히 서양적인 사고방식입니다. 그런 식으로는 패도覇道(인의仁義를 가볍게 여기고 무력이나 권

모술수로써 공리만을 꾀하는 일)는 이룰 수 있어도 왕도王道는 이룰 수 없습니다. 왕도를 이루는 것이 가장 최선의 길인데, 그것은 동양적인 사고방식, 부처님 가르침대로 할 때만 이루어질 수 있습니다.

결론적으로 말씀드립니다. 백 박사님의 스승이신 손석재 선생님께서 일찍이 이렇게 예언하셨다고 합니다.

"머지않은 시대에 수많은 교회가 다 선방禪房으로 변할 것이다. 언젠가 불교 중흥시대가 올 것이다."

불교 중흥시대가 올 것이라는 말을 잘 새겨야 합니다. 불교 신도 수가 기독교 신도 수보다 더 많아진다는 뜻이 아닙니다. 부처님 가르침의 사고방식과 교육 방식은 서양의 기독교에 바탕을 둔 사고방식이나 교육 방식보다 훨씬 뛰어나, 4차 산업혁명 시대에 훌륭한 교육의 대안이 될 것이라고 받아들여야 합니다.

머지않아 금강경 시대가 올 것이라 확신하고, 믿음을 가지고, 자긍심으로 나아가야 할 것입니다.

2019.03.02.

제2장

재앙은 소멸하고 소원을 성취하는
올바른 마음가짐

금강경 가르침의 위대성,
모든 것을 내 마음에서 찾는다

어제 일주일 동안 출가 공부하신 도반이 대중공양을 하셔서, 여기 한 십여 명의 도반과 일산 호수공원 근처에 있는 식당으로 향했습니다.

눈에 보이는 것은 팩트인가?

승용차로 이동하면서 눈에 띄는 것이 뭡니까? 고양시가 굉장히 커졌어요. 고층 건물이 매우 많아졌고 자동차가 눈에 많이 띕니다. 부처님 가르침의 핵심은 일체유심조와 유식무경, "내 마음밖에는 뭐가 없다. 오직 내 마음뿐이다."라는 것입니다. 차에서 보는 고층 건물은 내 마음속에 있습니까? 마음 밖에 있습니까? 큰 건물일수록 내 마음속 건물이라는 생각은 도저히 안 듭니다. 마음 밖에 엄연히 건물이라는 실체가 있다고 생각합니다. 분주하게 왔다 갔다 하는 수많은 자동차가 내 마음속의 자동차라고 생각할 수 없어요.

꽤 큰 식당에 갔습니다. 다양한 요리가 있어요. 주로 일식이 많지만, 중식, 한식, 이태리식, 서양요리도 다양하게 있습니다. 일반적으로 주방장이 애써서 화려하고 다양한 요리를 많이 만들었다. 아무리 봐도 저건 내 것도 아니고 내가 만들어 낸 것은 물론 아니라고 생각합니다. "내 마음 밖에 뭐가 있는 게 아니다. 내 마음 밖에서 무엇을 구하지 마라." 그런 법문을 수없이 많이 들었음에도 불구하고, 그 많은 요리를 내가 만들지 않은 것은 분명한 사실인 것 같아요. '저 요리를 어떻게 만들었을까? 대단하다!' 대단하다는 분별이 착각이고 본래 없다는 생각은 들지 않습니다.

식사 후 오랜만에 일산 호수공원에 갔습니다. 아직 날이 추워서 새잎이 돋지는 않았지만, 봄기운이 물씬 풍깁니다. 능수버들은 어느덧 연두색으로 물이 오르고, 메타세쿼이아 나무는 우람하게 서있습니다. 저는 일산 호수공원이 다른 나라의 어느 공원 못지않은 훌륭한 세계적인 공원이라 생각합니다. '공원 참 좋다. 세계적인 공원이다. 대단하다!'

물고기들이 뛰어노는 큰 호수를 보면 언뜻 내가 좀 작아 보입니다. 이 호수가 내 분신이라는 생각은 더더욱 들지 않습니다. 나는 작고 호수는 넓다, 내 몸뚱이가 지탱하고 있는 공간은 지극히 좁은데 이 자연은 너무나 넓다고 생각합니다.

아름다운 한국식 정원, 정자들이 눈에 띕니다. 꽃은 아직 하나도 안 피었어요. 아직 이르지요. 정원에서 매화가 곧 꽃망울을 터뜨릴 것처럼 상당히 커진 것을 발견합니다. '매화가 곧 필 것이다.'

가다보니 노란 꽃이 눈에 확 띕니다. 저 노란 꽃이 무엇일까? 야

생화를 잘 아는 보살님이 복수초라고 합니다. 그러니 생각나는 것이 있습니다. 언젠가 2월 초인가 제주도에 간 적이 있었는데, 이미 복수초가 피었던 기억이 납니다. 아, 그때 보았던 복수초! 떡잎이 아직 나기도 전에 노란색 꽃부터 피워서 봄을 제일 먼저 알리는 꽃입니다. 이 꽃이 진달래도 냉이도 아니고 틀림없이 복수초라는 것은 허상이 아니라 엄연한 팩트이지요. '복수초가 틀림없다.'

도인들도 복수초가 정답이고 팩트라고 볼까?

공부하는 사람들이 그런 의문을 잠시 품는 것은 괜찮다고 생각합니다.

깃발이 흔들리는가?
바람이 움직이는가?

육조단경에 나오는 혜능 대사의 이야기입니다.

혜능 대사가 오랜 고생 끝에 5조 홍인 스님한테서 배운 금강경의 진리를 펼 때가 된 것을 알고, 어느 절에 들렀습니다. 대중들이 웅성거리며 서로 주장합니다. 바람이 부는데, 한편은 깃발이 흔들린다고 하고, 다른 편은 바람이 흔든다고 합니다. "언뜻 보면 깃발이 흔들리는 것처럼 보이지만, 잘 봐라. 깃발은 가만히 있고, 바람이 흔드니까 깃발이 흔들리는 것처럼 보일 뿐이다. 실은 바람이 흔드는 것이다."라고 우기는 겁니다. 그럴듯하게 보이죠? 이렇게 두 무리가 서로 언쟁을 하고 있었습니다.

혜능 대사가 지나시다가 한 말씀 하셨습니다.

"깃발이 움직이는 것이 아니고, 바람이 움직이는 것도 아니고, 마음이 움직이는 것일세."

이것이 일체유심조, 즉 유식무경입니다. 오직 마음만 있을 뿐이지, 마음 밖에 깃발이니 바람이니 다른 것은 존재하지 않는다는 점을 일깨워주는 유식무경 가르침의 대표적인 예입니다.

"마음이 움직이는 것일세." 처음 듣는 이야기지요. 그 절의 주지가 "참 희유한 말씀을 하셨소. 당신이 누구요?"라며 법문을 청했다고 합니다. 그때부터 혜능 대사가 세상에 나오셔 법을 폈다고 합니다.

탁자를 치는 소리는 팩트인가?

또 이런 얘기도 들으신 적이 있을 겁니다.

여기 탁자를 탁 치면 소리가 들리죠? 이 탁자의 소리는 유리컵을 치는 소리와 다릅니다. 유리컵에서 나오는 소리도 아니고, 또 종소리도 물론 아니고, 탁자에서 나온 소리로 이야기할 수밖에 없습니다. 선생님께서는 이렇게 혹평을 하세요.

"이 소리를 탁자에서 나오는 소리로 듣는 사람은 아상이 몹시 강한 사람이다. 아직 고생할 일이 많이 남았다."

오직 마음만 존재한다

지금 두 가지 예를 들었습니다.

"깃발도 아니고, 바람도 아니고, 마음이다."

혜능 대사는 물질을 보지 않습니다. 그의 눈에는 물질이 보이지 않습니다. 깃발도 보이지 않고 바람도 보이지 않습니다. 오직 마음만 존재한다고 생각할 뿐입니다.

또 백 선생님께서는 이렇게 말씀하셨어요.

"종소리를 종에서 나온 소리로 듣는다면 아상이 많은 것이다. 종소리를 내 마음속의 소리, 내 분별의 소리로 듣는다면 그 사람은 아상이 없어진 사람이다. 그 사람은 고생이 별로 없는 사람이다."

소리라는 것도 파장, 일종의 물질입니다. 횡파, 종파 중에서 종파입니다. 파장이라는 것이 물질이지 마음은 아니지 않습니까? 선생님께서도 역시 물질이 아니라 마음만 있을 뿐이라고 가르쳐 주셨습니다.

도인의 가르침이 뭡니까?

"마음 밖에서 구하지 마라. 마음 밖에서 구할 필요가 없다. 네 마음속에 모든 것을 구족했다. 실제로 마음 밖에 뭐가 있다고 보지만, 있는 것도 아니다."

바로 유식무경의 가르침입니다. 여기 법회에 와서 많이 들으셨을 겁니다.

"여기 보이는 물질은 내 마음이 만들어 낸 것이지, 있는 것이 아니다. 내 마음의 그림자이다."

우리는 저 노란 꽃을 복수초라고 엄연한 사실로 얘기합니다. 복수초라는 것은 이름, 노란 꽃은 물질입니다. 그런데 물질이 본래 존재하는 게 아니거든요. 그리고 이름 또한 사람이 지은 것이지, 존재하는 것이 아닙니다. 도인은 노란 꽃을 보았을 때, '저것은 복수초다.'라고 하지 않으시고 마음으로 봅니다.

"저것은 봄을 기다리는 나의 마음이 만들어 낸 작품이다."

어제 여러 가지 본 것을 말씀드렸습니다. 건물, 자동차, 다 마음 밖의 것으로 봅니다. 도인은 아마 마음 밖의 것을 보지 않을 겁니다.

물질이라는 것이 실제로 존재하지 않는다고 봅니다.

"내 마음의 분별심이 만들어 낸 작품, 허상이다."

복수초라고 이름 지으면 그 순간 깜깜해진다고 하십니다. 그것은 복수초가 아니에요. 노란 그 무엇은 봄을 기다리는 내 마음의 표현이지, 복수초라고 하는 허상이 아니라는 겁니다. 복수초라고 이름을 짓는 순간, 정답을 잘 맞혀서 똑똑한 사람이 되는 게 아니라, 없는 데 이름을 붙인 깜깜한 사람이 됩니다.

마음 밖의 것은 실제로 존재하지 않는다

금강경이 무엇인지 다시 한 번 생각해 봅니다. 오늘 이렇게 길게 얘기하는 것은 금강경 가르침의 위대성을 말씀드리려고 하는 것입니다.

금강경 3분에 이런 표현이 나옵니다.

소유일체중생지류　약난생　약태생　약습생
所有一切衆生之類　若卵生　若胎生　若濕生

생각해 보세요. 중생, 약난생, 약태생……, 이것들은 형상이 있죠? 눈에 보이는 것들이죠? 어떻게 보면 물질입니다. 부처님께서는 처음에 중생, 약난생, 약태생, 약습생을 언급하며 시작할 수밖에 없어요. 그것이 실제로 존재해서가 아니라 깜깜해진 사람을 깜깜한 곳에서 벗어나게 하기 위해서입니다. 중생, 약난생, 약태생이 실제로 있다고 보지만, 사실 알고 보면 그것이 엄연한 실체로 있는 것이 아니라 배반하는 마음, 의지하는 마음, 깜깜한 마음의 표현일 뿐이고 실제로는 없는 것이라고 일깨워 주시기 위해서 중생, 약난생, 약태생이라는 표현을 쓰실 수밖에 없었던 겁니다.

금강경 5분에 범소유상 개시허망凡所有相 皆是虛妄이 나옵니다.

깜깜할 때는 그것을 마음 밖에 보이는 형상으로 해석합니다. 도인은 그것을 형상으로, 물질로 해석하지 않습니다. 내 마음의 분별, 내 생각으로 해석합니다.

금강경 내용을 잘 관찰하면 여러 가지 물질들, 이름 지은 것들이 많이 있습니다. 수다원, 사다함, 아나함, 아라한, 장엄불토, 반야바라밀, 이게 다 이름을 지은 것뿐이지 실제로 존재하는 게 아닙니다. 이름을 수다원으로 붙인 것이지, 수다원은 존재하지 않습니다. 장엄불토도 반야바라밀도 실제로 존재하지 않습니다. 억지로 이름하여 반야바라밀이라고 합니다.

금강경에 나타난 부처님의 말씀을 다시 정리해 봅니다.

부처님께서 중생, 약난생, 약태생 등 물질이라고 얘기하는 것은 물질이 있다는 뜻이 아닙니다. 자기 마음속 분별의 표현이고 자신의 아바타라는 것을 강조해서 착각의 세계에서 벗어나게 하기 위해 그 이름을 등장시킨 것입니다. 수다원, 사다함, 장엄불토, 반야바라밀, 무소설……. 이것들은 이름만 있을 뿐이지 실제로 없다는 것을 또 강조하셨습니다.

"우리 눈앞에 보이는 것, 우리 마음에 느끼는 것, 우리가 이름 짓는 모든 것은 다 허상이다. 있는 게 아니다. 오로지 내 아는 마음만이, 전지전능한 마음만이 존재할 뿐이다. 불성만이 존재할 뿐이다."

이것을 강조하신 것이 금강경입니다.

모든 현상은 내 마음의 표현이다

우리는 항상 마음 밖에 무엇이 있다고 생각하고, 우리는 그것의 일부라고 생각합니다. 이 모든 것들을 내 마음의 표현이라고 보지 않습니다. 어제 갔던 식당의 화려한 음식들은 사실 내 마음의 분별이 만든 작품입니다. 요리사가 만든 게 아니에요. "사실은 내 마음의 분별이 그 음식이 실제로 있는 것처럼 느끼게 한다." 이것이 금강경 가르침입니다. 금강경이 그렇게 일깨워 주고 있습니다.

만약 요리사가 기술을 다해서 만든 음식이라고 판단한다면 나는 그 요리사한테 모든 권리를 주고 그 요리사가 맛있는 음식을 만들 때 감사해야 하는 종속적인 존재가 되고 맙니다. 또 복수초는 복수초일 뿐이지 내 마음의 표현이라고 생각하지 않는다면, 나는 이름을 지음으로써 깜깜해지고 내 자유 역량의 한계는 지극히 제한될 수밖에 없습니다.

마음 밖의 것이
착각인 줄 알고 벗어나라

금강경의 내용은 무엇인가?

이것을 잘 알아야 해요. 금강경을 읽으면서 그 뜻을 생각해야 합니다.

"밖에 있는 모든 현상과 물질은 알고 보면 내 마음의 표현이다. 내가 만든 것이다. 내가 그려 놓은 것이다. 내가 그려 놓고 실제로 있는 것으로 착각하면서 울고 웃고 근심하고 걱정한다. 내가 만든 것인데, 왜 거기에 취해서 울고 근심 걱정을 하느냐? 또 이름을 지어 놓고 팩트라고 믿으며 거기에 구속되어 굉장히 고통을 받고 있다. 그것이 다 착각인 줄 알고 벗어나라."

이런 것이 금강경 전체의 내용 속에 다 들어 있습니다.

저는 최근에 금강경을 읽을 때, 내 속에 위대한 불성이 있음을 일깨워주시는 가르침, 실제로 내 마음 밖에 위대한 것, 부귀영화, 뭔가 좋은 것이 있다는 잘못된 사고방식을 고쳐 주는 가르침이 바로 금강경이라는 생각을 많이 합니다. 우리는 밖에서 건물이나 자동차를 보면서 '저것은 어떤 재벌이 만든 것이다. 나와 비교도 안 되는 큰 능력자가 만든 것이다. 난 거기에 비해서 굉장히 왜소하다.'라고 생각하면서 이름을 지으며 나의 작품임을 부정하고 있어요. "여기서 과감하게 벗어나자. 벗어날 수 있다. 벗어나면 무량무변공덕을 얻는다." 하는 것이 금강경 가르침입니다.

어제 우연히 도반들과 함께 복수초를 보면서, 복수초라고 이름 짓는 순간 정답을 잘 맞히는 똑똑한 학생이 되는 게 아니라 깜깜해지는 무능의 길을 연습하게 된다는 것을 또 한 번 새롭게 느꼈습니다. 오늘 아침 "이름 짓는 데서 벗어나자. 마음 밖에서 찾지 말자. 마음 밖에 있는 모든 것들은 내 마음의 그림자. 이것을 일깨워 주는 것이 금강경이다." 이런 말씀을 드리고 싶었습니다.

잘 이해하시고, 믿으시고, 실천하셔서 아주 밝고 행복한 삶을 살게 되기를 발원드립니다.

2019.03.09.

본능을 거스르기 싫은 마음을 부처님께 바치며 즐겁게 한다

21세기 이 시대를 부르는 명칭이 여러 가지 있습니다. 인터넷 혁명 시대, 4차 산업혁명 시대, 또 생명과학자들은 게놈 혁명 시대라고 하는 등 여러 가지 명칭으로 이 시대를 이야기합니다. 인터넷 혁명 시대의 다른 말은 정보화 시대라고도 할 수 있습니다. 각종 정보가 범람하고 있고, 여러 가지 지식과 마음 닦는 내용까지도 정보를 쉽게 얻을 수 있습니다. 특히 유튜브를 통하거나 신문 방송을 통해서 마음 닦는 여러 가지 방법을 많이 듣습니다.

마음을 닦는 방법으로써 큰스님, 대석학, 소위 깨친 이들이 여러 가지 좋은 이야기를 많이 합니다. 동서고금의 성인들이 많은 이야기를 합니다. 그 이야기들은 '좋은 일을 해라. 나쁜 일을 하지 마라.' 이런 내용으로 대개 귀결됩니다.

우리나라에서도 큰스님들이 하신 이야기가 많습니다. 성철 스님은 '참선이 가장 좋은 수행 방법이다. 참선해라.'라고 자주 말씀하셨습니다. 성철 스님의 브랜드는 참선입니다. '복을 지어라.' 이것이 법정 스님의 브랜드라고 할 수 있습니다. 위파사나 하는 분들은 '알아차려라. 자기 마음을 지켜봐라.' 합니다. 기독교인들은 '믿는 대로 되리라.' 하며 믿음을 강조하고, '신념을 가져라.' 하는 이야기도 소위 세상을 움직이는 사람의 입에서 나오고 있습니다. 다 좋은 이야기 아니겠습니까? 틱낫한 스님은 '화를 내지 마라.' 하시고 BTN이나 BBS 방송을 들어보면 '집착하지 마라.' 합니다. 이런 좋은 이야기가 많습니다.

좋은 이야기가 없어서
좋은 사람이 못 되는 것이 아니다

좋은 이야기는 매우 많지만 좋은 사람이 된다는 것은 전혀 별개의 문제인 것 같습니다. 왜 그럴까요? 이것을 잘 생각해 봐야 합니다.

저는 가끔 불교 신문이나 BTN, BBS 방송을 보면서 소위 큰스님이라고 알려진 스님들이 깨달음을 얻기 위해서, 밝아지기 위해서, 행복을 위해서, 여러 좋은 이야기하는 것을 자주 보고 듣습니다. 그때마다 '저 이야기를 실천해서 실제로 행복해지고 밝아지고 깨치는 이가 얼마나 될까?' 생각해 봅니다.

작심삼일이라는 말이 있습니다. '복을 지어라. 참선해라.' 그것도 대개 작심삼일로 끝나는 수가 많습니다. 참선하라는 말씀만으로는 사흘 정도 따라 하다가 잘 안 되는 수가 있습니다. 또 100일까지 따라하다가 중간에 관두는 수가 있습니다. 한 3년을 하다가 관두는 수도 있습니다. 결국 자기 것이 되지 않아요.

백 선생님께서는 이를 개탄하고 안타깝게 생각하셨던 것 같습니다. 이런 식의 포교 방법, 수도 방법으로는 적어도 금생에 밝아지지는 못할 것입니다.

금생에 밝아지는 길

백 선생님께서는 좋은 말씀을 듣고 실천해서 금생에 밝아지는 길을 이렇게 정정해서 제시하실 것입니다.

'복을 지어라'는 "복을 지어서 부처님 시봉 잘하길 발원해라."
'참선해라'는 "참선을 해서 부처님 시봉 잘하길 발원해라."
'집착하지 마라'는 "집착하지 않아서 부처님 기쁘게 해 드리길 발원해라."
'자기 마음을 지켜봐라, 알아차려라' 이러한 위파사나 방식보다는, "알아차리라고 해서 어떻게 알아차리겠느냐? 알아차려서 부처님 기쁘게 해 드리길 발원해라."

"이런 식으로 잘하면 금생에 복도 짓고 참선도 잘해서 실제로 밝아지고 행복해지리라." 하실 것 같습니다.

우리는 '바쳐라', '부처님 기쁘게 해 드리기를 발원'을 귀에 젖도록 들은 셈입니다.

복 짓는 원리는 본능을 거스르는 것에서 출발한다

복을 지으라고 하면 복을 못 짓게 되고, 복을 지어서 부처님 기쁘게 해 드리라고 해야만 실제로 복을 짓게 되는 것은 왜일까요? 어떤 원리가 있을까요?

'화내지 마라.' 아무리 얘기해도 화 안 내는 사람 없어요. 한 사흘은 가겠죠. 잘하면 백일까지는 갈지도 모릅니다. 세 살 버릇 여든 간다는 얘기가 있듯이 화내는 버릇은 여전히 되풀이됩니다. 출발부터가 잘못되었습니다.

우리는 본능을 거스르는 것을 싫어합니다. 복 짓기 싫어합니다. 싫어하는 마음으로 복을 짓는다는 것은 뭐예요? 잘되기 위해서, 행복해지기 위해서 하기는 싫지만 억지로 하는 겁니다. 이기적인 목적 달성을 위해서 억지로 하다 보니 작심삼일이 되고, 실질적으로 복을 못 짓게 되니 행복해지거나 밝아지는 데는 도저히 이르지 못합니다. 복 짓는 데는 귀찮은 일이 너무나 많기 때문에 우리 본능은 복 짓기를 싫어해요. 백 선생님께서 복 짓기 싫어하는 마음이 있으면 안 된다는 것을 일깨워 주십니다.

"복 짓기 싫은 그 마음을 먼저 해탈해라."

'집착하지 마라.' 우리는 수시로 집착하는데, 그것이 본능이에요. 부모가 자식 사랑하는 게 본능 아닙니까? 자식 사랑하지 말라고 해서 사랑하지 않을 부모가 있어요? 자식 사랑하기보다도 부처님 시봉하라면 그걸 따를 부모가 얼마나 되겠습니까? 본능이기 때문입니다.

우리는 너무나 본능을 거스르길 싫어합니다. 그래서 '집착하지 마라. 복을 지어라.' 이야기하기 전에 본능을 거스르는 것을 먼저 일깨워 줘야 합니다. 이것이 굉장히 중요합니다.

나 잘되려고 하는 이기적인 마음을 바친다

부처님께 바치라는 뜻이 무엇입니까?

본능대로, 이기적으로 살려는 마음을 먼저 바치는 것입니다.

좀 더 자세하게 살펴보겠습니다. 금강경에 쓰여 있잖아요. "내가 실제로 있는 것 같으냐?" 꼬집어서 아프니까 나라는 것이 있는 것 같습니다. 누가 나를 욕하면 화가 나니까 내가 있는 것으로 생각합니다. 지각 작용이 있어서 꼬집으면 아프고, 누가 날 자존심 상하게 하면 굉장히 화가 나고, 이것을 알아차립니다. 그러나 이것이 있다고 해서 내가 있는 것은 아니에요. 이것이 있다는 것은 불성이 있다는 뜻입니다. 부처님의 성품이 있다는 뜻입니다. 그것을 '불성이 있다. 참나가 있다.'라고 제대로 이해해야 합니다.

그런데 우리는 참나가 있다고 생각하지 않고 내가 있다고 생각합니다. 그래서 내가 잘되기 위해서 복 짓고 참선하고 집착하지 않으려 하고, 모두 다 이기적으로 출발합니다. 나 잘되기 위한 수행은 당연히 오래갈 수가 없어요. 없는 것을 있는 것으로 착각하는 허상의 연습은 갈수록 컴컴해지는 것의 연장입니다.

백 선생님께서는 "나라는 것이 실제로 있는 것이 아니다. 나 잘되기 위한 마음을 가져서는 안 된다. 그것이 착각인 줄 알고 부처님께 바쳐라." 하십니다.

하기 싫은 마음을
바치며 즐겁게 한다

복 짓기 싫죠? 하기 싫죠? 억지로 이기심으로 합니다. 복 짓기 싫은 마음이 속에 꽉 차 있으면서 나 잘되기 위해 억지로 하는데, 어떻게 실제로 복을 짓고 실제로 행복에 도달하겠습니까? 선생님께서는 이기심, 억지로 하는 것, 싫은 마음과 같은 본능을 해탈하는 것을 일차 과제로 합니다. 부처님 기쁘게 해 드리기를 발원하는 것은 복을 지으려 할 때 올라오는 하기 싫은 마음을 바치면서 복 지으라는 뜻입니다.

우리는 복 짓는 것을 즐거워하지 않습니다. 복 짓는 것은 노동, 봉사, 베푸는 것도 있고, 누가 자존심 상하게 했을 때 화내지 않는 것 등을 포함합니다. 우리는 이런 것을 싫어합니다. 복 지어서 부처님 시봉 잘하길 발원하는 뜻은 싫어하는 그 마음을 바치고 즐겁게 하라는 뜻이 포함되어 있습니다. 즐겁게 복 짓는다면 결국은 밝아지고 행복해지는 결과가 나오는 것은 확실합니다.

금강경 읽어가면서 복을 지으면 싫지 않습니다. 그냥 보시하려면 아주 싫고 짜증납니다. 그런데 금강경을 읽으면, 특히 나 잘되려 읽지 않고 공경심을 담아 정성스럽게 부처님 시봉하는 마음으로 금강경을 읽으면, 그전에 그렇게 봉사하기 싫던 것이 더이상 싫지 않게 됩니다. 예를 들면 하기 싫던 화장실 청소가 싫지 않아집니다.

저는 공부를 억지로 했습니다. 좋은 대학 가려니까, 출세하려니까, 떨어지면 창피하니까, 억지로 열심히 공부했던 기억이 있습니다. 공부 자체를 좋아했던 게 아닙니다. 제가 공부를 굉장히 즐거워서 했더라면 놀랄 만한 천재가 되었을 겁니다. 억지로 했기 때문에 합격해도 겨우 합격하게 됩니다.

본능적으로 억지로 합니다. 하지만 그것이 착각인 줄 알고 바치는 연습을 하여 즐겁게 하는 마음으로 바꾼다면 실제로 밝아지고 행복해집니다.

부처님과 함께 하는 우리 가르침으로
금생에 행복해질 수 있다

　이 세상의 수많은 성인들, 성자들 - 유명한 달라이 라마, 틱낫한, 우리나라의 큰스님인 성철, 법정 스님 등은 다 좋은 말씀을 하십니다. 그런데 거기 어디에도 부처님이 안 계세요. 좋은 일을 하되, 봉사하되 부처님 시봉하기 위해서 하라는 것이 빠져 있습니다. 봉사해라, 착한 일 해라, 참선해라, 이런 이야기는 굉장히 많습니다. 과거에 이런 이야기를 들을 때 두 주먹 불끈 쥐고, 나도 훌륭한 말씀을 따라 해서 깨치고 행복해지겠다고 했던 적이 있습니다. 그러나 작심삼일, 결국 안 됩니다.
　영원히 자기 것이 되는 그 길이 무엇일까?
　백 선생님께서는 이렇게 말씀하실 겁니다.
　"네 속에서 싫어하면서 하는 한, 즉 이기적으로 하는 한 절대로 네 것이 될 수 없고, 적어도 금생에는 안 될 것이다. 그럼 금생에 되고 실제로 행복해지는 길이 무엇이냐? 무슨 일을 하더라도 이기적인 목적으로 하지 말고 부처님 시봉하는 마음으로 해라. 복을 지으려 하기보다 복을 지어서 부처님 기쁘게 해 드리기를 발원해라. 소원 성취하려 하지 마라. 소원 성취해서 부처님 기쁘게 해 드리길 발원해라. 집착하지 않으려 하지 말고, 집착하지 않아서 부처님 기쁘게 해 드리기를 발원해라."
　다른 가르침 말씀 중에는 부처님이 다 빠져 있습니다. 이것이 나쁘지는 않습니다. 그러나 백 선생님 말씀에 의하면 금생에는 안 됩니다. 언제 되는가? '하겠다'는 마음, 즉 '나'가 없어질 때 되는데, 그

때가 내생 또는 금강경 읽을 때입니다. 금강경 읽지 않고 바치지 않는 한, 금생에는 안 됩니다. 이기심의 뿌리가 빠지지 않기 때문입니다.

"우리는 좋은 일을 하되, 소원 성취를 하되, 부처님 기쁘게 해 드리기 위해서 한다. 부처님과 함께 하는 삶을 살아야 진정으로 그대 갈 길을 가는 것이다."라는 귀한 가르침을 주신 성인을 만났습니다. 잘하면 이것은 금생에 됩니다. 당처즉시, 빠른 시일에 될 수 있습니다. 이 가르침 만난 것을 영광으로 알아야 합니다. 제가 진정한 공경심으로 부처님을 향할 때, 상당히 빠르게 어느 때는 당처즉시에 이루어지는 것을 경험했습니다.

이 가르침이 참 귀한 것을 알아야 합니다. 도저히 다른 가르침으로는 안 됩니다. 다른 가르침으로 되는 경우는 황소가 뒤로 가다가 쥐 잡는 경우처럼 아주 드뭅니다. 또 되더라도 원리를 설명하지 못합니다. 흔히 가피력으로 되었다고 하지만 가피력으로는 안 됩니다. 자기 속의 싫은 마음, 본능적인 마음을 부처님께 바쳐서 해탈함으로써 즐겁게 하는데 당장 되겠어요? 안 되겠어요?

이 원리를 잘 알고, 이 가르침 만난 것을 감사하면서, 무슨 일을 하되 항상 부처님과 함께하는 삶을 사셔서 진정한 새로운 불자로 태어나시기를 바랍니다.

2019.03.16.

재앙은 소멸하고 소원을 성취하는 올바른 마음가짐

제가 법문할 때마다 늘 되풀이해 강조하는 말이 있습니다.

"재앙은 소멸하고 소원은 성취해서 부처님 전에 복 많이 짓기를 발원드립니다."

이 구절은 제가 창작한 것이 아니고, 백 선생님을 만나 뵐 때 선생님께서 늘 해 주셨던 말씀입니다.

재앙이 소멸하고 소원이 성취되어야 부처님께 신심이 나는 게 보통 사람들의 인지상정이지요. 재앙이 있으면 신심이 잘 안 나요. 재앙이 없어져야 신심이 납니다. 또 소원이 이루어지면 부처님 덕이라고 하며 신심이 많이 날 수 있습니다. 그래서 재앙이 반드시 없어져야 한다는 뜻으로 백 선생님께서는 재앙 소멸, 또 소원 성취를 강조하셨습니다. 재앙 소멸, 소원 성취를 해서 부처님 전에 복 많이 지으라고도 강조하셨습니다.

어떻게 하면 재앙 소멸, 소원 성취가 될까?

그 원리를 잘 이해하고 있다면 쉽게 도달할 수 있습니다.

재앙 소멸과 소원 성취의 근본원리

우리는 재앙 소멸의 근본원리를 잘못 알고 있는 것 같습니다. 사실 저부터도 상당히 잘못 알았기 때문에 효과적으로 재앙을 소멸시킬 수 없었습니다. 보통 절에서 스님들이 일러주는 방식대로 해서는 거의 소원을 이룰 수 없습니다. 보통 스님들은 그 근본원리를 잘 모르기 때문입니다.

우리는 대부분 부귀영화에서 행복이 오고 기쁨이 생긴다고 봅니다. 어떻게 부귀영화를 달성할 수 있는가? 가장 일상적인 쉬운 방법을 생각해 봅니다. 지금 대통령도 야당 대표도 금수저 출신은 아닌 것 같아요. 흙수저 내지는 무수저 출신인데, 어떻게 대통령이 돼서 부귀영화를 누리고 야당 대표가 되어서 넉넉하게 잘사는가? 고시 합격, 큰 시험에 통과했던 것을 결정적인 원인으로 생각합니다. 그러니 많은 사람이 '고시 합격은 부귀영화의 근원이요 부귀영화는 행복의 근원이다. 모든 것을 다 제치고 고시 합격에만 전력을 다하자.'고 생각합니다. 조선 시대에도 과거 시험에 합격하면 부귀영화가 보장되었다고 생각했습니다. 사실 그 말이 틀리지 않습니다.

그러나 마음 닦는 차원인 일체유심조의 관점에서 보면 상당히 잘못된 판단이에요. 고시 합격이 부귀영화의 원천이고, 부귀영화는 행복의 근원이라는 판단은 상당히 잘못된 겁니다.

그럼 어떻게 해석해야 제대로 된 해석인가?

어떻게 해석해야 부귀영화라는 소원 성취를 달성할 수 있을까?

어떻게 하면 어려운 시험인 고시에 합격할 수 있을까?

이것을 정확히 파악할 수 있어야 합니다. 상당히 잘못 알고들 있습니다.

반대로 재앙을 살펴봅니다. 우리는 수많은 재앙을 당하고 있습니다. 파산, 화재 같은 큰 재앙뿐 아니라 가정불화, 직장 내 괴롭힘도 흔하고 힘든 재앙입니다. 직장을 쉽게 관둘 수 없습니다. 가정이 마음에 안 든다고 이혼하고 헤어지는 것도 쉬운 일이 아닙니다. 직장에서 나를 괴롭히는 업보들을 만났을 때 그 괴로움을 어떻게 해서라도 극복하고 살 수밖에 없습니다. 가정에서도 심하게 괴롭히는 남편이나 아내를 만났을 때 쉽게 떨쳐버릴 수 없습니다. 늘 괴로워하며 '저 사람이 왜 저럴까? 저이만 아니면 행복할 텐데. 나의 불행은 저 사람이 원인이다.'라고 생각합니다.

부귀영화와 재앙의 원인은 모두 내 마음

고시 합격에서 부귀영화가 난다. 부귀영화에서 행복이 오고 기쁨이 온다는 것도 맞는 것 같이 보이지만 바로 이것이 상당히 잘못되었습니다. 진정으로 기쁜 마음, 행복한 마음이 고시에 합격하게 하고 부귀영화를 불러온다고 해야 맞습니다. 직장이나 가정, 주위에서 괴롭히는 사람들에 의해서 내가 짜증이 나고 힘든 게 아니라 나의 짜증내는 마음, 힘든 마음이 재앙을 불러와 저 사람이 나를 괴롭히게 만든다고 해야 일체유심조의 진리에도 맞습니다. 나의 악심이 각종 재앙을 불러오고 나의 기쁜 마음이 행복을 불러온다고 해야 맞습니다.

우리는 상당히 잘못 생각하고 있지요. 부귀영화에서 행복이 온다고 생각해요. 이것이 잘못되었어요. 진정으로 기쁜 마음, 행복한 마음이 부귀영화를 불러옵니다. '주위에서 날 괴롭히는데 어떻게 진심이 안 날 수가 있는가? 날 힘들게 하는데 짜증이 어떻게 안 날 수 있겠는가?' 하는데, 짜증은 고통의 근본이며 짜증이 곧 고통입니다. 좋지 않은 주위 환경이 나를 짜증나게 만들었다고 생각하지만, 사실은 내 마음이 모든 것을 만든다는 걸 아셔야 합니다. 그래야 재앙에서 쉽게 벗어나 쉽게 행복에 도달할 수 있습니다.

부귀영화에서 행복이 오고 열악한 주위의 환경이 나를 짜증나게 만든다는 보통 사람들의 사고방식대로 이해하신다면, 재앙 소멸과 소원 성취에서 아주 멀어집니다.

재앙은 나의 진심을 참회하고
바칠 때 소멸한다

우선 재앙 소멸부터 말씀드립니다.

가정에서 부인이나 남편이 수시로 나의 약점을, 아킬레스건을 건드립니다. 자존심을 상하게 하고 짜증나게 해요. 짜증을 연달아 유발하지 않습니다. 좀 편안할 만하면 또 짜증나게 하고, 이것을 반복하면서 완전히 나의 인생을 망치는 수가 있어요. 계속해서 짜증나게 한다면 도망가죠. 편안할 만하면 짜증나게 하고, 반복해서 나를 짓이깁니다.

그럴 때마다 '왜 저럴까? 왜 저럴까? 저 사람만 아니라면 나는 행복하다.' 생각하면서 가장 쉬운 방법으로, 그 사람을 교화시키려고 합니다. 한층 더 나아가서 '저이를 개혁해야지. 돈이나 위력으로라도 저이한테 겁을 주어서라도 개혁해야지.' 하다가 교화도 개혁도 안 되면 제거하려고 합니다. 제거라는 게 이혼이지요. 제거가 안 된다면 '내가 떠난다.'고 해요.

이런 방법으로 안 됩니다. 나의 고통의 원인이 저 사람한테 있다고 보는 것이기 때문입니다.

일체유심조의 진리에 근거하여 원인분석을 한다면, 원인은 저 사람이 아닙니다. 저 사람이 나를 괴롭히는 것이 아니라 내 진심嗔心이 내 불행의 원인입니다. 내 진심이 재앙의 원인이라고 분명히 파악한다면, 저 사람을 교화하고 개혁하고 제거할 필요가 없어요. 나의 진심을 참회하고 부처님께 바쳐 소멸해야 합니다. 그때 증오심이 기쁨으로 변하며, 저이가 나를 괴롭히던 관행도 사라집니다. 교화 개혁 제거 같이 밖에서 찾는 어려운 방법보다, 내 마음을 바꿔 진정으로 참회하고 부처님께 바치는 것으로 재앙이 어렵지 않게 소멸합니다. 이 원리를 분명히 알아야 합니다.

우리는 재앙이 일어나는 원리도, 해결하는 방법도 잘 모릅니다. 그래서 만성적인 재앙에서 벗어나지 못하고 행복한 삶을 살지 못합니다. 지금부터라도 알아야 합니다. 주위에서 나를 괴롭히는 사람이 있을 때 '저 사람 때문이야, 왜 저럴까?' 하면 고통은 점점 더 심해집니다. 저 사람이 나를 괴롭히는 순간, 저 사람 때문에 내가 괴롭다고 보지 말고, 나의 진심이 '저이가 나를 괴롭히게 만든다'고 아셔야 합니다. 저 사람이 나를 괴롭히는 원인은 내 진심임을 알고 진정으로 참회해야 합니다. 가장 좋은 방법은 '부처님께 바쳐 시봉 잘하길 발원'하는 것입니다. 결국 진심이 부처님 마음으로 바뀌며 소멸합니다.

기쁨이 위력을 발휘하여 소원을 성취한다

소원 성취는 쉽게 말해 고시에 합격해서 부귀영화를 얻는 겁니다. 우리는 소원 성취 방법이 없다고 생각합니다. 노력 이외에는 운이나 좋아야 고시시험에 합격하지, 다른 기적적인 방법은 있을 수 없다고 생각합니다. 그래서 노력하다 안 되면 기도합니다. 100만 배, 1,000만 배 해라. 다라니를 만 독, 10만 독해라. 그 방법 말고 소원 성취하는 다른 방법이 없다고 생각합니다. 그렇게 해서 되는 수도 있지만, 안 되는 경우가 훨씬 더 많습니다. 정확한 소원 성취 방법을 모르기 때문입니다.

소원 성취 방법을 이렇게 말씀드립니다. 열심히 노력하는 방법, 사당오락四當五落, 4시간 자면 붙고 5시간 자면 떨어진다, 대학 입시처럼 잠 못 자게 들들 볶는 고행하는 방법으로 접근하지 마세요. 다라니를 10만 독, 절을 100만 배하는 어려운 방법으로 접근하지 마세요. 이런 방법은 소원 성취의 핵심이 아닙니다.

기쁨이 재앙을 소멸하게도 하지만 소원을 성취하게도 합니다. 기쁨을 자기 속에서 만들 수 있어야 합니다.

어떻게 기쁨을 만들까요?

'부처님 공경심'에서 출발합니다. 부처님께 신심을 내는 것은 4시간 자면서 노력하는 것보다, 100만 배 절을 하고 다라니를 몇 년 읽는 것보다 훨씬 쉽습니다. 그저 부처님께 모든 것을 믿고 맡기는 연습을 해야 합니다. 거기에 계산이 있어서는 안 됩니다. 계산 없이 부처님을 무조건 믿고 모든 것을 맡겨 보세요. 거기에서 진실한 신심이 나옵니다. 진실한 신심이 기쁨을 불러오고, 이 기쁨은 굉장한 위력을 발휘해서 고시에 합격하게 합니다. 더 나아가서 부귀영화를 창조하게 됩니다.

각종 소원이 어떻게 이루어지는가? 기쁜 마음에서 이루어집니다. 진정한 기쁜 마음은 굉장한 위력을 발휘합니다. 이 기쁜 마음은 어디서 생기는가? 부처님에 대한 깊은 공경심과 계산 없는 신심에서 기쁨이 나올 수 있습니다. 계산하면서 하면 그 기쁨은 일시적인 기쁨이 되고 맙니다.

요새 새벽 공부에 많은 사람이 오시고 일요일에는 200명 이상 오셨어요. 자리가 없어요. 법당이 필요합니다. 사람들이 뭐라고 그러는 줄 아세요? "법문 잘해서 그런가? 방송에 출연해서 그렇지."라고 합니다. 방송 출연 덕분이라는 것을 부정하지 않습니다. 그런데 어떻게 방송이 나를 반기고 환영하나? 다른 사람들은 돈 내고 하는데 나는 돈도 안 받고 부르는가? 그 원인을 알아야 합니다.

일체유심조. 나의 부처님 시봉하는 마음, 무료 급식하는 마음, 조건 없이 하는 마음이 기쁨을 불러옵니다. 이 기쁨이 방송 출연을 불러오고 결국 많은 사람의 공경심을 불러온 것입니다. 방송 출연 덕분에 됐다고 하면 돈을 내고서라도 출연하려고 애쓰겠죠? 돈 내고 출연한다고 다 잘되는 것은 아닙니다. 소원 성취의 핵심원리를 잘 모르기 때문입니다.

기쁨의 뿌리는 부처님에 대한 공경심이다

사람들은 눈에 보이는 것만 가지고 판단하며 원리를 잘 모르고 일하기 때문에 하는 것마다 안 되고 고달픈 경우가 많습니다. 지혜가 없는 것입니다. 지혜 있는 사람은 어떤 사람인가? 다 마음이 만든다는 일체유심조의 원리를 아는 사람입니다.

우리는 그 얘기를 귀가 닳도록 들었는데도 당장 재앙을 소멸하는 데 실패하고 맙니다. 일체유심조의 원리를 잘 이해해야 합니다. 내 진심이 재앙을 불러온 것을 알고, 재앙이 생길 때 '참회'부터 해야 합니다. 방어하고 공격하고 심지어 패거리 지어서 흉보고 제거하려 한다면, 일시적으로 재앙이 소멸할지 몰라도 결국 재앙은 점점 더 커져서 걷잡을 수 없게 됩니다. 괴로울 때 공격하고 제거하기보다 진정으로 참회하고 부처님 시봉 잘하기를 바라면 반드시 재앙이 소멸됩니다.

기쁨을 어떻게 만들지요? 어떻게 시험에 합격하지요? 어떻게 다른 사람이 나를 좋아하게 만들지요? 그것 역시 내 속의 진정한 기쁨으로 이루어집니다. 그 기쁨의 뿌리는 부처님 공경심에 있습니다. 이것을 분명히 이해하셔야 합니다.

저는 굉장히 오랜 세월을 거쳐 금강경 공덕이 무량무변한 것을 이해하고 상당히 실감하게 되었습니다. 빠른 시일 내에 금강경 공덕을 잘 아시길 바랍니다. 금강경 공덕, 즉 기쁨은 무에서 유를 만들고 수많은 재앙을 소멸하고 소원을 성취해서 드디어 영원의 세계, 부처님의 세계에 힘들게 노력하지 않고 쉽게 갈 수 있게 합니다.

2019.03.23.

집중하여 아는 것과
깨달음은 다르다

깨달음은 불교에서 가장 많이 회자되는 용어 중의 하나입니다. 깨친 이와 깨달음을 정의하는 것은 마음 닦는 데 매우 필요합니다. 깨달음과 깨친 이에 대한 용어설명을 드리고 아울러 부처님께 바치는 뜻도 같이 생각해 보겠습니다.

얼마 전 우연히 TV 불교방송에서 큰스님의 말씀을 들었습니다. 그 스님이 생존해 계시는 분 중에서 가장 크게 깨달았다고 얘기하는 사람들이 있습니다. 그 스님께서 "마음을 깨달아서 생사 해탈을 합시다." 이렇게 얘기하십니다. 다 알 것 같지만 하나하나 따져 보면 잘 모르겠습니다. 마음이 목적어, 깨닫다가 타동사로 쓰이는 것 같습니다. 마음을 깨달으면 생사 해탈을 하게 된다는 뜻으로 설명하신 것 같습니다. 사실 제가 불교를 꽤 오래 했습니다. 경전을 많이 읽었고 큰스님의 법문도 많이 들은 편입니다. 그 스님의 말씀을 제가 대충 말이 되도록 보충설명 할 수는 있지만, 그 말 그대로 옮긴다면 무슨 뜻인지 모르겠습니다.

'네가 어떻게 큰스님, 깨친 이의 법문을 속속들이 알아듣고 실감 나게 설명할 수 있느냐? 네가 그분의 깊은 뜻을 모르는 것이다.' 이렇게 이야기하실 수 있습니다. 물론 제가 속속들이 깨친 사람도 아니고 모르는 게 많으니 그 스님의 위대한 사상을 알 리가 없습니다. 그런데 "마음을 깨달아 생사 해탈을 한다."며 다른 사람들이 명확히 알 수 없는 용어를 써서 말씀하시는 그분은 과연 깨달으신 분인가 생각해 봅니다.

백 선생님께서는 문법이 굉장히 철저하십니다. 또 깨친 이는 정확하게 이야기할 수 있는 사람이라고 하셨습니다. 두루뭉술하게 뜬구름 잡는 양 얘기하는 것은 정말 위대하고 심오해서가 아니라, 사실 잘 모르기 때문에 그렇게 얘기할 수밖에 없다고 결론을 내리게 되었습니다. 마음을 깨달아서 생사 해탈을 한다는 게 아무리 생각해도 참선 화두처럼 들리고, 이해가 되지 않습니다.

'깨닫다', '깨친 이'에 대하여 다시 정의해 볼 필요가 있습니다. 깨친 이하면 이 세상의 이치를 훤히 아는 이, 생사 해탈한 이로 아주 자연스럽게 이해가 됩니다. 또 도인도 어렵지 않게 이해됩니다. 깨친 이에 대해서는 이렇게만 설명해도 공감대를 형성합니다.

백 선생님께서 말씀하시는 깨달음

깨달음이란 무엇이며, 무엇을 깨달았다는 뜻일까?
그 스님이 이야기한 것처럼 마음을 깨달았다는 것인가?
마음이 깨달음의 대상이 되는가?

이것부터 문제입니다.

백 선생님의 말씀을 빌려 봅니다.

"분별심을 소멸해서 본래 부처님과 똑같이 아는 능력이 드러나는 것이 깨달음이다."

보통 사람들도 알아듣게 정의하셨습니다.

좀 더 과학적이고 합리적으로 말씀드립니다. 우선 분별심이 착각이고 본래 없다는 것을 깨달아야 합니다. 우리의 전지전능한 능력을 뒤덮어 탕자가 되게 한 그 분별심이 착각이고 본래 없는 것임을 깨달아, 부처님처럼 아는 능력이 드러나는 것이 깨달음입니다.

분별은 쉽게 말하면 탐진치를 의미합니다. 또 사상이나 감정, 판단, 궁리도 분별입니다. 좀 더 구체적으로 '죽었다 깨어나도 모르겠다.' 모른다는 생각도 역시 분별입니다. '도저히 안 된다. 할 수 없다.' 진짜 할 수 없는 게 아닙니다. 분별을 일으켜서 못한다고 하니까 못하는 겁니다. 못한다는 것을 우리는 팩트fact, 진실이라고 보지만 밝은이는 분별이라고 보십니다. 상대적으로 봅니다. 하나의 착각 현상으로 봅니다. 미몽迷夢으로 봅니다.

이러한 분별이 본래 없는 것을 깨닫는다 하면, 그때 깨달음이 정확하게 정의됩니다. '깨달아서 본래 아는 능력이 드러난다. 생사 해탈하는 능력이 나온다.' 이렇게 얘기하면 말이 잘되지요. 거두절미하고 '마음을 깨달아서 생사 해탈한다.'고 하면, 알 듯도 한데 하나하나 설명해 보라고 하면 맹탕이고 모를 수밖에 없습니다.

깨달음, 깨친 이를 분명히 정의할 수 있어야만 닦는 방법, 수행의 로드맵도 밝혀질 수 있습니다.

한국 불교가 왜 이렇게 침체되었을까?

요새 욕먹을 소리를 많이 합니다. 모르는 분들이 도인인 척하면서 깨달음에 대한 정의도 분명히 내리지 못하고 수행에 대한 로드맵도 밝힐 줄 모르며 엉터리 소리를 한다고 말하면, 네가 도인의 뜻을 어떻게 아느냐며 반박할 수도 있겠습니다. 오늘날 불교는 모르는 사람들, 무지한 사람들, 실용성 없이 큰소리만 치는 사람들을 양산하여 길을 모르는 사람이 길 안내를 하듯이 잘못된 방향으로 가게 하는 것이 아닌가 생각합니다.

제가 이번에 제주도에 가서도 굉장히 대담한 얘기를 해서 사실은 걱정했습니다. 욕이나 잔뜩 먹지 않을까 했더니 결과는 정반대였습니다. 이 기회에 제대로 밝혀야 합니다.

깨달음, 깨친 이란 무엇을 말하는가?

어떻게 하는 것이 불법을 제대로 믿는 것인가?

깨달음은 실체가 있는 것이 아니다

흔히 이렇게 이야기합니다.

"무엇을 깨달았느냐?"

"불성을 깨달았다."

또는 그 스님이 얘기한 것처럼 "마음을 깨달았다."

마음을 깨달았다는 건 말이 안 됩니다. 불성을 깨달았다, 진리를 깨달았다고 하면 이해하고 공감할 수 있습니다. 그런데 소위 불성이니 진리를 어떤 실체가 있는 것으로 생각합니다. 실체가 있다고 하면 추상적으로 생각되고 잘 이해되지 않을 수도 있습니다.

구체적으로 실례를 들어 보겠습니다. 우리에게는 여러 가지 난제가 있습니다. 과학자에게는 풀리지 않는 자연의 비밀이 난제입니다. 학교 다닐 때 수학, 과학, 여러 가지 자연 과학의 난제를 풀기 위해서 열심히 집중했습니다. 정신일도 하사불성精神一到 何事不成이라는 옛말도 있지 않습니까? 정신을 한군데로 모아 집중해서 모르는 문제가 풀렸던 경험이 있습니다.

그래서 진리를 깨닫는 방법을 대개 집중으로 생각합니다. 참선은 집중으로 생각됩니다. 자나 깨나 '이 뭣고?' 하고 집중해야만 화두가 풀리는 것으로 알고 있습니다. 화두에 집중해 화두를 깨쳐서 정답을 얻는 것이고, 이 정답에는 어떤 실체가 있다고 생각합니다. 수학 문제를 풀면 실체가 있는 정답을 구할 수 있는 것처럼, 화두가 풀리는 것도 실체가 있는 것으로 생각합니다.

소위 깨달았다는 것도 "생사 문제를 깨달았다. 화두를 깨달았다. 진리를 깨달았다." 하며 실체가 있는 것으로 압니다. 그런데 이렇게 깨달았다는 것을 정답을 알게 된 것이라고 해석한다면 수행에 큰 착오가 옵니다.

깨치면 분별이 본래 없는 것을 알게 되어 아는 능력이 드러난다

모른다는 생각을 깨달아서 정답을 얻는 것이 아닙니다. 정답은 실체가 있습니다. 우리는 모른다는 생각에 휩싸여 있습니다. 미망에 뒤덮여 있습니다. 집중했든지 바쳤든지, 수행해서 깨쳤다는 것은 정답을 아는 게 아니고 아는 능력이 드러난 것입니다. 아는 능력은 정답하고 다릅니다. 그래서 깨친 이는 다 알게 됩니다.

과학자를 예로 들어보겠습니다. 과학자들은 간화선의 화두 풀이나 똑같이 자나 깨나 집중하는 방법으로 자연의 비밀을 발견한다고 합니다. 그렇게 하면 자연 과학의 비밀에 대해서만 정답을 알 뿐이지, 그 사람에게 정치나 경제를 하라고 한다면 빵점이 될 수밖에 없습니다.

좀 더 실감나는 이야기를 합니다.

큰스님을 낮게 평가하려는 것이 아니고 올바르게 밝히려는 것입니다. 예를 들어 '화두를 풀었다. 타파했다.' 하면 정답을 얻는 겁니다. 정답을 아는 것은 아는 능력이 발현하는 것과는 조금 다릅니다. 정답을 얻는 것은 실체가 있는 진리를 깨쳤다는 것입니다. 아는 능력을 발현했다는 것은 본래 모습으로 되돌아갔다는 이야기로, 그 진리는 실체가 있는 진리가 아닙니다.

화두 타파하고 생사 해탈했다고 하시는 분은 화두라고 하는 난제에 대한 정답을 알았을 뿐입니다. 아는 능력이 드러나는 것하고는 다릅니다. 화두를 잘 풀고 선 법문을 잘하시는 분께 장사하라고 하면 못합니다. 어두움을 부분적으로 촛불로만 밝혔을 뿐이지, 어두움을 완전히 몰아내는 태양과 같이 밝은 빛으로 가득차는 깨달음은 아닙니다.

제 이야기가 아직도 구름 잡는 이야기처럼 들립니까?

스님들은 당신이 모르는 이야기를 하시는 것 같습니다. 스님들은 당신은 확실히 아는데 너희가 못 알아듣는 것이라고 하실 수 있습니다. 하지만 제가 도인을 모셔봐서 잘 알고 있습니다. 도인은 윽박지르지 않으시며 용어 정의를 굉장히 명확히 하셔서 갈 길을 제시합니다.

지금까지 깨달음과 깨친 이에 대하여 말씀드렸습니다.

깨친 이는 아는 능력이 드러나야 합니다. 화두 풀이를 잘하는 분, 자연의 비밀을 잘 아는 분, 노벨 경제학상 수상자는 도인이 아닙니다. 난제에 대한 해법을 제시할 뿐, 부분적으로 알았을 뿐입니다. 깨친 이는 분별을 뿌리째 뽑았기 때문에 확실히 압니다. 분별이 본래 없는 것을 알아 아는 능력이 드러나서 경제, 자연 과학, 정치에 대한 난제까지 제갈량처럼 해법을 제시합니다. 이것이 진정한 깨친 이, 도인입니다.

왜 부처님께 바치는 방법이어야 할까?

분별을 소멸해서, 분별심이 본래 없음을 알아서 아는 능력이 드러나는 것을 깨달음이라고 말씀드렸습니다.

분별심의 반대는 무엇입니까?

분별을 일으키는 것이 궁리, 머리를 굴리는 것입니다. 그것의 반대가 무심無心이라는 것에 대해서는 이의를 제기하실 분이 없을 겁니다. 분별심의 반대는 무심입니다. 무심은 불심佛心이고, 부처님 마음이 무심입니다. 부처님 마음 이상의 무심은 없습니다.

이기심도 역시 분별에 속합니다. 이기심의 반대는 무엇인가요? 초등학생은 이타심이라고 할 겁니다. 이타심도 역시 형상이 있습니다. 이기심에 반대되는 말은 불심, 부처님 마음입니다. 우리는 모른다는 생각을 자주 합니다. 모르겠다는 것도 분별심입니다. 모르겠다는 마음의 반대는 무엇입니까? 아는 마음입니다. 아는 마음은 달리 말해서 불심입니다.

모든 분별심의 반대는 다 무심이기도 하지만, 실감이 나게 표현하면 불심입니다. 분별을 소멸해서 깨친 이가 되기 위해서는 분별심에 반대되는 마음을 계속 공급해야 합니다. 흙탕물을 맑게 하려면 맑은 물을 계속 공급해야 합니다. 마찬가지로 분별심을 소멸하기 위해서 무심, 부처님 마음을 계속 공급하여야 합니다.

그렇다면 왜 무슨 생각이든지 부처님께 바쳐야 하는지, 무슨 일을 하더라도 부처님 기쁘게 해 드리기 위해서 하는지, 자명自明하게 판단할 수 있습니다.

요즘은 난제 해결을 위해 간화선에 뿌리를 두고 있는 집중하는 방법밖에 제시하지 못합니다. 그런데 집중하여 얻은 해답은 부분적일 수밖에 없습니다. 아는 능력이 드러난 것이 아닙니다. 모르는 마음의 반대는 집중이 아니라 아는 마음, 부처님 마음입니다. 모르는 마음을 타파하기 위해서는 집중하는 것이 아니라 부처님 마음을 가져야 합니다. 그렇다면 왜 바쳐야 하는지, 생각 생각마다 부처님 향해야 하는지 그 뜻을 확실히 알 수 있습니다.

'나'를 없애는 가장 좋은 방법은 집중이 아닙니다. 집중은 또 하나의 아상일 수 있습니다. 부처님께 바쳐야 합니다. 부처님 향하는 마음이야말로 나를 소멸하는 것이고, 아는 마음으로 가는 것이며, 참 깨달음의 세계로 들어가는 것입니다. 이것은 순전히 백 선생님께서 가르쳐 주신 방법입니다.

이렇게 명확하고 선명한 수행의 로드맵을 알아야 수행해서 밝아집니다. 두루뭉술하고 자신 없는 법문을 아무리 듣고 절을 백만 번 천만 번을 한들 거기에 무슨 깨달음이 있겠습니까? 그것은 지극히 비실용적인 깨달음일 수밖에 없습니다. 그런 이야기 자꾸 들어 봐야 밥을 먹여 주나, 실질적인 난제를 해결해 주나? 어두움을 부분적으로만 밝혀 주는 작은 촛불에 불과하기 때문에 심각한 난제를 해결할 수 없습니다.

집중이나 명상으로 난제 해결을 시도하지 마십시오. 우리의 난제를 근본적으로 해결하는 실용적인 가르침은 무슨 생각이든지 부처님께 바치는 방법입니다.

2019.04.06.

무슨 일이든지
이름 짓지 말아야 하는 이유

오늘은 나는 누구인가? 누구이어야 하나? 하는 말씀을 드리려고 합니다.

제가 세상에 알려진 것은 오래되지 않았습니다. 요새는 제가 꽤 알려진 사람이라는 식의 이야기를 하는 사람들이 종종 있습니다. 일주일 전 BTN 라디오 녹화하는데 앵커가 내가 많은 이에게 알려졌다고 칭찬 비슷하게 이야기하는 것을 들었습니다.

BTN에서 법문한 지 한 10여 개월 되었습니다. 다른 스님들 법문에는 댓글이 거의 없었습니다. 타고난 구설수인지, 저의 법문에는 댓글이 열 개 이상 달리는데, 좋은 댓글이 대부분이지만 시원치 않다는 민망한 악성 댓글도 있었습니다. 악화가 양화를 구축한다는 말도 있는 것처럼, 아무리 좋은 댓글이 많아도, 악성 댓글 한두 개는 좋은 댓글 열 개 이상을 제압할 정도의 위력이 있습니다.

우리는 백 선생님을 존경해서 소사에 출가하였고, 늘 공경하는 마음을 늦추지 않고 있다고 생각했습니다. 그런데도 동네에 이상한 사람들이 나타나서 선생님을 무자비하게 비난하는 소리를 들으면 마음이 흔들립니다. '선생님은 정말 파렴치한 사람인가?' 의심하는 마음이 생깁니다. 신심 발심하고 백 선생님을 존경해서 출가까지 한 사람들이 어떻게 별 볼 일 없는 사람들의 비난에 흔들리는지 의문을 가질지 모릅니다.

우리의 본래 마음은 퇴타심으로 가득 차 있다는 것이 정직한 표현일 것입니다. 아무리 부처님을 공경한다 해도 그것이 우리의 본질이 아닌지도 모릅니다. 우리는 틈만 나면 남을 흠집 내고 헐뜯고 비난하는 속성이 있는지 모릅니다. 누가 보더라도 신심 발심하였고 선생님을 공경하면서도, 선생님을 비난하는 한마디에 흔들리고 심지어는 퇴타심까지 냅니다. 소사에 몇 년을 머물렀던 이가 결국은 그 퇴타심이 뿌리가 되어 공부를 제대로 못하고 재앙을 받는 것을 보았습니다.

BTN 법문에 아무리 칭찬하는 댓글이 많아도 악성 댓글 몇 개가 신심을 사라지게 할 수 있다고 생각합니다. 제 법문을 칭찬하는 우리 도반들도 악성 댓글을 보고 '법사님은 이중인격일까?' 하며 마음이 흔들릴 수 있습니다. BTN에 삭제를 간접적으로 요청했으나, 오히려 다 드러나는 것이 실감나고 좋다며 무시당했습니다. 제 법문에만 유독 찬반 댓글을 허용하더니, 어떤 생각인지 요새는 댓글 달기가 없어졌습니다. 썩 잘된 것으로 생각합니다.

제 법문이 감명 깊거나 대단하다고 생각하지 않습니다. 그러나 악성 댓글처럼 사기라고도 생각하지 않습니다. 이것은 분명합니다. 법문이 감명 깊고 대단하다고 하시는 분은 축복을 받고 쭉 뻗어 나갈 것임이 틀림없습니다. 제 글이 사기꾼의 글이고 별 볼 일 없고 문법적으로도 맞지 않는다고 비난하는데, 글이 본래 그런 게 아닙니다. 그이가 그렇게 정했기 때문에 퇴타심이 나고 결국 이 공부에서 멀어지는 것입니다.

사람의 인격은 정해진 것이 없습니다. 훌륭하다고 칭찬하고 규정함으로써 신심 발심할 수 있고, 형편없다고 규정함으로써 공부에서 멀어지고 나빠질 수 있다는 것은 확실합니다.

살별 이야기, 이름 짓고 믿는 대로 된다

백 박사님께서 말씀하신 살별 이야기입니다.

신라 시대에는 꼬리가 긴 별, 즉 살별이 뜨면 재앙의 징조이며 나라에 변고가 일어난다고 생각했습니다. 살별은 흉한 별, 나쁜 별이라고 누가 언제 시작했을까요? 이솝우화처럼 누군가 시작하니 그 소문은 전국적으로 번져나가 살별은 나쁜 별로 규정되었고, 때마침 나쁜 일들이 도처에 일어났습니다. 인심은 흉흉하고 왜구들은 호시탐탐 괴롭힙니다. 하늘에 뜬 살별이 사라지지 않았습니다.

임금은 살별이 사라지지 않고 나라가 안정되지 않아 걱정하였습니다. 도인을 불러 답을, 요새 용어로 재난방지책을 물었습니다.

"실제로 저 별은 나쁜 별, 흉한 별, 재앙을 불러오는 별이 아닙니다. 사람들이 나쁘다고 이름 짓고 믿어서 나쁜 일이 일어나는 것입니다. 사람들에게 저 별은 길한 별, 축복과 행복을 주는 별이라는 인식을 심어 주면 됩니다."

1966년 당시 백 선생님 표현을 그대로 옮깁니다.

"요즈음 같으면 TV나 라디오로 '저 별은 축복과 행복을 주는 별'이라는 이름을 지어 퍼트리기 쉬운데, 그 당시는 어떻게 전국적으로 퍼지게 했을까?"

아이들에게 '저 별은 축복과 행복을 주는 별'이라는 동요를 지어서 부르게 하였더니 순식간에 전국으로 퍼졌습니다. 결과도 바로 나타납니다. 왜구도 물러가고 나라의 여러 가지 불길한 일들이 사라졌습니다. 이 동요는 도인이 만든 향가로, 삼국유사에 전해집니다.

이름 지을 때
부처님과 같은 존재임을 망각한다

이 사례가 시사하는 바가 큽니다. 이름 짓는 것이 굉장히 중요합니다. 백 선생님께서 이름 짓는 대로, 규정하는 대로 된다고 이야기해 주셨습니다.

꿈을 꾸었는데, 불길한 죽는 꿈이라 이름 짓고 믿으면 실제 그 일이 일어납니다. 그래서 백 선생님께서는 불길한 꿈을 꾸었을 때 거기에 대고 미륵존여래불 하라고 하십니다. 불길한 꿈이라고 이름 짓는 그 생각에서 벗어나도록, 그 생각에 미륵존여래불 하라는 것입니다.

우리는 수시로 나쁜 이름을 지으며 스스로 고통과 무지 무능을 불러옵니다. '내가 언제 자신을 불행한 사람이라 이름 짓고 괴로움을 끌어들였단 말인가?'라고 이의를 제기하고 싶으시죠? 하지만 이것은 분명합니다.

우리는 스스로 누구 아버지라고 규정하고 엄연한 사실이라 믿습니다. "누구 아버지!" 부르면 얼른 대답합니다. 이 믿음은 나는 중생, 나는 어쩔 수 없이 생로병사를 받을 사람, 나는 할 수 있는 일도 있지만 할 수 없는 일이 너무나 많은 사람이라는 것을 전제로 합니다.

'나는 대기업의 김 부장. 누구의 아버지, 남편. 누구의 어머니, 아내다.' 때에 따라서는 자랑스럽게 생각합니다. 자랑스럽다는 것은 규정한 것을 철저히 믿는 것입니다.

믿는 것이 무엇이 나쁜가? '나는 부처님 시봉하는 사람이 아니다.'라는 의미입니다.

'나는 중생이고 사람일 뿐이다. 생로병사에 얽매이는 사람이다. 나는 어쩔 수 없이 죽을 수밖에 없다. 병들고 괴로워할 수밖에 없다. 화무십일홍花無十日紅, 높은 권력을 얻으면 반드시 추락할 때가 있다.' 이것을 전제하고 믿기 때문에, 올라가도 떨어질 수밖에 없는 운명으로 사는 것입니다.

뱀에 물린 이야기,
급할 때 바치는 것을 잊어버리기 쉽다

저는 뱀을 싫어했습니다. 뱀은 인상도 좋지 않고 심성도 고약해 보입니다. 뱀독에 죽을 수도 있습니다. 성경에서도 뱀의 꼬임으로 타락했다는 이야기가 나옵니다.

소사 수도장 근처에 뱀이 많았습니다. 방목을 나가는데 수시로 뱀이 나타났습니다. 뱀은 젖소를 해칠 수도 있다고 생각했습니다. '뱀이 소의 발을 물면 소가 죽는다는데 소를 보호하기 위해서 뱀을 처치해야 하지 않겠나!' 뱀이 자꾸 나타나기에, 살생이 아니라 젖소를 보호하는 마음으로 뱀을 용감하게 처치하였습니다. 이후로는 뱀이 잘 나타나지 않았습니다. 아마 이것이 제 마음에 걸렸나 봅니다.

　어느 가을밤 가행정진을 할 때, 마당에 있는 화장실에 가는데 발이 따끔하더니 뱀에 물렸습니다. 머리가 세모인 걸 보니 독사인가 봅니다. 벌에 쏘인 것보다 훨씬 아팠습니다. 저는 부처님께 바치면서 매우 침착했습니다. 스스로 면도칼로 뱀에 물린 데를 째고 입으로 독을 제거했습니다. 피가 많이 나지 않았어요. 공부하는 사람들은 피가 잘 나지 않는다고 합니다. 밤 10시인데 도반은 자고 있었습니다. 도반을 깨우기가 미안해 30여 분 한참 바쳤지만, 아무래도 안 될 것 같아요. 도반을 깨워서 자전거 뒤에 타고 나가, 부천 시내 성요셉병원에 입원했습니다. 공부를 했기 때문에 뱀에 물린 것이 그렇게 두렵지는 않고 침착했습니다.

　입원 사흘째 되니 다리가 점점 붓고 색이 변했어요. 이상한 생각이 들었습니다. 생전 죽음에 대한 생각을 하지 않았는데, 이러다가 죽을 수도 있겠다는 생각이 났습니다. 저는 평소에 뱀을 싫어했고, 뱀은 독을 품은 동물이니 뱀에 물리면 죽을 수도 있다고 믿고 있었습니다. 사람이 살모사에 물려 죽었다는 이야기도 들었습니다. 당시에 '죽지 않겠다. 죽음이 본래 없다. 살모사의 독도 착각이고 분별이며 본래 없다.'라는 생각을 하지 못했습니다. 믿음 그대로 발목의 독이 사타구니까지 퍼져 다리가 코끼리처럼 퉁퉁 붓고 피부가 자주색으로 변했어요. 다리가 굉장히 흉하게 변했습니다.

　도반이 위문을 오기에 선생님께 여쭤봐 달라고 부탁했습니다.

　"공부를 잘하고 잘 바쳤는데도 독사에 물렸으니 바치는 것은 안 통할 것 같습니다. 이런 경우에는 어떻게 해야 합니까?"

백 선생님께서 이렇게 말씀하셨다고 해요.

"내가 늘 바치라고 했는데…… 바로 이럴 때 써먹으라고 바치라고 한 것이다. 왜 급할 때 바치지 않고 멍하니 다른 생각을 하느냐."

그러고 보니 새 정신이 났습니다. 바치는 것을 잊어버리고 있었어요!

왜 바치는 것을 잊어버렸을까?

왜 바치는 것을 잊어버렸을까요?

뱀은 고약하고 뱀독으로 죽을 수 있다는 믿음 때문입니다. 자기 나름대로 믿음을 가지고 있는 한, 부처님에게서 멀어지고 있는 것입니다. 나는 누구의 아버지, 어느 회사의 부장이라는 것은 곧 나는 부처님 시봉하는 사람이 아니라는 것과 같습니다. 뱀은 고약하고 나쁘고 뱀독이 사람을 죽일 수 있다고 믿는 한, 나는 바치고 있는 사람이 아닙니다.

내가 믿는 대로 된다고 하면 나는 뱀독으로 죽을 수밖에 없습니다. 나는 내 생각에 따라가는 사람이라 스스로 규정하고 있기 때문입니다. 내가 분별을 일으켜 벌을 받고 내가 바쳐서 복을 받는데, 나는 분별을 일으키는 그대로 따라가 벌 받는 사람으로 스스로 규정하고 있는 것입니다.

"바로 그럴 때 바쳐서 '나는 항상 무슨 생각이든지 부처님께 바치는 사람'으로 스스로 생각하고 있다면 그런 재앙이 일어날 수 있겠느냐? 지금이라도 그렇게 해라."

선생님의 말씀을 듣고 정신이 번쩍 나서 부지런히 바쳤습니다. 항생제도 안 먹고 한 열흘 후에는 정상적으로 일할 수 있었습니다.

그 뒤로 새벽 법문에 들어가면 매일 똑같은 이야기를 하십니다. 같은 말씀을 하시고 또 하십니다. 마치 부모님 잔소리 같습니다. 저는 한 번 들었으면 압니다. 그런데 백 선생님은 잔소리처럼 자꾸 하십니다. 잔소리해야 깊이 박힌다고 합니다.

"너는 위기가 왔을 때 정신이 훅 날아가 버려서 바칠 생각을 까맣게 잊어버리는 사람이다. '나는 어느 때든지 무슨 생각이든지 부처님께 바치는 사람, 부처님 시봉하는 사람'이라고 할 때 부처님이 너와 함께 항상 있을 것이다."

그렇게 반복하여 말씀하셨습니다.

어떤 이름도 붙이지 않을 때
부처님과 같은 영원한 삶을 살 수 있다

우리는 스스로 나쁜 사람이라 정하거나 믿지는 않지만 '나는 누구의 부인, 누구의 아버지'라고 정하고 실제로 믿습니다. 이것은 '나는 능력에 한계가 있는 중생이다. 나는 부처님과 멀어졌다.'는 것을 전제합니다.

나는 어떤 사람이라 스스로 규정하지 마십시오! 좋은 이름 지으면 좋은 쪽으로, 나쁜 이름 지으면 나쁜 쪽으로 전개됩니다. 아무리 좋은 이름을 지어도, 나쁜 이름보다는 낫지만, 중생의 한계를 벗어날 수 없습니다. 부처님의 지혜는 얻을 수 없습니다.

'나는 부처님 시봉하는 사람이다.' 바치고 있으면 "누구 아버지!" 불러도 대답이 잘 안 나옵니다. 제 경우도 그랬습니다. 그럴 수 있어야 합니다. 직장에서 누가 나를 김 선생님! 김 부장님! 부르면 바로바로 대답이 나옵니다. 내가 선생, 교수, 부장으로 정해 놓기 때문입니다. 당연한 일 같지만, 정해 놓은 대로 보를 받는다면 바람직하지 않습니다. 항상 나는 부처님 시봉하는 사람이라고 생각하고 있어야 합니다.

"김 선생님! 김 부장!" 누가 나를 부릅니다.

'아! 나는 김 부장이 아닌데, 김 부장 맞나?

나는 부처님 시봉하는 사람인데, 왜 김 부장이라 부를까?

아, 그 사람은 어쩔 수 없이 호칭으로 부르지!'

이렇게 느낄 수 있을 때 대답할 뿐이지, 즉각 대답하지 않아야 합니다.

나는 누구의 아버지, 어느 회사의 부장, 법문이 시원치 않다고 느끼는 사람이 될 때 부처님과 멀어집니다. 자유와 무한한 지혜에서 멀어집니다. 그런데서 벗어나도록 하는 것이 우리 가르침의 골자입니다.

마치 신라의 살별에 좋은 이름 지었을 때 바로 축복이 생겼듯이 출가해서 2~3일이라도 좋은 이름 지을 때, 이왕이면 어느 이름도 붙이지 않을 때 바로바로 결과가 나타나서 부처님과 같이 영원한 삶을 살게 될 것으로 생각합니다.

2019.04.13.

밝은이가 가르쳐 주시는
진정한 행복의 길

사람들에게 최고의 가치가 무엇이냐고 묻는다면, 예전에는 부귀영화라고 얘기했지만 요즘은 예외 없이 행복을 최고의 가치로 안다고 대답할 것 같습니다. 심지어는 불법이 무엇이냐고 물으면, 불법도 역시 행복을 얻기 위한 가르침이라고 얘기하시는 스님들이 있습니다. 예전에는 불법을 생사 해탈하는 가르침이라고 얘기했지만 요즘은 많이 달라졌습니다.

요즘 사람들이 최고의 가치로 아는 행복을 얻는 길은 무엇인가? 제가 배운 불법의 가르침을 통해서, 행복을 얻는 길이 무엇인지 또 불행으로 이어지는 길은 무엇인지 말씀드리고자 합니다.

제가 어느덧 고희를 넘은지 오래되어 곧 80세가 될 겁니다. 가끔은 과거를 회상해 봅니다. 또래처럼 과거를 회상하며 살지는 않고, 아직도 앞으로 해야 할 일이 무척 많다 생각하며 젊은이처럼 앞을 내다보면서 삽니다. 그래도 가끔은 무엇이 행복의 요인이고 무엇이 불행의 원인인지, 과거를 회상하며 검토하기도 합니다.

  과거를 회상해 보면 아주 괴로웠던 때가 있었습니다. 대표적인 괴로움을 우선 말씀드리고자 합니다.

첫 번째 고통,
남과 비교하며 탐진치의 마음을 낸 것

• 대학입시

  저는 어렸을 때 무척 가난했고 집안이 화목하지도 않았지만, 그것을 고통이라고 생각하지는 않았습니다. 고등학교에 입학하면서 대학입시라는 관문을 돌파하는 것이 최초의 고통이었습니다.

  중학교 때까지는 제가 머리가 좋아서 일류대학을 갈 수 있겠다는 생각을 한 번도 한 적이 없습니다. 공부를 잘해서 전체 수석을 해서 장학금을 받겠다는 의지도 가져 본 적이 없습니다. 자격이 안 되어도 그런 욕심을 내는 수가 있지만, 저는 자격이 된다고 생각하지 못했고, 욕심도 내지 않았습니다. 따라서 열심히 하지도 않았습니다. 그래도 중학교 때는 성적도 괜찮았고, 고생이라는 것도 모르고 그런대로 행복하게 지냈던 것 같습니다.

  고등학교에 들어가서 대학입시를 앞두고 처음으로 괴로워지기 시작했습니다. 서울대학교가 좋은 대학이라는 생각을 해본 적이 없었고, 집에서 고려대학교가 가까웠기 때문에 고려대학도 참 좋다고 생각했습니다. 누가 "너 고려대학교에 가겠느냐?" 묻는다면 그때는 아마 "제가 고려대학교 갈 실력이 되겠습니까? 그리고 집안이 어려운데 대학 갈 돈이 있겠습니까?" 이렇게 대답했을 것 같습니다. 제 부모님이 못 배우셨고 또 당시에는 고등학교만 나와도 대단한 것으로 알았기 때문입니다.

저는 아버지의 영향을 많이 받았습니다. '연세대학교나 고려대학교는 참 좋은 대학이다. 내가 어떻게 연세대학이나 고려대학에 갈 수 있을까? 연·고대는 나에게 까마득하게 높은 대학이다.'라고 생각했습니다. 제가 공부를 못해서가 아니고 아버지의 영향을 받아서 그렇게 생각한 것이지요.

그런데 고등학교 3학년이 되니까 저보다 한참 성적이 뒤떨어진 애들이 고려대학이나 연세대학이 아니라 모두 다 서울대학, 서울대학에서도 가장 성적이 높은 과에 간다고 합니다. 저는 깜짝 놀랐습니다. '저 애들은 나보다 한참 성적이 낮은데도 내가 높다고 생각하는 고려대학이나 연세대학이 아니라 서울대학 중에서도 아주 높은 과, 작년에 선배들이 겨우 합격한 데를 거침없이 지원한다고 하네. 내가 고대나 연대에 간다고 하면 사람들이 나를 많이 무시하겠다.' 그때 처음으로 이런 분별이 생기면서, '쟤들이 가는 데 나는 서울대를 왜 못 가나!' 생각하게 되었습니다. 남하고 비교해서 '나보다 못한 애들이 더 좋은 대학을 간다.'고 생각한 것이 불행의 씨앗입니다.

'어서 해야겠다. 공부해야겠다. 나보다 못한 애들이 저렇게 좋은 대학에 간다고 하는데 내가 왜 못 간다는 말이냐! 나는 당연히 가야 한다.' 이렇게 생각하게 된 이후로 고대나 연대는 제 마음에서 싹 지워졌고, '일류를 향해 가겠다. 열심히 하겠다.'고 다짐했습니다. 저는 체력이 워낙 약했고 일류가 되고 싶은 생각도 별로 없었기 때문에 12시 넘어서까지 공부를 해본 적이 없었는데, 그 뒤부터는 '어떻게 해서든 12시까지는 해야겠다. 절대로 뒤떨어져서는 안 되겠다.'고 결심하고 12시까지 공부했습니다. 지금 생각하면 탐심을 낸 것입니다.
 어느 때는 성적이 괜찮다가 어느 때는 유지하지 못하고 떨어집니다. '왜 안 되나!' 짜증을 내고 어떻게 해서든 해야겠다고 생각했는데, 알고 보니까 진심이었습니다. 진심을 내면 굉장히 맥이 빠지고, 주위 사람들도 나를 비웃는 것 같습니다. 조금 성적이 올라가면 '이만하면 됐다. 이다음에도 괜찮겠지!' 합니다. 알고 봤더니 치심입니다.
 지금 생각해 봐도 일류대학 중에서도 초일류 대학에 가려고 하지 않고, 남과 나를 비교하지 않았다면 고등학교 생활이 굉장히 행복했을 것입니다. 아등바등 12시까지 공부하지 않고 10시까지만 공부했으면 고통을 모르고 행복했을 것이고, 입시지옥과도 상관없었을 것입니다. 남과 비교하고 일류대학을 가려고 하면서 '어서 하겠다! 왜 안 되는가!' 하고 조금 잘되면 '이만하면 되었다!' 자만하는 탐진치가 고생의 원인인 것을 그때는 몰랐지만, 지금은 압니다.

• ROTC 훈련과 장교 시절

 제가 학교에서 ROTC 군사훈련을 받았는데 그때는 공부를 잘했던 학생들, 수석 입학한 수재들까지도 지원할 만큼 ROTC가 인기 있었던 시절이었습니다. 사병보다 대우가 좋았기 때문입니다. 장교로 가고 군 복무기간도 짧고, 월급도 괜찮았습니다. 군대에 꼭 가야 하는데 기왕이면 장교로 가면 좋겠다는 생각을 하고 지원했습니다.
 그때만 하더라도 참 식견이 부족했습니다. 노력도 없이 그냥 전문가가 되리라고 생각했던 것입니다. 장교는 전문가입니다. 장교가 되고 장군이 된다는 것은 상당한 노력과 준비, 마음의 자세가 있어야 하는지도 모르고, 사병은 누구나 다 하는 것처럼 장교도 누구나 다 할 수 있다고 생각했습니다. 마음의 자세도 갖추지 않고 장교로 가서 편한 것만 찾으려고 하니 거기서 고생이 시작되었습니다. 특히 군대에서 가장 힘든 고생은 체력이 약한 것입니다. 장교란 체력과 정신력이 강해야 하고 지식도 필요한 전문직이었습니다. 그때는 전혀 그것을 몰랐습니다. 그저 사병은 아무나 다녀오듯이, 육군 소위도 아무나 하는 것으로 생각했습니다. 이렇게 어리석은 상태로 군대에 갔는데 첫날부터 호되게 고통을 당했습니다.

누구는 그럴 겁니다. ROTC 장교, 사관학교도 아니고 뜨뜻미지근한 것을 갖고 뭘 고생이라고 생각하나? 물론 훈련 강도는 사관학교, 간부 후보생보다도 약합니다. 저는 훈련이 강도가 높아서 고생한 것이 아닙니다. 분별을 일으키는 것이 바로 고생입니다. 입시지옥이 왜 입시지옥인가? 4시간 자는 것이 고생이 아닙니다. 4시간 자도 즐거울 수 있습니다. 그런데 '4시간 자야겠다. 왜 안 되나!' 거기에 탐진치가 붙어서 고생인 겁니다. 마찬가지로 장교 훈련이 전문성과 체력을 요구하지만, 강한 훈련이 고생이 아니었습니다.

군대에서는 남과 비교를 많이 하는데, 가장 힘든 것이 '선착순, 뛰어 갓!' 하는 겁니다. 사십 명이 뛰어갔다 오면 다섯 번째 이후는 다시 뛰어야 합니다. 그럼 꼴찌는 약 열 바퀴 정도 돌게 되는데, 뛰는 것도 힘들지만 선착순으로 남과 비교하고 무시당하는 게 정말 힘이 듭니다. 남에게 지기 싫어했고 비교하는 것을 싫어했기 때문에 훈련이 더 지겹고 그 비교가 고통으로 느껴졌습니다. 비교하는 분별을 다른 사람보다 더 고통으로 느끼는 특징이 있었는데, 아마 제가 전생에 닦았기 때문에 그런지도 모릅니다.

장교로 임관하여 2년, 지금 생각해도 굉장히 고역이었습니다. 장교는 월급을 받고 근무하지만, 탈영하고 싶을 정도로 군대 생활이 아주 힘들었습니다. 훈련이 고되고 업무가 힘든 게 아닙니다. 장교는 일류를 지향하다 보니 남들과 비교를 합니다. 어디나 전문가 집단은 일류가 아니면 다 탈락입니다. 요즘은 더 그렇습니다. 저는 남과 비교하고 일류가 되려 하고 더 앞서려고 하는 삶, 프로가 되려는 삶이 너무나 지겹고 싫었습니다. 비교하는 것이 굉장히 고통이었습니다. '일류를 지향하지 마라. 더 빠르게 살려고 하지 마라.' 하는 법정 스님의 말씀이 매우 시원하게 들렸습니다. 저는 승려가 될 가능성이 컸던 것 같습니다. 비교하는 것을 싫어하고 법정 스님 말씀을 좋아했기 때문입니다.

**두 번째 고통,
자신이 하는 일을 영광으로 알지 않은 것**

수도하고 나와서 바라는 직업을 갖지 못하고 식당을 하게 되었습니다. 백수로 지낸 일 년도 고통이었습니다만, 그 끝에 마지못해서 하게 된 식당에서 4년 동안 굉장히 고생했습니다. 군대나 입시지옥보다 훨씬 더 고생했습니다. 저의 비교 분석하는 기질 때문에 그렇게 된 것 같습니다. 소사에서 수도 생활 4년을 했어도, 비교 분석하지 않을 수 없었습니다. 어떤 날 손님이 많으면 기분이 좋고 할 만하다고 생각합니다. 다른 집은 잘되는데 우리 집은 장사가 안 되고 파리만 날리면 굉장히 괴롭습니다. 남과 비교하고 분별 내기 때문에 괴롭지, 실제로 장사가 안 되는 게 고생이 아니라는 것은 뒤늦게 알았습니다. 장사가 안 되어도 선세 죄업의 소멸 기간이라고 생각하면 크게 고생으로 느끼지 않았을 것입니다. 장사가 안 되면 망하는 것 같고 끝인 것 같았고, 장사가 잘되면 붕 떴습니다. 이렇게 오르락내리락하는 기질과 남하고 비교하는 것 모두가 고통이었습니다.

고통의 원인은 또 하나 있습니다. 그 뒤 대학원도 가고 비교 분석하는 생활을 많이 했습니다만, 비교 분석이 고통은 아닙니다. 장사도 그렇고 군대도 그렇습니다. 직업군인, 장교가 본업이 아니라고 생각하면서도, 욕심으로 합니다. 욕심으로 하는 일은 즐겁게 할 수가 없어 굉장히 고생합니다. 제 본업은 식당이 아니고, 나의 특기도 적성도 절대 식당이 아니라고 생각했습니다. 연구하고 학자가 되거나 교사가 되는 것이 나의 소질이고 적성이지, 식당은 내가 할 일이 아니지만 어쩔 수 없이 한다는 생각이 저를 매우 고통스럽게 했습니다.

고통의 원인을 정리해 봅니다.

우선 남과 비교하며 탐진치를 내는 것입니다.

그리고 영광으로 알고 감사하면서 하지 않는 것, 내가 해야 할 일이 아닌데 마지못해서 한다는 생각, 이것은 더 큰 고통을 불러옵니다.

두 가지를 더하면 더더욱 고통입니다. 식당을 할 때는 두 가지가 겹쳤기 때문에 더욱 힘들었습니다. 군대 생활도 마찬가지였습니다.

첫 번째 행복, 불경 읽기

고통스러운 시절만 있었던 게 아니라 행복했던 시절도 꽤 있었습니다.

첫 번째 행복은 불교 경전을 읽는 것이었습니다. 학교 공부 잘해서 상장을 받을 때도 행복했지만, 아무리 행복해도 사흘을 넘기지 못했습니다. 행복을 처음 맛본 것은 대학 가서 불경을 읽는 취미를 가졌을 때입니다. 금강경을 읽고 굉장히 감동했습니다. 그 뒤 우리말 팔만대장경이 두꺼운 책으로 나와서 읽었습니다. 불경을 읽으면 마음이 쉬고 그대로 즐거웠습니다. 수도를 따로 하지 않아도 경전 읽는 것이 무척 좋았습니다.

왜 좋았을까? 거기엔 남하고 비교하는 얘기가 없습니다. 오로지 자기 탐진치를 소멸하라는 겁니다. 군대에서 그렇게 고통스러워도, 퇴근해서 불경만 읽으면 마음이 참 편안하고 쉬었습니다. '나의 적성은 공부도 아니고 군인은 더더욱 아니고, 머리 깎고 승려가 되는 길이 아닌가?' 생각했습니다. 불경 읽는 것은 무한한 행복이었고 적성에도 맞는다고 생각했습니다.

두 번째 행복, 출가 수도

소사 수도장에서 첫 2년은 목장의 지저분하고 힘든 일, 도반들과의 불화로 지옥 같은 생활이었습니다. 거기에서도 여전히 남과 비교하고 이름 짓고 탐진치를 내는 고통의 순간이 많았습니다. 제가 만약 집에 있으면서 일주일에 한 번씩 소사 도량에 갔었다면, 고통스러운 생활은 멈출 수 없었을 겁니다. 남과 비교하기 때문입니다. '내 친구들은 사회에서 잘나가는데, 과장이 되고 박사도 되는데, 나는 여전히 별 볼 일이 없구나.' 밖에 있으면서 수도장에 가끔 다녔다면 이런 생각을 계속했을 겁니다. 그런데 저는 수도장에만 4년을 있었습니다.

백 선생님께서는 남과 비교하는 것은 아예 못하게 하셨습니다. 잘하고 싶은 욕심이 있고 일류가 되고 싶어서 '하겠다'고 할 때도 하겠다는 것을 바치라고 하셨습니다. '왜 안 되나?' 짜증스러울 때도 짜증스러운 것을 바치라고 하셨습니다. 수도장의 분위기는 탐진치를 내지 않게 하는 것이었고 남과 비교하지 않도록 하는 것이었습니다. 늘 '나는 항상 부처님 시봉하는 사람이다.'라고 가르치시면서, 부처님 시봉은 나의 천직이며 본업으로 알도록 하셨습니다.

소사에서 3년 정도 지나니 굉장히 행복했습니다. 쇠똥 치우는 중노동이고, 월급도 없이 봉사하는 것이 왜 즐거웠을까? 남과 비교하지 않고 분별을 바치며, 나의 본업으로 생각하였기 때문입니다. 본업으로 생각하지 않았다면 역시 즐겁지 않았을 겁니다.

세 번째 행복, 대학원 시절

행복했던 때가 많지만, 한 가지만 더 말씀드리겠습니다. 저는 대학을 졸업하고 10여 년 만에 뒤늦게 대학원에 들어갔습니다. 고등학교, 대학교 때는 마지못해 공부했지만, 대학원에서는 물고기가 물을 만난 것처럼 공부가 즐거웠고 본업으로 돌아왔다고 생각했습니다.

그리고 지도교수님을 부처님처럼 봤습니다. 스승님이 정말 훌륭해 보였습니다. 전문가, 교수가 아무나 되는 게 아니고 대단한 사람들이라 생각하여, 그대로 부처님 말씀처럼 믿고 그저 공경만 했습니다. 어서 하겠다고 설치지 않았습니다. 탐진치 내지 않고 공경하는 마음으로 시키는 대로 했습니다.

공부하는 시간이 굉장히 즐거웠습니다. 선생님에게 여쭙고 또 여쭈었습니다. 제가 잘나기 위해서 여쭙지 않았습니다. 선생님도 저를 귀엽게 보고 대단하게 봤습니다. 방학이 오는 게 싫었습니다. 계속 공부만 하고 싶었습니다. 점차 빠져들어 갔습니다. 뜻을 알려고 하니까 알아집니다. 즐겁게 하니까 지혜가 나고, 지혜가 나니 선생님이 모르는 것도 발견하고, 교과서 틀린 곳을 알아내어 수정하기도 하였습니다.

자연의 비밀을 아는 것은 대단한 즐거움입니다. 깨닫는 즐거움과 똑같습니다. 한때는 추석 때에도 연구실에 남아서 열심히 논문을 쓰면서 즐겼던 때가 있습니다. 남과 비교하지 않습니다. 나 혼자만의 세계였습니다.

밝은이가 가르쳐 주시는 진정한 행복의 길

고통스러운 시절, 행복한 시절과 그 원인을 말씀드렸습니다.

행복해지는 길이 무엇일까요?

학자의 길만 걸었지 돈도 많이 벌어보지 못한 사람이, 인생을 다 아는 것도 아닌데 어떻게 행복의 길에 대해서 다 얘기할 수 있냐고 반문할 수도 있겠지만, 잘 들어두시면 좋습니다.

분명히 행복의 길이 있고 불행의 길이 있습니다.

어떻게 행복의 길로 갈 수 있을까요?

• **남과 비교하지 않는다**

우선 남과 비교하지 말아야 합니다. '내가 나은가, 그렇지 못한가?' 비교하는 것이 불행의 시작입니다.

풀타임full time으로 출가하는 것이 왜 좋은가?

출가하면 비교하지 않습니다. 밖에는 비교하는 풍토이고, 비교하지 않을 수 없습니다. 신상필벌信賞必罰, 잘하면 상을 주고 잘못하면 벌을 줘야 전문가가 됩니다. 군대도 학교도 그렇습니다.

비교하고 싶은 마음이 들면 얼른 바쳐야 합니다. '나는 남과 나를 비교하는 사람이 아니다. 비교하는 생각을 부처님께 바치는 사람이다.'라고 스스로 생각해야 합니다.

금강경 공부하는 여기서도 누구는 공부 잘하고 누구는 못하고, 비교하기 시작하죠? 그 사람은 조금 있다가 퇴타심이 나서 다른 가르침으로 가게 되어있습니다. 비교하면 안 됩니다. 비교하면 고생이 시작되고 보따리 싸서 나가게 됩니다. 비교하는 마음이 그 원인이 되는 것입니다.

- **남의 단점을 보지 않는다**

또 '나는 공부 잘한다.' 생각하면 다른 사람들이 물어볼 때 '넌 그것도 모르니?' 하며 잘난 척합니다. 물론 처음에는 안 그러지요. 그런데 자꾸 물어보면 자기가 잘난 줄 착각을 합니다. 남이 못한다고 생각하면, '그 사람은 게으르더니 공부를 못한다.'고 하며 남의 허물이 보이기 시작합니다.

허물이 보이는 순간 불행의 시작입니다. 그까짓 것 하는 사고방식입니다. 반대로 행복해지려면 남의 허물이 눈에 띄지 않고 장점만 눈에 띄어야 합니다. 그리고 자꾸 배우고 닮으려고 해야 합니다.

우리 법당에서도 가장 큰 문제는 도반을 흉보는 것입니다. 불행의 시작일 뿐만 아니라, 법당에서 나갈 준비를 하는 것이라고 봐야 합니다. 그 사람의 흉입니까? 자기 마음입니까?

남의 흉을 보기 시작하는 것은 자기 무덤을 파는 것입니다. 남의 단점이 보이는 순간 깜짝 놀라서 바쳐야 합니다.

• **내가 몸담은 부처님 사업만은 최고가 되어야 한다**

법정 스님은 "일류를 지향하지 마라. 빨리 살지 마라. 일류를 지향한다고 행복이 오느냐?" 하십니다. 저도 한때 그 말에 동의하고 공감했습니다. 하지만 요새 일류가 되지 않으면 탈락합니다. 일류가 아니고 이류가 되어도 행복하다는 말씀을 하신 법정 스님은 부탄이라는 나라를 지상낙원으로 생각하실 것 같아요. 저도 부탄에 가봤습니다만 매우 가난한 나라인데 행복지수는 세계 최고라고 합니다. 그런데 그 나라는 외교권도 없고 국방권도 없습니다. 티베트도 마찬가지입니다. 행복하면 뭘 합니까? 나라가 망하는데.

우리는 일류를 지향해야 하며, 다른 사람보다 나아야 합니다. 단지 나 자신이 남보다 나으려고 하면 안 됩니다. '나 자신은 못났다.' 겸손해야 합니다. 나 자신이 일류가 되려고 하지 않아야 합니다. '내가 하는 부처님 사업만은 최고가 되어야 한다.'고 해야 합니다. '나 자신은 낮아도 좋다. 나는 잘나지도 않았다. 하지만 내가 몸담은 이 부처님 사업만은 최고로 한다.' 이렇게 할 때, 나라도 잘살고 자기도 일류가 됩니다.

사실, 하겠다는 탐심과 노력으로 절대 일류가 되지 못합니다. 겸손하게 자기를 낮추고, 다른 사람을 최고로 보며 부처님으로 받들어야 일류가 됩니다. 저는 두 주먹을 불끈 쥐고, 사당오락-4시간 자면 붙고 5시간 자면 떨어진다, 이를 악물고 절치부심切齒腐心해야 일류가 되는 것으로 알았습니다. 일류가 되는 것이 아니라 알고 보면 재앙의 길입니다.

• **불평불만 하지 않고 무조건 항상 감사한다**

불평불만을 하지 않아야 합니다. 불평불만 하면 고생의 길로 갑니다. 불평불만 하고 남의 허물을 잘 보는 사람, 제가 과거에 그랬기 때문에 고생했던 겁니다. 무조건 항상 감사해야 합니다. 내 속에 불평불만, 남의 허물은 영원히 사라지게 합니다. 가능하면 모든 사람을 부처님처럼 보세요. 부처님처럼 보기는 어렵지만, 불평불만 하지 않고 남의 허물은 보지 않도록 해야 합니다. 그것은 남의 허물이 아니라 곧 내 허물이기 때문입니다.

- **하루에 열두 시간만 산다**

하루에 열두 시간만 살자. 즉, 내일 일을 생각하지 말자는 겁니다. "현재 현재만 진실하면 미래 미래는 완전할 것이다." 백 선생님 말씀입니다. 지금까지 제가 고생했던 것을 보면 내일 일을 걱정하다가 그렇게 되었습니다. 내일 일을 걱정하지 마세요.

포행布行을 가자고 하면 '포행 갈 시간 없어. 밖에 나가서 돈 벌어야 해!' 이런 얘기들을 많이 합니다. 포행 가자고 하면 포행 가세요. 가서 그 시간 즐기세요. 그것만 진실하면 먹고사는 문제는 저절로 해결됩니다.

먹고사는 문제, 밖에 나가 뛰어서 되는 것으로 아시죠? 물론 그러면 일시적으로 돈을 벌겠죠. 그런데 진짜 돈 벌려면 빨리 나가서 하겠다는 그 마음을 가라앉혀야 돈이 벌립니다. 궁한 마음을 해탈해야 돈이 벌립니다.

이상 몇 가지 고생의 길과 행복의 길을 말씀드렸습니다. 밝은 스승님께서 하신 말씀입니다. 마음에 잘 새기셔서 행복한 삶, 영원의 삶을 사시기를 발원드립니다.

2019.04.20.

성공과 환희심을 유지하려면 치심癡心을 닦아야

저는 종종 난제 해결 방법을 질문하는 사람에게 밝은 선지식의 말씀을 인용하여 희망과 용기를 주려고 합니다.

"나에게 주어지는 어떤 난제도 해결하지 못할 것은 하나도 없다."

"나한테 닥치는 난제는 반드시 해결할 수 있다."

실제로 내가 해결할 수 없는 난제는 나에게 닥치지 않는다고 합니다. 그 난제는 내가 불러왔고 나는 전지전능한 위대한 힘을 가지고 있기 때문입니다.

저는 가끔 난제에 대한 해법을 제시하면서 재앙 소멸과 소원 성취를 많이 실감하였습니다. 기적적인 예도 있습니다. 이제는 아무리 어려운 난제라도 선지식이 가르쳐 주신 법식대로만 한다면 각종 난제를 해결하고 뜻하는 바를 이룰 수 있다고 굳게 믿게 되었습니다. 사실은 소원 성취가 문제가 아니라는 것을 경험을 통해 알게 됐습니다.

소원 성취 후 내리막길을 가다

세상에서 잘나가는 사람, 잘 뻗어나가는 사람은 백 선생님을 찾아오지 않습니다. 자기가 지어 놓은 복을 받는데 정신이 없으니까 도인을 찾을 마음을 내지 않는 것입니다. 살기 힘든 사람, 난제로 고통받는 사람, 되는 일 하나도 없는 사람, 이런 고달픈 사람들이 도인을 찾아와 어떻게 난제 해결과 소원 성취를 하는지 여쭈었습니다.

백 선생님을 찾아온 분들의 공부 경력을 살펴보면, 예외 없이 다 소원 성취를 합니다. 그러나 소원 성취하고 난 뒤 그것을 유지하고 발전시키는 것이 아니라, 거의 다 예외 없이 본래 습관이 나오고 내리막길을 갑니다. 그러다가 드물게 다시 올라가는 사람도 있지만, 대부분 내리막길을 걷고 심지어 퇴타심을 내서 다른 종교로 가는 경우도 있습니다. 결과적으로 도인을 찾아온 보람이 없습니다.

난제를 갖고 저를 찾아오는 사람들이 밝은 도인이 가르쳐 주신 방법대로 소원 성취하는 것이 꼭 반갑지만은 않습니다. 왜냐하면, 소원 성취가 되어도 그것을 유지하고 발전시키는 것이 간단치 않다는 것을 너무나 잘 알기 때문입니다. 심지어는 저한테 찾아오지 않은 것과 별 차이가 없다는 것을 발견하게 됩니다.

치심으로 성공을 유지하지 못한 사례

도인의 가르침을 받아서 난제를 해결했고 잘하면 도통도 할 수 있을 정도로 환희심에 꽉 차 있던 사람이 왜 그것을 유지하지 못하는가? 원인이 무엇인가?

어떻게 하면 그 환희심과 성공을 유지하면서 더 발전시킬 수 있는가?

실감나는 두 가지 사례를 말씀드리겠습니다.

하는 일마다 안 되는 어떤 젊은이가 백 선생님을 찾아왔습니다. 소사에서 2년 동안 선생님께 꾸중도 듣고 고생하면서 업장을 부지런히 닦았습니다. 하는 일이 잘 안 되는 이유를 백 선생님께 들었습니다. 그의 아버지가 6·25 때 공산당에 부역한 죄로 젊은 나이에 처형을 당했습니다. 젊은 나이에 한을 품고 세상을 떠나면 대개 내생에 좋은 몸을 받기가 어렵다고 합니다. 지옥에 가있다는 것입니다. 부모가 지옥에 있으면 자손들이 일이 잘 안 풀리는 수가 많습니다.

아들이 소사에서 2년 수도한 공덕으로, 지옥에 간 조상이 해탈되었습니다. 먹구렁이가 되었던 그의 아버지가 먹구렁이 몸에서 해탈하였습니다. 그러니까 그도 일이 풀릴 징조가 보였던 모양입니다. 수도 2년 하고 밖에 나가게 됐습니다.

형편이 어려워서 공부도 못했던 사람이 밖에 나가서 우연히 대학에 입학해 학업을 완성했을 뿐만 아니라, 괜찮은 집안의 여자와 결혼해서 재산도 생겼고 안정된 직장에 취직했습니다. 직장에서도 일을 잘해서 상사로부터 매우 칭찬을 받았다고 합니다. 그때까지만 해도 이 사람은 소사에서 공부한 보람을 느끼고 선생님의 은혜에 깊이 감사하는 마음이 있었을 것입니다.

이 사람뿐 아니라 이런 예가 많습니다. 모든 일이 잘 풀려요. 확실히 공부의 보람이 있습니다. '공부를 통해서 이렇게 팔자가 바뀌었으니 공부한 덕이 아닌가.' 생각하고 공부를 더 했다면 어땠을까요? 그러나 대개 공부를 하지 않고 '이만하면 되었다'는 생각을 합니다. 그리고 간절히 도인에게 매달리면서 '살려주십시오' 한 어려웠던 때를 다 잊어버립니다.

소사에서의 생활은 너무 힘들었습니다. 아상을 죽이는 수도의 생활은 쉽지 않습니다. 금욕해야 합니다. 술도 마시지 않고, 여자도 밝히지 않고, 돈에도 따라가지 않아야 합니다. 이 생활이 너무 고달팠는데 결혼도 하고 돈도 생기고 안정된 직장에서 승승장구하니까 예전에 수도하느라 못했던 것을 하고 싶습니다. 결국 옛날 습관으로 돌아가서 술도 마시고 이상한 짓을 하는데, 공부하던 사람이 그러면 처벌로 이어집니다. 중풍에 걸려서 말도 제대로 못하고 직장에서 쫓겨나고 하루아침에 비참한 신세가 됐습니다. 그 후에 많은 돈을 들여서 어느 정도 치료가 되었지만, 이미 젊음의 황금 시기는 다 놓쳤습니다. 왜 공부의 소중함을 느끼지 못하고 더욱 발전시키지 못했는지, 참 안타깝습니다.

또 하나의 사례는 앞의 사례와 반대입니다. 이 사람은 법사가 됐습니다.

백 선생님 덕분에 성공했다며, 은혜를 갚기 위해서 백 선생님의 법을 전 세계에 퍼뜨리겠다고 하였습니다. 사업에 성공하여 돈을 많이 벌어 절도 지었습니다. 군 법사가 되어서 포교하고, 군대에 절도 지었습니다. 그런 과정에서 굉장히 오만해졌습니다. "나는 법을 설하는 법사다. 돈도 벌고 성공한 사람이다." 잘나가다가 그이도 역시 뇌졸중에 걸려서 바깥출입도 못 하게 되었습니다. 처벌이 온 것입니다.

두 사례뿐만 아니라 거의 다 그렇습니다. 어려웠던 사람이 공부를 해서 성공하면 옛날에 한을 품었던 버릇이 나옵니다. 그게 자기 잘났다는 생각입니다. 잘났다는 생각, 이만하면 되었다는 마음을 가지면 반드시 추락하게 됩니다. 이것은 정확한 공식입니다. 잘난 척하는 마음은 치심이고, 치심은 두뇌를 칩니다. 그래서 뇌졸중 걸리는 사람은 자기 잘났다는 생각이 꽉 차 있는 사람입니다.

공부를 하면서 환희심이 납니다. 깨친 것 같고 도인이 된 것 같습니다. 그러면서 수행발표를 합니다. 그 환희심이 오래갈 것 같지만 몇 달 못 가서 예외 없이 내리막길을 갑니다. 왜일까요? 처음에 공부를 소원을 꼭 이루어야겠다는 기복으로 출발하기 때문입니다. 소원을 이루기 위해서 공부하는 경우, 소원을 이루면 반드시 '성공했다, 이만하면 되었다'는 치심을 냅니다. 치심은 아상의 연습이니 성공을 유지하지 못하고 반드시 내리막길로 갑니다.

치심으로 깨달음을 유지하지 못한 사례

큰 성공을 못 했어도 금강경 공부 잘해서 환희심이 충만할 수 있습니다. '나는 돈도 필요 없고, 이 환희심만이라도 오래 유지하였으면 좋겠다.'고 하지만, 그것도 오래 유지하지 못하는 수가 있습니다.
백 선생님께서는 칸트의 예를 들어 적나라하게 말씀하셨습니다.
임마누엘 칸트는 독일이 낳은 불세출의 철학자입니다. 칸트가 쓴 『순수이성비판』은 동양의 성인과 도인들의 깨친 경지를 그대로 나타내고 있습니다. 일체유심조의 진리를 그대로『순수이성비판』에 표현해 놓았습니다. 칸트는 정확한 사람, 틀림없는 사람, 성실한 사람이었습니다. 산책하는 시간이 정확해서, 그때 시계를 맞췄다고 합니다. 칸트의 산책길은 독일 하이델베르크에서 철학자의 길로 지금도 보전하고 있습니다. 칸트는 불교를 몰랐지만 집중력이 아주 좋고 성실했고, 외도나 오욕락은 일절 하지 않았다고 합니다.

칸트가 우주의 비밀을 열심히 연구하고 참구하던 어느 날, 마치 화두가 타파되는 것과 같이 세상의 비밀을 한꺼번에 다 알게 되었다고 합니다. 세상의 비밀이 다 알아진 것을 도통이라고 해야겠지요. 백 선생님이 "칸트는 도통을 했다."라고 얘기하십니다. 도통하고 이 세상을 보니까 너무나 찬란하고 황홀했습니다. 오탁악세가 아니라 질서정연한 세계였습니다.

'내가 깨친 것을 정리해서 책으로 내기만 하면 내 할 일은 다 했다.'

이렇게 생각하는 순간 차츰차츰 어두워지기 시작했습니다. 지혜롭고 골치가 밝았던 칸트도 겨우 책 하나 쓰고 상당히 깜깜해졌다고 합니다.

백 선생님께서는 "칸트가 이렇게 황홀한 세상을 체험하면서 이만하면 되었다는 생각을 하지 않았더라면 도통을 오래 유지했을 것이다."라고 말씀하십니다. 서양에는 탐진치를 가르쳐 주는 가르침이 없습니다. 비록 깨달았지만, 그것을 유지하는 가르침이 없었습니다. 치심을 다스리는 방법을 몰랐던 것입니다.

치심을 다루는 방법

소원 성취는 참 중요합니다. 그러나 어떻게 유지하느냐가 훨씬 더 중요합니다. 성공을 잘 유지하는 사람은 매우 드뭅니다. 소원 성취를 목적으로 공부하지 말고, 소원 성취해서 부처님 시봉 잘하는 것을 목표로 해야 유지할 수 있습니다. 소원 성취는 기본입니다. 소원 성취하고 미끄러져 떨어진 경우는 이만하면 되었다는 치심을 냈다고 생각하면 틀림없습니다.

'그때는 잘되었는데 지금은 왜 안 되나? 이 공부법이 틀린 것 아닌가? 다른 도인을 찾아가야 하지 않을까?' 이런 생각을 합니다. 다른 도인 찾아서 나가도 처음에는 되다가 똑같이 또 미끄러져 내려갑니다. 왜냐하면 치심을 다루는 방법을 깨우치지 못했기 때문입니다.

치심을 다루기 위해서는 소원 성취 기도를 하지 말고, '소원 성취해서 부처님 시봉 잘하기를 발원' 해야 합니다. 소원 성취는 기본이니까 시봉 잘하기를 발원하는 것에 더 역점을 두어서 기도해야 합니다.

이만하면 되었다는 치심은 참 닦기가 어렵습니다. 탐내는 것은 눈에 보입니다. 탐욕이 많은 사람이 나쁜 사람이라는 것을 압니다. 성내는 것이 해롭다는 것은 누구나 다 압니다. 진심은 눈에 잘 띄기 때문에 진심을 닦는 것은 그리 어렵지 않습니다. 그러나 이만하면 되었다는 자신감은 눈에 잘 안 띕니다.

'자신감이 무슨 죄인가? 성공하면 당연히 이만하면 되었다는 자신감을 가질 수도 있는 것 아닌가?' 라고 생각할 수도 있습니다. 우리는 자신감이라는 분별에 매몰되기 쉽고 휩쓸리기 쉽습니다. 그러면서 자기가 이루었던 성공을 물거품으로 만드는 경우가 많습니다. 툭 하면 들뜨기 잘하고 잘난 척하면서, 그것을 죄라고 보지 않습니다. 세상에서는 당연히 할 수 있는 권리라고 생각하고, 잘난 척해야 성공한다고 합니다.

백 선생님께서 늘 말씀하셨지만, 이만하면 되었다고 생각해서는 절대 안 됩니다.

수도하는 입장에서는 잘되는 건 기본입니다. 당연히 되는 것이니 잘 된다고 들뜰 이유가 하나도 없습니다. 내가 가져올 것을 가져오는데 들뜰 필요가 없습니다. 툭하면 잘난 척 잘하는 아상을 참 못난 것으로 알아야 합니다. 자신이 참 못난 것을 알고 하심하고, 다른 사람의 말을 경청하고, 다른 사람을 부처님처럼 여겨야 합니다. 이 마음은 환희심과 성공에서 미끄러져 떨어지지 않게 하는 매우 중요한 지침입니다.

법당을 소중히 알고
도반을 흉보지 않는다

우리는 불평도 하고 세상 사람들을 흉봅니다. 답답하면 흉볼 수 있습니다. 흉보는 걸 그렇게 나쁘다고 보지 않습니다. 단, 흉보면 안 되는 것이 있습니다. 도반이나 법당에 대해서 흉보면 안 됩니다. 세상의 나쁜 사람들 흉볼 수 있습니다. 그것은 심각한 피해가 되질 않습니다. 그런데 도반을 흉보고 법당을 흉보는 것은 심각한 독이 됩니다.

'그 못된 도반, 잘난 척하는 도반, 제멋대로 까부는 도반, 흉보면 어때?' 그 말은 틀리지 않습니다. 그러나 도반을 흉보는 것은 법사를 흉보는 것으로 이어집니다. 법당에서 흉보는 습관이 무섭습니다. 도반을 흉보고 거기서 끝난다면 흉봐도 됩니다. 그러나 A 도반을 흉보면 B 도반을 흉보고, C 도반으로 이어지고, 그러다가 드디어 법사까지 흉보게 되면 보따리 싸서 나갑니다. '이 가르침이 뭐 대수야, 보따리 싸서 나간들…' 합니다. 정법正法이 아니고 사교邪敎라면 나가도 됩니다. 물론 나갈 때는 사교라고 하고 나갑니다. 이게 만일 정법이라면 내생에 정법 못 만나고 사람 몸 받기 어렵습니다. 절대로 도반과 법당만은 흉보지 말아야 합니다.

소사에서도 처음에 백 선생님을 흉보지 않았습니다. 왜 거룩한 백 선생님을 흉봅니까? 세세생생 가르침을 잘 받들어 모시기를 다짐했습니다. 왜 퇴타심 내는가? 시원찮은 도반을 흉보고, 또 다른 도반도 흉봅니다. 그러다가 시원치 않은 도반을 백 선생님이 칭찬하시니까 선생님까지 싸잡아 흉봅니다. 그리고 퇴타심을 내고 나가지만 잘되지도 않습니다. 또 다른 사람 찾아다니다가 거기서도 도반 흉을 보게 됩니다.

밖에 사람들 흉보는 것은 도인이나 정법을 흉보는 것이 아니니 퇴타심으로 연결되지 않습니다. 또 밖에 사람들 흉보면 법당에 와서 하소연이라도 할 수 있습니다. 하지만 법당에서 도반 흉보고 법사 흉보면 어디 가서 하소연할 데도 없습니다. 밝음을 유지하고 행복을 유지하고 성공을 유지하는 몇 가지 길을 말씀드렸습니다만, 특히 법당에서 도반 흉보는 일만은 삼가시길 바랍니다.

반대로 도반한테 경천 당하는 건 괜찮다고 합니다. 금강경 16분, "약위인경천 시인 선세 죄업 응타악도 이금세인 경천고 선세죄업 즉위소멸"의 경천은 외부 사람의 경천이 아닙니다. 외부에서 경천 받았을 때는 맞받아쳐야 합니다. 당당해야 합니다. 그러나 도반들에게 경천 받았을 때는 싸우면 안 됩니다. 감사해야 하고 철저히 바쳐야 합니다.

"부처님께서 욕하신다면 배우고 깨쳐 볼 일이니, 이것이 인욕바라밀이니라."

백 선생님 말씀입니다. 도반들에게 경천을 당하는 순간 선세죄업이 소멸됩니다. 법당을 소중히 알고 도반들을 흉보지 않는 것은 자기 성공을 유지하는 길입니다. 이것은 확실합니다.

또 한 가지, 요즘 법당이 잘되고 있습니다. 일부 사람들은 "법당이 잘되면 뭐 해, 나는 여전히 가난한걸." 이럽니다. 법당이 잘될 때 같이 기뻐하셔야 합니다. 같이 기뻐할 때 자기가 잘됩니다. "법당이 잘되는데 나는 뭐야." 이러는 사람은 장래가 어둡습니다.

정리

지금까지 말씀드린 것을 다시 한 번 정리하겠습니다.

우선, 성공을 목표로 하지 말고 성공해서 부처님 시봉 잘하기를 발원하셔야 합니다. '참나'는 위대합니다. 우리가 생각하는 나는 참나가 아니고 '가짜 나'입니다. 모든 악이 다 구족한 것이 가짜 나입니다. 이 가짜 나를 참 못났다고 생각해야 가짜 나가 죽고 참나가 드러납니다. 자신을 가장 못났다고 생각하고 하심下心하는 연습을 해야 합니다.

도반을 흉보지 마십시오. 도반을 흉보고 퇴타심을 일으켜서 성공의 기쁨을 잃지 마시기 바랍니다. 도반이 욕하면 부처님께서 욕하시니 배우고 깨쳐볼 일이라고 감사하게 생각해야 합니다. 그리고 법당이 잘될 때 같이 기뻐하는 것은 자기의 성공을 유지하는 데 큰 도움이 됩니다.

이것을 두고두고 기억해서, 기쁘고 황홀하고 성공하였을 때 그것을 유지할 수 있도록 해야 합니다.

2019.05.04.

바치는 것은
공경심으로 완성된다

제가 개인 상담을 할 때나 법담할 때 가장 많이 받는 질문이 있습니다.

"부처님께 바치는 것이 무엇이며, 어떻게 바치는 것입니까?"

우선 말씀을 드리기 전에 「심청전」 이야기를 하겠습니다.

밝은이의 「심청전」 해석

「심청전」 이야기를 우리는 전설로 알고 있는데, 실화라는 얘기가 있고 이를 증명하려는 역사학자도 있습니다.

'공양미 삼백 석이 무엇이기에 그런 기적을 이룰 수 있을까?'

의문이 듭니다.

백 선생님의 말씀에 의하면 도인은 공양미 삼백 석을 물건으로 보지 않고 탐심으로 본다고 합니다. 삼백 석을 잃어버린다고 한다면, 내 마음이 찢어지듯이 아플 것입니다. 물건에 붙은 애착을 잘라내는 것이기 때문에 생명을 잃어버리는 것과 같은 심한 고통을 느낍니다. 도인은 생명처럼 소중한 공양미 삼백 석을 바친다는 것은 그 애착을 바치는 것으로 봅니다.

우리는 물건과 애착을 다르게 봅니다. 도인은 애착이 물건을 만든다고 봅니다. 유식무경이라는 말이 있는데 바로 마음이 현실을 만든다는 것입니다. 도인은 애착이라는 탐심이 공양미 삼백 석이라는 물건을 만든다고 합니다. 즉, 공양미 삼백 석을 부처님께 바친다는 것은 자기 애착을 부처님께 바친다는 뜻입니다.

심청은 그 당시 바치는 방법을 몰랐지만, 공양미 삼백 석이라는 물건으로 탐심을 부처님께 바침으로써 결국은 물건에 대한 애착을 해탈했다고 할 수 있습니다. 물건에 대한 애착을 해탈한 인연 공덕으로 다시 생환해서 왕비가 되었다고 볼 수 있습니다. 마음을 바치는 것은 이렇게 위대한 결과를 낳습니다.

물건이 애착이라는 것을 모르는 옛날 사람들은 공양미 삼백 석이라는 물건의 공덕을 예찬합니다. 바치는 것의 공덕을 잘 모릅니다. 실제로 바치는 것의 공덕은 물건을 공양하는 공덕과 똑같습니다.

좋은 생각이든 나쁜 생각이든
다 훌륭한 공양물이다

백 선생님께서는 금강경 3분을 인용해서 "무슨 생각이든지 바쳐라!"라고 하십니다. 그 말씀을 듣고는 금방 이해가 됐고, 바치는 뜻이 무엇인지 다시 질문하지 않았습니다. 꾸욱 눌러서 참으면 자꾸 생각나고 또 나는데, 부처님께 바치면 생각이 또 나지 않고 시원해지는 체험을 했기 때문에 무슨 생각이든지 바쳤습니다.

그런데 좋은 생각을 바치는 것은 부처님께 죄송하지 않지만, 나쁜 생각까지 바치는 것은 어쩐지 죄송한 마음이 들었습니다. 선생님께 여쭤봤습니다.

"좋은 생각이든 나쁜 생각이든 다 훌륭한 공양물이다."

보통 사람은 생각이라고 보지만 도인은 생각을 물질로 봅니다. 도인은 생각을 바치는 것은 공양물을 바치는 것과 똑같다고 봅니다.

예를 들어, 심한 탐욕과 애욕이 올라옵니다. 남자라면 예쁜 여인을 보고 사랑, 욕정이 올라옵니다. 이것을 자기가 가지고 있지 않고 부처님께 바치면 언젠가 욕정이 없어집니다. 생각을 바치면 생각이 없어져서 시원해진다는 것은 쉽게 이해할 수 있습니다.

그러면 시원해지는 결과밖에 없느냐고 할 수 있겠지만, 도인에게 사랑이라는 것은 이만항하사등세계칠보滿恒河沙等世界七寶와 마찬가지로 위대한 보물입니다. 사랑을 바친다는 것은 삼천대천세계에 가득한 칠보를 바치는 것과 같습니다. 시원해지는 것 이상의 무량무변공덕을 얻을 수 있습니다.

저는 이것을 이해한 뒤로 무슨 생각이든지 부처님께 바치는 연습을 했습니다. 많은 번뇌 망상에서 벗어나 마음이 편안해졌을 뿐 아니라 많은 좋은 일들이 뒤따랐습니다. 생각이 단순한 생각이 아닌 공양물이라는 증거입니다.

보통 부처님께 바치면 시원해진다는 생각을 염두念頭에 두면서 바치는데, 그것은 이기심의 연장이며 바치는 참뜻을 모르는 것입니다. 바쳐서 부처님 기쁘게 해 드리기를 발원해야 합니다. 부처님 기쁘게 해 드리는 마음을 내야만 제대로 바쳐지고, 시원해지고, 그뿐만 아니라 천인아수라가 개응공양하는 위대한 기적을 낳을 수 있습니다.

생각이 일어날 때 부처님께 바쳐 '내가 시원해지겠다.'가 아닌 '부처님 기쁘게 해 드리겠다.'고 해야 합니다. 끝까지 시봉하는 마음을 내는 것이 제대로 바치는 것입니다.

바치는 것은 중생심을 부처님 마음으로 바꾸는 형상 없는 수행이다

급한 마음이 올라올 때, 가지고 있다가는 재앙이 될 것 같아요. 그래서 '바치라고 하셨지! 이 급한 마음 부처님께 바쳐 부처님 기쁘게 해 드리기를 발원!' 합니다.

'이 생각을 부처님께 바쳐 부처님 기쁘게 해 드리기를 발원!'

이렇게 하면 너무 길어요. 하지만 처음에는 고지식하게 그대로 할 수밖에 없어요. 백 선생님께서 어느 때 일러 주십니다.

"그렇게 길게 할 것 없다. 그냥 '부처님' 하면 된다."

그 뒤에는 줄여서 '부처님' 했습니다. '부처님'만 해도 바쳐집니다. 일부러 공양물을 드리는 상상을 하지 않아도 바쳐진다는 것을 알게 되었습니다. '부처님' 하지 않고 집중만 해도 바쳐집니다.

사람들은 "바치는 법과 참선 수행법이 어떻게 다른가?" 하며, 마치 바치는 수행법이 어떤 형상이 있는 것으로 알고 질문을 합니다. 바치는 법이라고 하는 것은 어떤 독특한 수행법이라고 생각하면 안 됩니다.

생각이라는 것은 중생심이며 탐진치, 분별 망상입니다. 이것을 가지고 있으면 재앙이 됩니다. 부처님께 바치는 것은 모든 분별 망상을 부처님 마음으로 바꾸는 겁니다. 바꾸는 순간 재앙이 소멸하고 소원이 성취됩니다. 또한 부처님 기쁘게 해 드리기를 발원해야 제대로 바쳐집니다. 천인아수라가 개응공양하는 위대한 기적을 창조할 수 있습니다.

길게 발원하지 않아도 '부처님!'만 해도 되고 'ㅂ(비읍)'만 해도 되고 집중만 해도 됩니다. 그러니까 부처님께 바치는 것은 ㅂ자 수행이라고 해도 됩니다. 바치는 수행이라고 하면 형상이 있는 수행법으로 인식하게 하여 수행의 정체성을 놓칩니다. 부처님을 마음속으로 향하기만 해도 바쳐지는 것, 이것은 그대로 선禪입니다.

공경심만이 바치는 것을 완성할 수 있다

혜능 대사는 염염상행 무소득심念念常行 無所得心이라고 했습니다. 생각 생각을 행할 때 무소득심으로 하라 하였습니다. 그러나 염염상행 무소득심이라고 하면 부처님에 대한 공경심이 빠져 있어서, 바치는 것과 같다고 할 수 없습니다.

바치는 것은 집중만 해도 되고 아주 짧게 해도 됩니다. 하지만 이렇게 하다가 잘못하면 부처님 공경심이 사라질 수도 있습니다. 반드시 부처님 공경하는 마음을 가져야만, 바쳐서 부처님 기쁘게 해 드린다는 공경심이 있어야만 바치는 것을 완성할 수 있습니다. 공경심이 없으면 완성이 안 됩니다.

바치는 것은 형상이 있는 수행법이 아닙니다. 형상이 없는 수행법입니다. 중생의 마음을 부처님 마음으로 바꾸는 수행, 그것이 바로 선禪 수행입니다. 선이라는 것은 부처님 마음을 연습하는 것입니다. 선 수행하면 잘못하다가 부처님 공경심이 없어집니다. 바치는 것은 부처님 공경하는, 부처님이 계시는 선 수행입니다. 다른 표현으로 '염염상행 무소득심'이라고 해도 되지만, '부처님 공경하는 염염상행 무소득심'이라고 할 수 있습니다. 우리 공부법은 단순히 바치는 법이라고 하기보다도 선 수행, 부처님 공경하는 선 수행입니다.

바치는 것과 더불어 복을 짓는 것이 중요한데, 울력(대중들이 함께 모여 하는 육체적 노동인 운력運力은 '울력'이라고도 하고 여러 사람이 힘을 구름처럼 모은다는 뜻에서 '운력雲力'이라고도 한다)과 포행은 복을 짓는 것입니다. 바치는 것에 부처님 공경하는 울력과 포행이 더해진다면 난행고행을 하지 않아도 심청이가 공양미 삼백 석을 공양한 공덕보다 알찬 결과를 얻을 수 있습니다.

2019.05.11.

밝은이가 보시는
재앙의 원인과 소멸

백 박사님과 같은 도인께 예배드릴 때는 삼배를 올립니다. 보통 스님들은 삼배를 드려도 아무 말씀이 없는 경우가 많고 합장도 잘 안 하시는 경우가 많습니다. 백 박사님께서는 항상 합장하시고 발원을 해 주십니다. 우리는 이러한 발원만으로도 힘이 나는 것을 느꼈습니다.

"제도하시는 용화교주 미륵존여래불 공경을, 이 사람이 무시겁 업보업장을 탈겁해서 부처님 전에 환희심 내어 복 많이 짓기를 제도발원."

제가 4년을 백 박사님 도량에 있었는데 처음 2~3년은 이렇게 하시다가, 마지막에 바꾸셨습니다.

"재앙은 소멸하고 소원은 성취해서 부처님 전에 복 많이 짓기를 발원."

이것은 재앙이 없어야 한다는 이야기입니다. 우리는 부처님과 똑같은 구족한 존재이기 때문에 재앙만 없으면 소원은 저절로 이루어집니다. 소원 성취할 필요 없습니다. 재앙만 없으면 됩니다.

재앙의 원인이 무엇인가?

세상에는 수없이 많은 책이 나옵니다만, 모두가 소원을 이루는 내용입니다. 어느 교회에서는 사람들에게 소원 성취한 사례를 소개하는 인쇄물을 매주 나누어 주며 신심이 나도록 합니다. 소원을 이루는 내용, 마음을 닦는 내용은 꽤 있지만, 재앙을 소멸하는 방법을 소개하는 것을 별로 본 적이 없습니다. 재앙의 원인을 잘 모르기 때문인 것 같습니다.

미세하게 올라오는 분별심이
재앙을 불러온다

백 박사님께서는 마음속의 탐진치, 즉 아상이 재앙을 불러오는 근본 원인이라고 하십니다. 좀 더 구체적으로 말하면 마음이 자꾸 바빠질 때, 이 마음이 탐심입니다. 이때 재앙이 동반됩니다. 또 짜증이 날 때 재앙이 동반됩니다. 설치거나 급해지거나 짜증을 내지 않아도 재앙이 일어나는 수가 있습니다. '이만하면 되었다'는 느긋한 마음에, 아닌 밤중에 홍두깨처럼 날벼락을 맞는 수가 있습니다. 그때 '나는 탐욕을 내지도 않았는데 왜 나한테 이런 재앙이 생기지?' 할 수 있는데 바로 이만하면 되었다는 만족감이 치심이며, 치심이라는 독이 재앙을 불러옵니다. 재앙의 원인이 굉장히 많고 미세합니다.

재앙만 없으면 소원을 성취하고 행복해지고 평화로워지고 도통도 합니다. 우리는 소원을 성취하려고 하는데, 그보다는 재앙 소멸부터 가장 먼저 해야 합니다. 재앙의 원인이 탐진치라고 하니까 '탐내지 말고 성내지 말고 남 괴롭히지 말아야지.'라고 생각하면서도 실제로는 설치는 마음이 들거나 짜증이 날 때 바치지 않고 남을 계속 원망합니다. 금강경만 잘 읽으면 재앙이 소멸된다니까 금강경만 읽을 뿐입니다. 금강경만 읽으면 재앙이 일어나지 않는다고 하는데, 아닙니다. 탐내지 않고 성내지 않아야 합니다. 굉장히 미세합니다.

자신이 탐내고 성내고 잘난 척하고 있는지 아닌지 본인은 모릅니다. 이것을 밝은 선지식이 아시고, "너는 너도 모르게 무척 잘난 척하고 있다."며 매섭게 야단치셨습니다. 이러한 가르침을 몇 년간 받은 덕에 속마음과 겉마음이 다르다는 것을 잘 알게 되어 재앙을 소멸할 수 있었습니다.

자기도 모르게 올라오는 미세한 탐진치를 적극적으로 바치려고 노력하지 않고 금강경 읽거나 가행정진하는 것만으로 100% 재앙을 소멸한다고 생각하는 것은 매우 위험합니다. 물론 금강경이나 가행정진만으로도 어느 정도는 상당히 재앙을 소멸할 수 있습니다.

업보가 재앙을 불러온다

또 다른 재앙의 원인이 있습니다. 업보로 인한 재앙입니다. 이성에게 상처를 줬거나 부모에게 불효를 했거나 또 전생을 포함하여 어떤 사람에게 실례를 했다면 그 사람들이 나를 미워합니다. 서로 업보지요. 남에게 미움을 받는 것만으로도 재앙이 일어납니다.

입방아에 오른다든가 다른 사람에게 미움을 받는다든가 억울하게 당하는 수가 있는데, 금생에 원인이 없더라도 전생에라도 원인이 있습니다. 나는 깨끗하고 양심적이고 탐진치를 일으키지 않았다고 생각하지만, 전생 언젠가 지어 놓은 것이 있습니다. 내가 잘못하지 않았을 때 억울하다고 맞받아치고 싸우면 재앙으로 끌려 들어가는 길입니다. 맞받아쳐 싸우지 말고, 언젠가 내가 지어 놓은 것이라는 것을 알고 참회한다면 재앙을 소멸할 수 있습니다.

사극 〈장희빈〉에 보면 증오하는 사람의 이름을 써놓고 화살을 쏘며 저주하여 죽게 하는 장면이 있습니다. 일부함원 오월비상─婦含怨五月飛霜(한 여인이 원한을 품으면 오월에도 서리가 내린다.)이라는 말도 있지요. 남에게 증오를 받는 것이 재앙이 됩니다. 내 마음의 탐진치 이외에도, 업보의 증오심도 재앙의 원인이 됩니다.

귀신의 원한도 재앙을 불러온다

귀신의 원한에 의한 재앙도 있습니다. 나를 몹시 괴롭히는 사람을 죽였다고 합시다. 우리는 사람이 죽으면 끝인 줄 알지만 끝이 아니에요. 죽어서 귀신이 되어도 원한을 그대로 가지고 있기 때문에 산 사람에게 영향을 미칩니다. 귀신의 존재를 모르니 보통 사람의 지혜로는 볼 수 없습니다. 부모가 지옥에 가면 자손이 안 된다는 말이 바로 그것을 의미합니다.

자기 마음을 잘 다스려야 재앙이 없어집니다. 그러나 자기 마음을 잘 다스리는 것만으로는 부족합니다. 업보를 해탈해야 하고, 또 죽은 귀신을 다루는 방법도 알아야 합니다.

예전에 제가 1년 정도 백수로 지내며 바치고 바쳐도 얼마나 괴로웠는지 모릅니다. 사람도 만나기 싫어요. 백수로 지내니 다정했던 부모 형제도 싸늘해지는 것 같아요. 부모의 사랑은 어느 경우에도 변치 않을 줄 알았는데, 복 지은 것이 없으면 하루아침에 돌변하는 것이 인심입니다.

그러다 하게 된 것이 식당인데, 그저 부처님 시봉하는 마음으로 성실하게 한다고 했습니다. 보건소, 경찰, 세무공무원 등도 처음에는 어설프다고 핀잔을 주더니 저의 진정성을 알았는지 나중에는 잘 해 주었고, 친구들도 도와주었습니다. 처음 몇 달간 불길처럼 잘 되었는데, 난데없이 동대문구청에서 한 달간 영업정지 명령을 내렸습니다. 하늘이 노래졌습니다.

저는 수도도 했고 남에게 폐 끼치지 않고 양심적으로 모범생으로 살았습니다. 군대에서 괴로워도 저항하거나 원망하지 않고 잘 바치려고 했습니다. 제대할 때 부대 사병들, 하숙집 할머니까지 울먹일 정도였습니다. 나쁜 일을 하지 않았습니다.

취직이 안 되는 것도 혹독한 시련이었는데 장사까지도 날벼락을 맞으니 이게 웬일입니까. 부처님을 원망하고 싶었습니다. '제가 이렇게 잘했는데 혹독한 시련을 계속 주십니까.' 또 백 선생님께도 속으로 따져 보기도 했습니다. '선생님 가르침대로 모든 것을 모범적으로 잘했는데, 왜 이렇게 재앙이 일어나고 일이 안되지요? 공부한 보람이 겨우 이것인가요?'

백 선생님께서 원인과 해결책, 헌식獻食을 일러 주셨습니다.

"네 장사가 잘되니까 귀신, 조상귀신이 샘을 낸다. 식사하기 전에 먼저 밥을 조금 떠서 집안 정갈한 곳에 놔라. 네가 공부를 잘하면 새들이 와서 쪼아 먹을 것이다."

시샘은 인간의 원초적인 본능입니다. 겉으로는 축하하는 것 같지만 속으로는 샘을 냅니다. 소사에서 보면 동물도 마찬가지입니다. 다른 송아지를 좋아하는 것 같으면 시샘하면서 들이받습니다. 시샘이 재앙을 불러옵니다.

   그때는 누구한테 원한 산 것도 없었고 들뜨지도 않았고 오로지 금강경만 읽었습니다. 그래도 생기는 재앙은 귀신들의 시샘이 원인이라고 합니다. 몸이 없고 마음만 있는 것이 귀신입니다. 귀신이 도와주는 것은 별로 없습니다. 반대로 해를 끼치는 경우는 많이 있다고 합니다. 시집 못 간 처녀 귀신, 장가 못 간 총각 귀신, 배고파 굶어 죽은 귀신, 도통 못해서 한이 맺힌 승려 귀신 등, 한이 있어서 도와주지는 못하고 해를 끼친다고 합니다. 조상의 음덕으로 잘산다? 아닙니다. 자신이 복 지어서 잘사는 것입니다. 조상도 중생입니다. 조상귀신이 샘은 낼 수 있어도 도와줄 수는 없습니다.

   백 선생님의 말씀을 따라 헌식을 했는데, 확실히 효과가 있었습니다. 금강경 읽고, 탐진치는 부지런히 바쳐야 합니다. 때로는 심각한 재앙이 있으면 헌식 같은 것도 해야 합니다. 이런 것은 도인이 아니면 가르쳐 줄 수 없습니다. 헌식을 통해서 재앙을 다루는 방법을 새로이 터득했습니다. 일이 자꾸 꼬이고 안 되고 근심 걱정이 많을 때 헌식을 권하기도 합니다.

   재앙만 없으면 다 됩니다. 조금 불쾌한 기분도 재앙의 원인입니다. 재앙을 소멸하는 방법을 잘 아신다면 모든 행복과 평화와 지혜를 다 이룰 수 있습니다.

2019.05.18.

제3장

난제를 부처님께 바치면
가장 좋은 결과로 축복받는다

도인의 법식,
바쳐서 나오는 지혜로 대처한다

도인의 법식과 중생의 법식은 어떻게 다를까요?

쉬운 예부터 하나 들어보겠습니다. A라는 사람이 B라는 사람에게 돈을 빌렸다고 칩시다. 그러면 A는 당연히 B에게 돈을 갚을 마음을 냅니다. 돈을 빌림으로써 두 사람 사이에 새로운 관계가 형성됩니다. A가 B로부터 꾼 돈을 갚았을 때 두 사람의 관계는 완전히 끝나게 됩니다.

**중생은
숙명적인 관계에 따라 행동한다**

분명히 전생이 있는 모양입니다. 전생에 A라는 사람이 B라는 사람에게 돈을 꾸었을 수도 있고 강탈했을 수도 있습니다. 그걸 갚을 마음을 내는 것은 당연합니다. 그 생에 갚지 못하고 세상을 떠나면,

다음 생에 갚을 마음을 가지고 태어납니다. 다 갚았으면 관계가 끝나는데, 이 관계가 끝나질 않았어요. 한 사람은 갚을 마음으로, 다른 한 사람은 받을 마음으로 세상을 떠났기 때문에 다음 생에는 이 사람은 돈을 줄 마음을, 저 사람은 당연히 받을 마음을 내게 되면서 전생에 맺은 관계가 이어집니다. 그것을 숙명적인 관계라 이름 붙일 수 있습니다.

실제로 관계를 맺지 않은 것 같은데 서로 주고받는 현실이 나타나면서 자기도 모르게 형성되는 관계를 숙명적인 관계라고 합니다. 대개 숙명적인 관계는 부자, 부부, 형제지간에 나타납니다. 가족 아닌 직장에서의 상하 관계, 스승과 제자의 관계에서도 상당히 많습니다.

특히 부자지간, 아버지가 아들에게 전생에 줄 것이 있는 경우가 많다고 합니다. 자식은 부모에게 대개 받을 것이 있어서, 받을 마음을 가지고 금생에 태어납니다. 부모는 전생에 자기가 빚진 줄을 모르고 사랑으로 압니다. 끊임없이 주고 싶고, 기다리고, 모든 것을 주게 됩니다. 이것은 부모의 빚진 마음일 뿐, 조건 없는 사랑이 아닙니다. 전생에 빚을 지거나 빼앗았기 때문에 그 미안한 마음이 사랑으로, 기다리는 마음으로 나타나면서 겉으로 보기에는 무한한 사랑으로 표현되고, 자식에게 끝도 없이 주게 됩니다. 이것이 자기도 모르는 숙명적인 관계입니다.

자꾸 누가 기다려지고 보고 싶어질 때, 보통 사람들은 그것을 사랑으로 표현하고 심지어는 무조건적 사랑으로 표현하지만, 밝은이가 볼 때는 실제로 줄 것이 있고 빼앗길 것이 있어서 기다려지고, 보고 싶고, 보면 주고 싶고, 심지어는 빼앗기게 된다는 것입니다. 주고 싶을 때는 그것이 사랑인 것 같습니다. 그러나 똑같이 주더라도 상대가 끝도 없이 바라고 끝없이 줘야 할 때는 주고 싶은 마음이 빼앗겼다는 생각으로 바뀌고, 사랑이 증오심으로 바뀝니다. 중생과 중생의 숙명적인 관계는 대개 사랑과 미움으로 이어집니다. 사랑과 미움은 탐진치로 이어져서 결국 각종 재앙으로 연결됩니다. 재앙은 가족관계 업보, 숙명적인 관계에서 이루어지는 것이 대부분입니다.

우리는 가난해서 죽고 병 때문에 죽는다고 합니다. 환경이 어쩔 수 없어서 죽겠다고 합니다. 그렇지만 가난 때문에 죽는 일은 없다고 봅니다. 가난이 아니라 업보로 인한 재앙 때문에 죽습니다. 업보가 하도 괴롭혀서 업보에 대한 증오심이 '나 죽겠다.'는 생각을 불러오고, 그것 때문에 죽는 것입니다. 절대로 가난이나 병이 나를 죽일 수 없습니다. 말기 암도 나를 죽일 수 없습니다. 괴롭히는 업보가 없을 때 말기 암도 나를 죽이지 못합니다. 또 도와주는 업보가 있을 때 말기 암이 나를 죽이지 못합니다.

괴롭히는 업보가 나에게 죽고 싶은 마음을 내게 하고 재앙을 일으키게 해서 스스로 죽게 하는 것이라고 봐야 합니다. 사람들은 그것을 모르고 가난이나 나쁜 환경 또는 병이 나를 죽인다고 생각하지만, 밝은이는 생명을 빼앗으려고 하는 나쁜 업보가 나 스스로 죽음을 선택하게 하여 죽게 한다고 분석하십니다.

도인은
바쳐서 나오는 지혜로 대처한다

도인은 주고 싶은 마음이 날 때 그대로 주지 않습니다. 끊임없는 사랑으로 자식한테 주고 또 주고 심지어는 목숨까지도 주는 부모가 있는데, 도인은 주고 싶을 때도 그 마음을 바칩니다. '왜 내가 주고 싶은 마음이 날까?' 주고 싶은 마음이 날 때 무조건 주지 않고, 그 마음을 바치면서 원인을 알게 됩니다.

'아, 쟤가 나한테 무한히 빼앗을 것이 있어서, 내가 빚진 것이 있어서 줄 마음이 나는구나.'

도인은 그것을 알고 있으니, 주고 싶은 사랑의 마음이 미움으로 변하지 않게 하기 위해서라도 주는 행위를 중지합니다. 미움의 씨앗을 차단하고 지혜로 대처하여 원만한 관계를 유지합니다. 중생들은 그것을 모르기 때문에 주고 싶을 때 마냥 퍼주고 심지어는 생명까지 주려고 합니다. 주다 보니 빼앗긴다는 생각이 들고, 주고 싶은 마음이 증오심으로 변하여 원수가 되고, 여러 가지 재앙과 고통을 일으킵니다.

도인은 어떻게 주고 싶은 마음, 빼앗긴다는 생각을 부처님께 바쳐서 해탈하여 자유를 얻고 세상을 안정시키는지 말씀드리고자 합니다.

도인과 장군의 기 싸움

중국에 있었던 실화라고 합니다. 중국 사천성에 아주 용맹스러운 장군이 있었습니다. 그는 군인으로 만족하지 않고 나라의 임금이 되길 원했습니다. 임금이 되면 영웅이 되겠지만 패하면 역적이 되겠지요. 그는 영웅이 되겠다는 마음으로 수도인 장안을 향해 쳐들어갑니다. 원체 용맹스럽고 지략도 뛰어나서 닥치는 대로 고을을 함락시키면서 장안성에 거의 도달하였습니다.

밝은이가 보면 수많은 고을이 함락되고 수많은 사람이 목숨을 빼앗긴 것은 그 사람들이 빼앗기고 함락당할 원인을 지었기 때문에 빼앗긴 것이지, 그이가 용감해서 빼앗은 것은 아니라고 분석합니다.

 장군은 자기 앞에는 천하에 당할 것이 없다고 생각하여 파죽지세로 수많은 고을을 함락시키면서 수도인 장안으로 갔습니다. 거의 다 와서 한 가지 난관에 봉착했는데, 장안성 근처의 큰 절입니다. 그 절을 함락시켜야만 장안성에 무난히 도달해서 임금을 죽이고 왕이 될 텐데, 그 절에는 유명한 도인이 있다는 소문이 있습니다. 그 절을 함락시키기가 쉽지 않을 것이라는 생각에 이 용맹스러운 장군도 그 앞에서 상당히 주저했습니다. 그렇다고 그 절을 피해서 우회할 수도 없습니다. 그 절을 피해 도망가면 사람들에게 비난을 받고 자신의 목적을 달성할 수 없다는 것을 알았기에 정면 승부를 걸었습니다.

 절로 쳐들어갔는데 의외로 아무도 없고 빈 절처럼 텅텅 비어 있었습니다. 생각보다 우습게 보였습니다. '겁쟁이들이로구나. 유명한 도인이 있다고 하던데, 도인이고 뭐고 다 도망친 모양이구나.'하며 자신만만하게 방을 뒤지다 보니 한 방에 노승이 면벽하고 조용히 참선하고 계십니다. 스님의 위엄, 그 기에 눌려 장군은 주춤했습니다. 용감하게 들어가서 단칼에 그 스님을 칠 용기가 나지 않았습니다. 용맹스러운 장군도 두려움을 느꼈던 것입니다. 그렇다고 물러설 수도 없습니다. 발을 탕탕 구르면서 소리쳐도 스님은 미동도 하지 않습니다.

 이때 이 장군은 어떤 생각을 했을까요?

 미동도 하지 않는 스님이 속으로 겁을 내면서 폼만 잡았다면 장군의 지혜로운 눈에 금방 간파되어 단칼에 죽임을 당했겠지요. 스님은 실제로 두려워하지 않는 법력이 있어 용맹스러운 장군도 두려움을 느꼈습니다. 장군은 다시 겁을 주었습니다.

"천하에 사람을 다 죽여도 눈 하나 까딱하지 않는 장군을 아느냐?"

겁주는 것을 보면 용기가 대단한 장군은 아니었나 봅니다. 진짜 용기 있는 장군은 말로 하지 않고 행동으로, 단칼에 쳐 없앱니다. 말로 하는 걸 보면 법력에 눌려 용기가 반쪽으로 줄었나 봅니다.

도승은 한참 있다가 맞받아칩니다.

"죽음을 두려워하지 않는 도승을 아느냐?"

"너희들 죽음을 두려워하지 않는다고 하면서 왜 다 도망갔느냐? 왜 텅텅 비었느냐? 왜 아무도 보이질 않느냐?"

세상식으로 기 싸움을 하는 것입니다. 기를 누르려고 합니다.

도승은 떨지도 않고 차분하게 대답합니다.

"도망가긴 어딜 도망가느냐. 다 있다."

사실은 다 두려워서 피한 것이겠지만 다 있다고 합니다.

"다 있는데 어떻게 사람이 하나도 안 보이느냐?"

"종을 치면 온다."

점입가경입니다. 도인을 치자니 만만하지 않고, 그렇다고 물러설 수도 없습니다. 그래서 종을 쳐서 테스트합니다. 이 과정에서 장군은 그 용맹스러운 오기가 점점 가라앉으면서 두려움이 커지기 시작했습니다. 만만치가 않거든요. 기 싸움에서 눌리기 시작합니다. 사실 세상은 다 기 싸움입니다. 부부간에 뺏기지 않으려고 또는 뺏으려고 기 싸움을 합니다. 물론 사이좋은 부부간에는 기 싸움을 하지 않겠죠. 하지만 사이좋지 않은 부부, 부자, 사제, 상하 관계에서는 다 기 싸움을 합니다.

장군이 종을 칩니다.

"너희들 종을 치면 온다더니 하나도 안 오는 걸 보니 다들 겁쟁이로구나!"

"네가 치면 안 오고, 내가 치면 온다."

도승이 종을 치니까 수백 명의 승려가 여기저기서 꾸역꾸역 하나, 둘씩 한꺼번에 나타나거든요. 그렇지 않아도 기가 죽어 발발 떨던 장군이 '이 도승이 도술을 부리는구나!' 생각하면서 완전히 겁을 먹고 역적모의를 포기했다는 이야기를 선생님께서 들려주셨어요. 도인의 법식을 일깨워 주셨습니다.

아마 그 도승은 예측하였을 것입니다. "여기에 얼마 후면 용맹스러운 장군이 올 것이다. 그이는 닥치는 대로 죽인다고 한다. 우리도 눈에 띄면 다 죽일 것이니, 너희들은 조용히 숨어 있어라. 내가 사시 공양할 때 치는 종소리가 들리면 너희들이 나와도 좋다." 하고 사전에 얘기했을 것입니다.

닥치는 대로 죽이는 장군 앞에서는 천하의 대담한 사람들도 다 굴복을 했습니다. 죽음을 두려워하지 않은 스님은 그런 것에 기죽지 않고 조용히 바쳤겠죠. 두려움을 자꾸 바치면 마음속에서 공포가 사라지고 부처님 마음이 되면서 그 순간 자기가 부처가 됩니다. 아무리 용맹스러운 장군이라도 천하의 부처를 이길 수 없습니다. 그 부처님 마음에 기가 한풀 팍 꺾였던 겁니다.

종을 친 것은 기 싸움에서 이긴 스님의 지혜였습니다. 도술을 부린 것이 아닙니다. 장군이 친 종소리는 무질서하니까 스님들이 나타나지 않았습니다. 그런데 스님이 법대로 치는 종소리를 듣고는 '우리 큰스님께서 종을 치는구나.'하고 꾸역꾸역 나타났던 것입니다. 스님의 올바른 지혜 덕분에 장군을 이겼습니다.

지혜로운 도인의 법식으로
재앙에서 벗어나 행복하게 살자

　우리는 도처에서 기 싸움을 합니다. 부부, 부자, 노사 간에 여러 형태로 기 싸움을 하면서 빼앗긴 것을 다시 빼앗으려 하고, 준 것을 되돌려 받으려고 합니다.
　그렇지만 도인, 지혜로운 사람, 금강경 읽는 슬기로운 불자는 주고 싶을 때 '내가 지금 빼앗길 업보에 춤춰서 주고 싶은 마음을 내는구나.' 스스로 압니다. 그 마음을 자꾸 바쳐서 지혜롭고 현명하게 대처하여, 업보를 해탈하고 재앙을 소멸하여 밝은 삶을 살게 됩니다. 주고 싶을 때 오로지 그 마음을 부처님께 바치면 부처님 마음이 되어서 빼앗기지 않는 지혜로운 판단을 할 수 있습니다.
　지혜로운 도인의 법식을 잘 닮아서, 재앙에서 벗어나고 이 세상을 슬기롭고 행복하게 살아야 합니다. 장군처럼 '빼앗기만 하면 내가 임자다.' 이런 도둑놈의 마음을 내어 재앙과 불행을 쌓는 삶에서 벗어나야 합니다.

2019.06.01.

소원을 적극적으로 성취하고
오래오래 유지하는 방법

지난 시간에는 재앙의 원인과 소멸에 대해 부처님의 가르침, 선지식의 가르침을 통해 말씀드렸습니다. 밝은 선지식이 말씀하시는 재앙을 소멸하는 방법을 그대로 따라 실천하신다면 모든 재앙은 반드시 소멸할 것으로 믿습니다. 재앙이 소멸하면 소원은 자동으로 이루어진다고 생각합니다.

소원 중에는 재앙이 소멸하며 자동으로 이루어지는 소원도 있고, 또 적극적으로 원해서 이루어지는 소원도 있습니다. 오늘은 적극적으로 소원을 이루는 길에 대해서 생각해 보기로 합니다.

**소원을 이루어서
오래 지속하는 원리**

선지식으로부터 들은 말씀과 제가 실천해서 얻은 체험을 말씀드립니다. 잘 들으시면 반드시 소원을 이룰 수 있습니다. 문제는 소원을 이루는 것이 아니고, 소원을 이루어서 오래도록 지속하는 것입니다.

예를 들어, 어떤 이가 대통령이 됐다고 합시다. 대통령이 되고 바로 이튿날 죽는다면 그것은 바람직한 소원 성취가 아닙니다. 소원을 이루되 그 소원이 우리와 오래도록 영원히 함께할 때 소원을 진짜 이루는 것이지, 소원을 이루고 얼마 안 가 재앙이 생겨 소원 성취의 의미가 사라진다면 그런 소원은 이룰 필요가 없습니다. 그러나 소원 성취는 대부분 재앙을 동반하고, 소원은 영원히 내 것이 되지 못합니다.

우리는 돈을 많이 벌고 싶습니다. 돈에서 권력이 나오고 사람을 거느리는 힘, 사람을 지배할 수 있는 위력이 나옵니다. 돈은 이 시대 최고의 가치입니다. 우리는 돈이 항상 나와 함께 있어서 풍족하기를 바라고 마음대로 돈을 활용할 수 있기를 바랍니다.

하지만 우리는 구조적으로 부자가 되지 못합니다. 돈이 나와 영원히 함께 있기를 바라는 마음으로 돈을 바라지 않고, 쓸 일을 먼저 생각하면서 돈 벌기를 바라기 때문입니다.

'돈이 없어서 천대와 서러움을 받았다. 먹는 것도 제대로 못 먹고, 쓰고 싶은 것도 못 쓰고, 학교도 못 다녔다. 돈이 없어서 병원도 마음대로 못 다녔다.' 이런 생각으로 돈 벌어서 학교 다니고, 먹고 싶은 대로 먹고, 쓰고 싶은 대로 쓰려고 합니다. 이처럼 쓸 데를 미리 생각해 놓고 돈을 벌려고 하기 때문에 그 돈은 우리와 영원히 함께하지 않습니다.

책 『우리는 늘 바라는 대로 이루고 있다』에도 썼지만, 우리는 시시각각으로 소원을 성취합니다. 돈 벌기를 바란다면 이루어집니다. 하지만 돈 쓰기를 바라는 마음이 동시에 돈을 나가게 합니다.

벌자마자 사라지는 돈을 원하지 않습니다. 나와 항상 영원히 함께 있는 돈을 원합니다. 돈이 나를 떠나지 않고 세세생생 나와 함께 있기를 바랍니다. 그 소원을 어떻게 이룰까? 이것을 논의하고자 합니다.

이기적인 목적으로 버는 돈은 오래 유지하지 못한다

돈을 벌어서 잘 먹고 잘 쓰겠다는 부류가 있습니다. 상당히 이기적인 목적으로 돈을 벌려고 합니다. 또는 돈을 벌어서 취미 활동을 하려는 부류가 있습니다. 우표, 도자기, 옛날 전축 등을 수집하거나, 여행 다니면서 즐기겠다는 목적으로 돈을 법니다. 목적 없이 순수하게 돈만 벌겠다는 사람은 찾기 힘듭니다.

돈 벌어서 잘 먹고 잘 쓰겠다, 취미 활동 하겠다는 것은 상당히 이기적입니다. 이기적인 방향으로 소원이 성취됩니다. 돈 버는 족족 먹는 쪽으로, 취미 활동 하는 쪽으로 갑니다. 결과적으로 돈이 내게 붙지 않습니다. 나는 항상 가난합니다. 잘 먹고 흥청망청 잘 쓰지만 그 마음은 항상 거지 마음이며, 궁하고 가난해서 돈이 자기에게 붙질 않습니다.

어떻게 하면 돈이 자기한테 붙을까?

돈 벌어서 이기적으로 살지 않고 여러 사람을 돕고 보람 있는 일을 하겠다는 사람이 있습니다. 그런 사람은 여러 사람을 돕고 보람

있는 일을 하는 동안은 돈이 자기한테 따릅니다.

돈 벌어서 잘 먹고 잘 쓰겠다고 하는 사람은 굉장히 이기적이기 때문에 실제로 돈이 잘 벌리지 않습니다. 하늘이 그를 돕지 않습니다. 그리고 돈이 자기한테 따라붙어 있는 시간이 지극히 짧습니다. 우리는 시시각각으로 늘 바라는 대로 이루고 있는데, 돈 벌어서 잘 먹기를 바라면 돈 벌자마자 먹는 데로 가고 자기한테는 돈이 남지 않습니다.

돈 벌어서 병원과 학교를 짓고 사회사업 해서 여러 사람을 돕겠다고 하는 사람은 이기적이 아니기 때문에 그 일을 하는 동안은 돈이 그에게 따라붙을 수 있습니다. 돈이 따라붙는 기간이 깁니다. 잘 먹고 잘 쓸 때보다 기쁨의 범위도 꽤 크고 기쁨이 더 오래 유지됩니다. 그에게 돈이 잘 따르고 오래 유지되는 편입니다.

**이타적인 일을 하며
보람을 찾는다면 이기적이다**

"사회사업을 하겠다. 국가사회에 기여하겠다. 학교나 병원을 지어서 여러 사람을 배우게 하고 병을 고쳐 주겠다. 그래서 보람을 찾겠다."

학교를 지어 배우지 못한 사람을 배우게 하고 병원을 지어 병든 사람을 고쳐주는 것까지는 이기적이 아닙니다. 이기적이 아니기 때문에 돈이 어느 정도 따르기도 합니다. 그러나 그렇게 해서 보람을 찾겠다고 하는 것은 이기적입니다.

'보람을 찾겠다.'라고 하는 것은 탐심일 수 있습니다. '하겠다, 왜 안 되나' 하는 분별심은 이기적입니다. 보람을 찾겠다고 하면 이기적으로 되어 그 행복이나 기쁨이 오래가지 않습니다. 결국, 시간의 차이만 있을 뿐, 항상 가난한 마음은 면할 수 없습니다.

돌아가신 이○○ 회장은 돈도 많이 벌었지만, 애국심과 국가관이 매우 투철했다고 합니다. 복지재단 법인을 세워 좋은 일을 많이 했습니다. 그이는 돈을 벌어 잘 먹고 잘 쓰겠다고 하지 않고, 자식 주려고 하지도 않았습니다. 그 시절 많은 사람에게 일자리를 제공하여 배고픔을 면하게 하였습니다. 그는 이기적으로 살지는 않은 것 같아요. 사회사업을 해서 나름대로 보람을 느꼈을 겁니다. 그러나 마지막에 보람을 느끼겠다는 것이 이기심입니다.

잡지에 나온 실화라고 알려진 이야기입니다.

어떤 사람이 꿈을 꾸었습니다. 이 회장이 살아서는 돈 많은 부자였는데, 저승에서는 남의 집에 하인 노릇을 하면서 고달프게 살더래요.

"당신은 잘 살았는데, 왜 죽어서 이렇게 고달프게 사는가?"

"내가 살았을 때 좋은 일도 했지만, 아상을 너무 많이 부려서 이렇게 고달프게 산다."

"어떻게 해야 면하는가?"

"아상을 부리고 다른 사람 가슴 아프게 한 것도 있으니, 빚을 갚아야 벗어날 수 있다."

"어떻게 빚을 갚을 수 있나?"

"꼭 이 이야기를 전해 달라. 내가 몰래 숨겨 둔 것이 있는데 그걸 찾아서 누구에게 전해 주면 좋겠다. 이 이야기를 아들에게 꼭 전해 달라."

꿈이 하도 생생하고 이 회장의 유언을 전하지 않을 수 없어서 아들을 아주 어렵게 만나 꿈 이야기를 했고, 숨겨 두었다는 장소에서 실제로 물건을 찾아 전해 주었다는 이야기가 있습니다.

부처님 시봉 잘하기를 발원하면
영원히 자기 것이 된다

이 회장같이 사회사업을 많이 한 사람들도 돈이 자기한테 오지 않습니다. 사회사업으로 갑니다. 풍족함과 넉넉함이 자기에게 오지 않는 이유는 거지 마음, 본래 마음 때문입니다. 돈을 벌어서 어디로 가는가? 잘 먹고 잘 쓰는 데로, 사회사업으로, 더 좋게는 법당을 짓는 데로 갑니다. 법당을 지은 공덕은 언젠가 받겠지만 자기 본래의 궁하고 쓸쓸한 마음은 영원히 해탈하지 못합니다.

돈을 많이 벌길 원한다면, 돈을 많이 벌되 그 돈이 항상 자기에게 있어야 합니다. 때가 되면 돈은 어느덧 사라지고 자기는 영원히 쓸쓸해진다면 그런 소원은 온전한 소원이 아닙니다. 쓸 데를 정해 놓은 소원은 소원과 동시에 쓰는 것도 이루어져서, 자기에게 오는 것이 하나도 없습니다.

어떻게 해야 자기에게 차례가 오는가?

돈 벌어서 이타적인 일을 하되, '내 보람을 찾겠다.' 하지 말고 '부처님 시봉 잘하길 발원.' 하세요. 그래야 소원이 빨리 이루어지고 영원히 자기 것이 됩니다.

이것은 믿기 힘든 이야기지만 백 선생님께서 해 주신 말씀입니다.

아인슈타인은 불세출의 과학자입니다. 이스라엘이 나라를 되찾으면서 그를 이스라엘의 초대 대통령으로 초빙했습니다. 그이는 이미 부귀영화를 다 누렸습니다. 노벨상을 두 개나 탔고 많은 명예를 누렸고, 돈도 따랐습니다. 그는 이스라엘 초대 대통령 자리를 거절했습니다. 그는 진리만 찾으면 모든 것이 따른다고 생각했고, 그에게는 진리를 찾는 즐거움이 있었던 것 같습니다.

그런데 진리가 마냥 발견됩니까? 얼마나 어렵습니까? 처음에는 남이 도저히 찾지 못하던 진리를 발견해서 기쁨과 보람도 느꼈지만, 모르는 것이 하도 많아서 말년에는 '답답하다. 이 세상은 알 수 없다.' 하며 답답한 마음을 가지고 세상을 떠났다고 합니다. 그이는 내생에는 불세출의 과학자가 되기는 어려울 겁니다. 세상을 떠날 때 '감사하다. 즐겁다.' 이런 마음으로 세상을 떠나야 내생에도 소원이 이루어집니다.

자신의 이기적인 목적을 위한 진리 탐구였기 때문에, 부귀영화는 그이에게 가지 않았습니다. 결국에 답답한 마음으로 세상을 떠난 것은 이 회장과 비슷하다고 생각합니다.

소원을 적극적으로 성취하고
오래 유지하는 방법

우리는 소원을 늘 이루고 있는지도 모릅니다. 소원을 이루는 동시에 쓸 데를, 다른 일 할 것을 생각하기 때문에, 그 소원까지 같이 이루어집니다. 그 소원은 영원한 자기 것이 되지 못합니다. 영원히 자기 것이 되지 못하는 소원은 반쪽짜리 소원이고, 그런 소원은 이루나 마나입니다.

죽을 때까지, 내생에서도 자기 것이 되는 영원한 소원 성취 방법은 무엇인가?
　돈을 벌되, 권력을 잡되, 그리고 건강을 유지하되, 잘 먹고 잘 쓰기 위해 하지 말고 또 바람직한 사회사업을 위해서도 하지 말기 바랍니다. 부처님 시봉 잘하기를 발원할 때, 그 소원이 참된 것이 되어서 영원한 자기 것이 됩니다.
　이렇게 영원한 자기 것이 되는 소원 성취 방법을 일러 주신 선지식께 깊이 감사드리며, 늘 부처님께 복 짓는 마음을 내시길 발원드립니다.

2019.06.15.

계율의 참뜻,
마음속에서도 하지 않아야 한다

오늘은 우리가 공부하는 목적이 무엇인지, 어떻게 하면 부처님 뜻에 맞게 공부를 잘할 수 있을지 생각해 봅니다.

왜 수도를 하는가?

왜 금강경을 공부하는가?

'나'라는 아상이 본래 전지전능하고 위대한 불성을 가려서 삶을 비참하고 어렵게 하는 것이 현실인데, 아상을 소멸하고 나아가서는 아상이 본래 없다는 것을 깨쳐 부처님과 똑같은 위대한 불성을 드러나게 하여, 세상을 행복하게 살고 드디어는 위없는 깨달음을 얻어 영생의 삶을 사는 것이 수도의 목적입니다.

도덕교육은 아상을 없애는 기본적인 행동강령

아상이 큰 문제입니다. 아상만 없으면 행복해지고 유능해지고 드디어 밝아질 수 있습니다.

아상을 없애는 목적으로 세상에서는 일찍이 성인들이 도덕교육을 시키셨습니다. 부처님께서는 비구에게 250계, 비구니에게 350계의 여러 가지 행동강령인 계율을 제정하셨습니다. 도덕교육을 시키신 목적은 오로지 탐진치, 즉 아상을 소멸하고 그것이 본래 없는 것을 깨쳐서 길이 행복하고 영원한 삶을 살 수 있도록 하는 것입니다.

수도는 어떻게 보면 도덕교육과 마찬가지입니다. 그런데 수도한다고 하면서, 위없는 깨달음을 얻고자 한다고 하면서 제대로 도덕교육이 안 된 사람을 종종 보게 됩니다. 도덕교육은 수도에 앞서 아상을 없애는 아주 기본적인 행동강령입니다.

계율하면 오계를 흔히 생각합니다.

불살생, 살생하지 마라.

불투도, 도둑질하지 마라.

불사음, 삿된 음행을 하지 마라.

불망어, 거짓말하지 마라.

불음주, 술 마시지 마라.

오계를 지키는 것은 어렵지 않습니다. 저에게 오계를 지키는 것은 아주 쉬웠습니다. 반면, 수도하는 것은 매우 어려웠어요. 수도한다고 하면서 계율의 뜻을 훼손하는 경우가 많다는 것이 문제입니다. 계율의 뜻을 이 자리에서 밝히는 것은 매우 필요하다고 생각합니다.

다시 말씀드립니다만, 아상을 소멸하고 드디어는 아상이 본래 없는 것을 깨치는 것이 수도입니다. 아상은 탐진치라고 했습니다. 탐심, 진심, 치심을 소멸하는 것이 아상을 소멸하는 것입니다.

계율의 참뜻,
마음속에서도 하지 않아야 한다

왜 불살생을 이야기하셨을까?

죽이지 않는 것이 불살생의 참 의의가 아닙니다. 진심을 낸 끝에 살생하게 됩니다. 진심을 내지 말라는 것이 불살생의 참뜻입니다. 진심을 잔뜩 내면서 살생만 하지 않는다면, 불살생의 계를 지키는 의미가 없습니다. 진심을 내지 말아야 합니다.

불투도, 도둑질하지 말라는 것은 무엇일까?

도둑질하지 않는 것은 전혀 어렵지 않습니다. 저는 거의 남의 것을 훔쳐 본 적도 없고, 훔칠 생각도 하지 않았습니다. 훔치지 않는 것은 전혀 어렵지 않습니다. 커닝 안 하는 것, 특히 감독관이 없을 때 커닝 안 하기는 조금 어려웠지만 그렇게 힘들지 않았습니다.

그렇다면 진정한 불투도의 뜻은 무엇일까?

마음속에서 탐내지 말라는 것입니다. 커닝하지 않고 훔치지 않기는 매우 쉽습니다. 하지만 마음속으로 탐내지 않기는 쉽지 않습니다.

탐내는 것이 도덕에 어긋날까? 마음속으로 탐내는 것이 부도덕일까?

실제로 마음속으로 탐내는 것은 소위 세상에서 말하는 도덕이나 법에는 어긋나지 않습니다. 하지만 밝은이가 보시기에는 조금이라도 성을 내거나 탐내는 것은 실제로 목숨을 죽이는 것, 강도하는 것과 조금도 다르지 않은 나쁜 행위입니다. 실제로 밝은이들은 겉으로 나타난 행위를 중요시하지 않습니다. 마음속으로까지 조금도 진심을 내지 않아야 하고, 탐내는 마음도 내지 않아야 합니다.

불사음, 성경에도 있는 내용이지만, 마음속에서도 간음하지 않아야 합니다. 음행하지 않는 것은 어렵지 않은데, 마음속에서도 음행을 안 하기는 쉽지 않습니다. 부처님께서 말씀하시는 계율의 참뜻은, 마음속에서도 하지 않아야 한다는 것입니다. 마음으로도 하지 않아야 아상이 소멸하고 드디어는 아상이 본래 없는 것을 알게 됩니다. 마음속으로는 별 음행을 다 하지만 겉으로만 성직자인 이가 얼마나 많습니까? 내생에 어떻게 될까? 내생은 겉으로 나타나는 행위로 결정되지 않습니다. 마음 씀씀이에 따라서 현실이 나타나고 내생이 결정됩니다.

우리는 거짓말을 밥 먹듯이 합니다. 거짓말하는 것이 부도덕하다고 생각하지도 않고, 선의의 거짓말은 해도 된다는 궤변도 있습니다. 진짜 거짓말은 나쁘지만 선의의 거짓말은 괜찮아 보이기도 합니다. 하지만 마음속까지 거짓말하지 않는 것이 진짜 중요합니다. 마음속으로는 계속 중얼거리고 거짓말하고 남을 흉보면서, 겉으로는 하지 않기는 너무나 쉽습니다. 그러나 속에서도 하지 않는 것은 정말 어렵습니다. 살아서 재앙을 받거나 죽어서 심판을 받을 때는, 겉으로 나타난 행위가 아닌 마음 씀씀이로 엄격하게 심판이 이루어집니다.

마음속에서도 계율을 지키는 사람이
진정으로 도덕적이다

진정으로 도덕적인 사람은 자기 마음 씀씀이만 철저히 단속하고 다른 사람의 행동을 제약하지 않습니다. 그래서 실제로 계율을 잘 지키는 사람, 도덕적인 사람은 자기 자신에게 철저하고 남에게는 관대합니다.

반대로 겉으로만 도덕적이고 실제로는 도덕적이지 않은 사람은 자기 자신에게는 관대하고 남에게 엄합니다. 남에게 큰소리치며 엄하게 하는 서릿발 같은 사람이 자기 자신의 허물은 싹 가리는 경우가 많습니다.

금강경 공부의 정신은 무엇인가?

마음속으로 간음하지 말고, 마음속으로 거짓말하지 말아야 합니다. 겉으로 거짓말이나 간음을 하지 않는 것은 굉장히 쉬운 것 같습니다. 하지만 속으로까지 하지 않기는 정말 쉽지 않습니다. 우리가 해야 할 것은 무엇인가? 실질적인 가치, 즉 마음속까지 계율을 지키는 것이 매우 중요합니다. 그래야 도덕적이 되고, 참된 인성교육이 되고, 죽어서도 심판을 받지 않게 됩니다.

왜 도덕적이어야 할까?

요새는 '도덕이 무슨 소용이야?' 하는 도덕 무용론 시대가 되었습니다. 스님들조차도 계율을 지키는 게 무슨 의미가 있느냐고 합니다. 예를 들어서 인사동에 가면 스님들이 술 드시는 것을 흔히 봅니다. 계율 무용론, 도덕 무용론 시대가 왔어요. 하지만 금강경 공부한 분들은 그렇지 않습니다.

실제로 도덕적이고 계율을 잘 지키는 사람만이 재앙을 소멸할 수 있습니다. 마음 씀씀이에 따라서 재앙이 나타나기 때문입니다. 마음을 잘 닦으면 축복이 옵니다. 내생의 심판도 마음 씀씀이에 따라 나타나지, 겉으로 착한 척하거나 도덕적인 것은 거의 아무 의미가 없습니다. 실제로 마음 닦는 것이 매우 중요합니다.

진정으로 도덕적인 사람은
재앙을 원망하거나 축복에 들뜨지 않는다

마음을 잘 닦는 사람은 자기 앞에 재앙이 떨어졌을 때, 남이 자기를 욕할 때 절대로 원망하지 않습니다. 자기 마음이 불러들인 결과임을 압니다.

특히 종교인들은 자기 자신의 결백을 주장하면서 재앙에 저항하고, 원망하고, 심지어는 법적 대응을 합니다. '왜 나를 이렇게 핍박할까? 하늘이 나한테 너무 심하시다. 나는 참으로 도덕적으로 살았는데, 왜 하늘은 나한테 엄한 벌을 내리시는 건가.'

그러나 정말 도덕적인 마음 닦는 사람은 주위 재앙에 대해서 절대로 원망하거나 저항하거나 심지어 법적으로 대응하지 않습니다.

'내가 겉으로는 착한 척했을지 모르지만, 속으로 끊임없이 진심 내고 음란한 생각을 하고 거짓말한 것이 이런 결과를 불러왔다. 겉으로의 행위는 재앙과 축복에 아무런 영향을 미치지 못한다. 삿된 마음 씀씀이가 불러온 불행과 재앙의 결과는 다 내가 책임진다.'

따라서 재앙이 닥쳤을 때 누구를 원망하거나 저항하지 않고, 나의 죄업을 참회합니다. 삼천 배를 하고 울면서 참회하는 방식이 아니라, 죄업이 본래 없는 줄 알고 부처님께 철저히 바쳐 참회합니다.

축복, 즉 좋은 일이 있을 때 보통 사람들은 자기 업적이 대단해서 이런 결과를 불러왔다고 하면서 들뜨며 자랑하고 자기 PR을 합니다. 요즘은 자기 PR의 시대라고 합니다. 자기 업적을 포트폴리오에 저장해서 취직이나 영업행위를 할 때 자신을 과시합니다. 이것이 이 시대의 국제표준이라고 합니다.

그러나 닦는 이들은 그렇게 하지 않습니다. 구시대적이고 뒤떨어지는 것 같아도 자기 업적을 드러내려고 하지 않습니다.

'이 업적은 내가 잘나서 된 것이 아니라, 부처님께 복 지어서 된 것이다. 드러나지 않는 무주상의 행위를 했기 때문에 이런 축복이 나에게 온 것이다. 더 바친다면 영원한 복이 올 것이다. 이것에 들뜨는 것은 아주 잘못된 것이다.'

이렇게 판단하여 재앙을 원망하지 않고 축복에 들뜨지 않습니다. 재앙이 왔을 때 참회하고 도덕적으로 업그레이드할 기회로 알고, 축복이 왔을 때 더 원을 세워서 좋은 일을 할 자극제로 받아들입니다.

그런데 세상은 다 그렇지 않아요. 절에서도 그렇지 않은 것 같습니다.

모든 것은 내 마음이 불러온 결과

오로지 영생을 보시고 행복이 무엇인가를 진실로 체험하신 밝은 이는 이렇게 말씀하셨습니다.

"실제로 마음속까지 계율을 청정하게 지키는 것이 매우 중요하다. 겉으로 착한 척하고 겉으로 성직자인 것은 우리에게 아무 영향을 미치지 못한다."

여기는 실질적인 가치를 추구하는 장소라 할 수 있습니다.

이런 말씀을 하신 적도 있습니다.

"부처님 소리만 들어도 합장해야 한다."

저는 그게 무엇을 의미하는 건지 알 수 없었습니다. '부처님' 하는 소리가 들릴 때, 보통 사람은 그저 늘 듣던 소리에 합장할 일이 없습니다. 아무런 감동도 느끼지 않습니다. 그런데 지혜로운 이, 마음 닦는 이는 '부처님' 하는 소리가 들리면 내 마음속에 부처님이 있어서 '부처님' 하는 소리가 들리는 것으로 생각합니다. 합장하라는 뜻은 내 마음속의 부처님께 합장하라는 뜻입니다.

남이 나를 욕하고 터무니없는 비난을 할 때, 너무나 억울합니다. 이럴 때 보통 주위 탓을 합니다. "세상은 참 불공평하다. 국가가 해 준 게 있나. 사회가 해 준 게 있나. 부모가 무엇을 해 주었나. 선생님이 뭘 해 주었나. 해 주는 것도 없이 나를 이렇게 괴롭히기만 하나." 주위를 원망하고 저항하고 반항하고, 심지어는 폭력을 행합니다.

그러나 지혜로운 이는 내 마음 씀씀이가 불러온 결과라고 생각하고 참회의 기회, 업장 소멸의 기회로 알고 지극히 참회하면서 부처님 세계로 갑니다. 내가 향상 발전할 절호의 기회라고 생각하여 고통스러운 현실에도 저항하지 않고 묵묵히 감수하고 도약의 기회를 희망합니다.

이것의 위대한 실례가 백은 대사라고 생각합니다. 백은 대사의 이야기로 마음속에서 지키는 계율과 도덕의 참뜻을 밝히고자 합니다.

백은 대사 이야기

임제종의 중흥조로 알려진 백은 대사는 일본 최고의 도인입니다. 그를 몹시 존경하는 신도가 있었는데, 그 신도의 딸이 결혼 전에 임신을 했습니다. 처녀는 아버지에게 사실대로 말하기 어려워 그 아이가 백은 대사의 아이라고 말했습니다. 신도는 자기 딸을 나무라기보다는 백은 대사를 찾아가 분풀이를 하며, 당신 아이니 당신이 키우라고 했습니다. 백은 대사로서는 청천벽력입니다.

우리 같으면 우선 화부터 내고, 법적으로 해결하려고 하고, 명예훼손죄로 고소할 것입니다. 그러나 정말 지혜로운 이는 재앙이 생겼을 때 저항하지 않습니다. 자기 죄업이 불러온 결과로 알고, 이 죄업을 참회하는 것이 도약의 기회라고 생각합니다.

백은 대사는 지혜로운 사람이었습니다. 청천벽력과 같은 재앙을 당했을 때, 그 아이를 자기 아이라 인정하고 키우면 자신의 인생이 얼마나 험난할지 미리 알았을 겁니다. 보통 사람은 펄펄 뛰고 저항할 것입니다. 그러나 백은 대사는 이를 참회의 기회, 도약의 기회, 진짜 도인이 될 기회로 알고 저항하지 않았습니다. 그저 "아, 그런가!" 했을 뿐입니다.

아이를 키우는 동안 아름다운 명예가 다 사라졌습니다. 얼마 후 처녀는 그 아이의 친부와 결혼하고, 거짓말한 것이 마음에 걸려서 백은 대사를 찾아와 죽을죄를 지었다며 빌었다고 합니다. 이 소식이 전해지면서 '역시 백은 대사는 도인이다!' 주위는 그를 찬양하는 소리로 꽉 찼습니다. 그때도 백은 대사는 전혀 들뜨지 않았습니다.

'아, 내 죄업이 이제 소멸하였구나. 때가 되었구나. 네 덕분에 공부 잘했다. 네가 나를 망신 주고 괴롭게 했지만, 내가 선세 죄업을 소멸하고 부처님 곁으로 가서 영생의 삶을 살 수 있게 된 것은 네 덕분이다. 앞으로도 더 철저히 닦고 어려운 일에 불평하지 않겠다.'

죽을죄를 지었다고 참회하는 남녀 앞에서도 역시 백은 대사는 전혀 들뜨지 않고 "아, 그런가!" 하고 말았다고 합니다.

백은 대사, 얼마나 훌륭합니까?

사람들은 이런 얘기는 구시대의 유물, 구시대의 도덕이고 요즘 이런 식으로 살면 안 된다고 하면서 법으로 해결할 것은 법으로 해결하고 할 말은 해야 한다고 주장할 것입니다. 아마 도덕 선생조차 그렇게 말할 것입니다. 저는 그렇게 생각하지 않습니다. 이러한 도덕이 이 시대에도 통합니다. 백은 대사처럼 살 때, 위없는 깨달음을 얻는 것은 말할 것도 없고 세상을 행복하고 슬기롭게 살 수 있습니다.

백은 대사 같은 사람이 어디 있을까?

무학 대사는 부처님 눈에는 부처님만 보이고 멧돼지 눈에는 멧돼지만 보인다고 하였습니다. 자기 마음속에 불안佛眼이 열리면 주위 사람들이 모두 부처님으로 보여요. 예전에 저는 백은 대사 같은 분이 없다고 생각하였지만 이제 공부를 하고 지혜의 눈이 뜨이니 그런 분이 꽤 있는 것을 발견합니다. 알고 보면 모든 이가 다 그런 분인지도 모릅니다.

참 도덕을 실천하여
재앙을 축복으로 만들자

이렇게 도덕을 실천하는 공부가 바로 금강경입니다. 어려운 일이 아니라, 상당히 지혜로운 일입니다. 제가 세상에서 어렵다는 공부도 해보았는데, 그 공부보다는 더 쉬운 것 같아요. 또 축복이 곧 뒤따릅니다.

제가 말씀드린 도덕의 참뜻을 잘 알고 실천하여, 재앙이 닥쳤을 때 변명하지 말고 백은 대사처럼 살아서, 진정한 행복을 찾고 영생의 삶을 사시기 바랍니다.

굉장히 어려울 때, 그때가 축복의 기회인 것을 아셔야 합니다.

금강경 몇십 년 읽으면서 가장 큰 보람이 무엇인가?

금강경을 통해 재앙이 축복으로 변할 수 있다는 것을 알게 된 것이 제 금강경 공부의 최대 보람입니다. 재앙이 축복으로 변한다면 이 세상이 극락세계가 됩니다.

2019.06.22

내 마음이라 깨치고 참회할 때까지
재앙은 반복된다

오늘은 재앙의 뜻과 원인을 생각해 보겠습니다. 재앙이 없어야 소원을 이룰 수 있음은 물론이고, 모든 일이 다 발전하고 번영하고 행복해지는 근원이 됩니다.

**화려한 명예가
내생을 결정하지 않는다**

오십여 년 전, 1964년의 일일 겁니다. 그때 불교신문에 유명 인사의 열반 기사가 대문짝만하게 났습니다. 큰스님들이 그의 열반을 굉장히 애석해하며, 그분은 틀림없이 극락세계에 가셨을 것이라고 극찬을 한 기사를 본 적이 있습니다. 저는 그분에 대해 전혀 몰랐는데, 사회적으로도 명성이 있을 뿐 아니라 수도도 대단한 분인 모양이로구나 생각하고는 금방 잊어버렸습니다.

그 뒤 백 선생님을 모시고 수도를 했습니다. 소사 도량은 조용하고 정갈한 수도장이 아니라 지저분한 목장이었습니다. 소젖도 짜고 소를 키웠습니다. 세 사람이 맡아서 젖을 짰는데, 각자 마음에 드는 소의 젖을 짰습니다. 인연도 있는 것 같아요.

송아지 중에 유독 몸이 허약해서 거의 죽을 뻔한 것을 겨우겨우 살려내 키우던 송아지가 있어요. 그 송아지는 영양실조로, 커서도 다른 소보다 덩치가 상당히 작았습니다. 소의 세계에서도 경쟁이나 투쟁이 있고 업보가 있나 봐요. 그 소는 다른 소한테 들이받혀요. 몸의 영양 상태도 나빴을 뿐만 아니라, 주위 소들에게도 따돌림을 받는 굉장히 박복한 소였습니다.

그때 수도하는 사람 중에는 상당히 영적 능력이 밝아서 전생을 안다는 사람들이 종종 있었습니다. 공부하다 보면 사람의 전생뿐 아니라 소의 전생까지도 알게 된다고 하였습니다. 영적 능력이 밝은 한 도반이 제가 키우는 비루먹은 소의 전생을 알게 되었는데, 바로 제가 신문에서 봤던 굉장히 유명했던 그분이라고 해요. 그분은 승려 출신으로 대학 총장도 했고 장관도 했는데, 그 소가 그이라는 느낌을 받았다는 거예요.

그 사람이 본 전생이 사실인지 아닌지는 아무도 모릅니다. 그것이 과연 참인지 아닌지는 깨친 이, 밝은이의 검증을 받아야만 확실히 알 수 있다고 배웠습니다. 이튿날 선생님께 박복한 그 소의 전생이 유명한 명사였다고 말씀을 드렸더니, 선생님께서는 손가락을 입에 대며 '아무 소리 하지 마라.' 금강경에 말하는 대로 막작시설, 함부로 드러내지 말라고 하셨다고 해요. 그이는 드러내지 말라고 하신 것으로 봐서 자기가 보았던 그의 전생은 사실일 것이라고 확신했습니다.

어느 정도 시일이 지나고 나서 선생님께서는 그이를 누구라고 지칭하시지 않았어도, 어째서 소가 되었는지 비교적 상세하게 이야기해 주셨습니다. 깜짝 놀랐습니다. 대학 총장, 장관을 지낸 분이니 말할 수 없이 대단한 분이고 더구나 승려 출신으로 독립운동도 하셔서 더 대단하게 생각했는데, 그이가 소의 몸을 받았다는 것이 도저히 믿기지 않았습니다. 겉으로 나타난 화려한 명예가 내생에 어떤 몸을 받는지와는 아무 상관이 없다는 이야기를 그 전에 가끔 들었어도, 현실에서 그런 일이 이루어진다는 것은 정말 놀랍기 짝이 없었습니다.

마음속에서 잘난 척하는 것도 내생에 과보를 받는다

백 선생님께서는 종종 이런 얘기를 하십니다.

"승려 노릇은 굉장히 위험한 일이다. 목사, 초등학교 선생님 노릇도 굉장히 위험한 일이다."

좀 더 확대해석을 한다면, 승려가 성직자라고 하지만 내생에 사람 몸 받기가 그만큼 어렵다는 뜻으로 받아들였습니다.

승려나 목사, 초등학교 선생님은 주위 사람들한테 하나님과 같은 절대적인 대접을 받으면서 자신을 과대평가할 수 있습니다. 초등학교 선생님은 아이들에게 절대적인 존재로 군림하면서, 자신이 절대적인 존재라고 착각합니다. 존경받는 스님은 스스로 대단하다고 착각하면서 실제로 마음을 잘 닦지 못합니다. 목사 역시 마찬가지고요.

자기 잘난 척하는 생각과 이만하면 되었다고 하는 치심이 심히 해로워서 실제로 좋은 결과를 받는 것이 아니라 그 반대로 아주 추한 꼴을 받게 됩니다.

백 선생님께서는 특히 치심을 염려하셨습니다.

"잘난 척하지 마라."

"이만하면 되었다고 하지 마라."

"자신이 가장 못난 줄 알아라."

또 이런 표현도 자주 하셨습니다.

"절대로 부처님 공경해라."

"죽은 셈 치고 살아라."

비록 승려 출신에 독립운동을 하고 대학 총장을 지내 세상에서 부귀영화를 누리고 많은 사람에게 절대적인 존경을 받았어도, 그것은 내생과는 아무 상관이 없다고 합니다. 절대적인 존경을 받는 자리가 오히려 마음 닦는 데는 더 불리해서, 잘난 척하는 연습을 하며 자신의 실력을 과대평가하는 나머지 내생에 추한 꼴이 되기 쉽다고 합니다. 특히 임금 노릇을 하는 사람의 내생은 고통스러운 존재로 받을 공산이 많답니다. 임금은 정말 잘나지도 않았으면서 잘났다고 착각하여 다른 사람을 괴롭히기 때문입니다.

'내생이라는 것은 정말 있구나! 인과응보라고 하더니 몸으로 짓는 죄, 입으로 짓는 죄는 아무것도 아니로구나! 마음으로 잘난 척하는 것, 마음으로 남을 미워하는 것, 마음으로 남을 방해하는 것만으로도 이렇게 추하고 악한 꼴을 받을 수가 있구나!' 소름 끼치게 놀랐습니다.

'유족들이 이런 사실을 알고 참으로 받아들인다면 얼마나 괴로워하실까.' 마음속으로 그 유족의 아픔을 염려하면서 그들이 신심 발심하기를 기대했습니다. 그 소를 먹이고 키우고 젖을 짜고, 나중에 팔려 갈 때까지 제가 계속 관리했습니다. 소의 젖을 짤 때마다 축원했습니다.

"네가 비록 전생에 그렇게 대단했지만, 마음속으로 잘난 척하고 시샘한 것이 원인이 되어서 이런 추한 꼴을 받고 소 중에서도 박복한 소가 되었다니 얼마나 애석하냐. 내생에라도 사람 몸 받아라. 다행히 이런 선지식 계신 도량에 와서 복을 짓게 되었으니 이 복 지은 인연으로 내생에는 좋은 곳에 가서 밝은 삶을 살아라."

기도하며 눈물도 꽤 흘렸습니다.

백 선생님께서는 이런 이야기를 하십니다.

"세상에서 부귀영화를 누리는 위대한 사람이라도 내생에 추한 꼴을 받을 수 있다는 이야기를 듣고 깜짝 놀라서 공부할 마음을 내는 사람이 있다면 이 사람은 진심으로 공부할 수 있는 사람이다. 그런 소리를 들어도 '내생이 정말 있어? 그걸 어떻게 믿어?' 하면서 깜짝 놀라기는커녕 대수롭지 않게 듣는 사람이라면 이 사람은 공부하기 어려운 사람이다."

마음에 짓는 죄는 무시무시할 정도로 큰가 봅니다. 승려들이야 겉으로 보기엔 나쁜 일, 나쁜 말, 나쁜 행위 안 하셨지만, 마음으로 지은 죄는 그 범위가 너무 크다고 합니다. 마음속으로 남을 의심만 해도 오백 생 여우가 되고, 마음속으로 남을 증오해도 반대로 자기가 증오를 받는다고 합니다. 우리는 마음에 짓는 죄를 무시합니다. '현실적으로 남한테 해만 안 끼치면 그것이 뭐가 죄가 되는가?' 하는 것은 진리를 모르는 지혜롭지 못한 판단입니다. 이 사실을 알게 되면서 남을 마음속으로 증오하고 의심하거나 모함하는 것은 하지 않으려고 노력해 왔습니다.

책에 이 내용을 쓴 것이 문제가 되었다

소사에서 경험했던 이 사건이 두고두고 인상에 깊이 남아서, 글로 써서 세상에 꼭 일러 주고 싶었습니다. '부귀영화는 내생과는 아무런 상관이 없다. 마음속으로 부귀영화에 탐착하면서 잘난 척한다면 그 죄는 엄연히 현실로 나타난다.'라는 사실을 일깨워 주고 싶었습니다. 그것을 비교적 숨기지 않고 적나라하게 책『우리는 늘 바라는 대로 이루고 있다』에 썼습니다. 많은 사람이 겉으로 나타난 가치를 따르지 않고 마음속의 진실한 가치를 따랐으면 하는 목적이었습니다.

책이 나온 지 일 년이 되었는데, 그 유족들이 어떻게 알았는지 또는 다른 사람이 부추겼는지, 저에게 "그 책을 다 거두어들여라. 명예훼손죄로 고소를 하겠다." 이런 말들이 들리기 시작했습니다. 그게 명예훼손이 될까? '마음으로 짓는 죄가 얼마나 큰가. 겉으로 나타난 부귀영화가 내생을 결정하지 않는다.' 이 사실을 일깨워서 모든 사람이 정법에 신심 발심을 하도록 하는 것이 목적이었는데, 왜 이런 불미스러운 얘기가 들릴까 생각해 보았습니다.

이런 이야기가 들리는 것만으로도 책임을 면할 수 없습니다. 내 귀에 남이 욕하는 소리가 많이 들린다면 그것은 나와 무관한 일이 아닙니다. 내 마음속의 어떤 분별이 이런 소리를 듣게 했을까? 왜 그런 소리가 들릴까?

이렇게 비난하시는 분이 있을 겁니다.

"법사는 굉장히 경솔하다. 왜 책 속에 적나라하게 표시했는가? 장관, 총장, 승려이며 독립운동 했던 사람이라 쓰고, 시샘했다는 말까지 쓰다니. 누구인지 알려고 하면 금방 드러나지 않는가?"

일부러 그렇게 써서 경종을 울리고 싶었습니다. 유명한 분, 독립운동한 분, 승려 출신도 마음으로 죄를 지으면 그런 몸을 받을 수 있다는 것을 일깨워 주려고 했습니다. 경솔하다는 판단에 동의하지 않습니다.

또 이렇게 판단하시는 분들도 있을 것입니다.

"법사도 그를 무시하는 마음이 있었을 것이다. 무시하는 마음이 있기 전에 이런 재앙이 일어나겠는가? 제 마음속의 원인이 그 결과를 불러오는 것이다. 법사의 마음속에 그를 모욕하고 싶은 마음과 천한 몸을 받은 것을 하찮게 여기는 마음이 있었기 때문에 이러한 분란이 일어났다."

그 비난에도 동의하지 않습니다. 저는 누구보다도 그를 위해서 기도했고, 그의 유족들이 신심 발심하기를 기도했고, 그의 금생은 비록 괴로워도 내생이 잘되기를 기도했기 때문에 절대 그를 무시하는 마음은 없었다고 확신합니다. 그런데 왜 이런 일이 일어났을까?

왜 이런 일이 일어났을까?

백 선생님이 세상에 알려지지 않은 것이 너무나 안타까워서 책 『마음을 어디로 향하고 있는가』를 처음으로 발간하였습니다. 1989년이니까 꼭 30년 전입니다.

스토리는 주로 제가 구술했고, 편집하는 것은 글을 잘 쓰는 다른 분이 했습니다. 그런데 편집 과정에서, 특히 미륵존여래불 하는 이유를 기술하는 과정에서 편집하는 분이 그 전에 출간된『미륵존여래불 왜 하나』에 나온 내용을 그대로 베껴서 썼어요. 왜 베껴 썼냐고 나중에 물었더니, 같은 선생님께 말씀을 듣고 베껴 쓴다고 양해까지 구했기 때문에 큰 허물이 안 될 것 같아서 그렇게 했다는 것이었습니다.

대단한 명예훼손도 아니었는데, 나중에 원저자가 전화를 해 왔습니다. "당장 사과 편지를 쓰시오." 그이는 백 선생님 공부는 저보다 뒤늦게 했지만, 사회적으로 상당히 높은 지위에 있었습니다. 경우에 따라서는 권력을 동원할 수 있는 위치에 있었는지도 모릅니다. 모르는 사이가 아니었는데 안면을 싹 바꾸어 전화했습니다.

저는 사과 편지 쓸 생각이 전혀 없었습니다. 제가 베낀 것도 아니고 베낀 줄조차 몰랐습니다. 중간에 편집하는 사람이 그 얘기를 그대로 쓴 것은 한참 뒤에 알았습니다. 사과 편지를 쓰라는 것은 너무나 충격적이었습니다. '잘 아는 사이에 이렇게 할 수가 있나. 같은 백 선생님 제자가 이럴 수가……'

그 뒤에 더 엄청난 일을 요구했습니다. 시중에 나가 있는 모든 책을 다 거두어들이라는 거예요. 자비로 출판하여 순식간에 이미 시중에 퍼져 있었습니다. 잘못했다는 생각도 없고 거두어들인다는 것은 더군다나 불가항력이었습니다. 그이는 그런 사정을 알련마는 안면을 싹 바꾸고 얘기하는데, '이런 나쁜 놈이 있나.' 증오하는 생각이 들었습니다.

베껴 쓴 사람이 충분히 양해를 구했으니 내 잘못이 아닌데도 불구하고 사과 편지하라, 거두어들이라는 이야기를 하니 '선생님의 제자로서 그 가르침을 세상에 알렸을 때 축하는 못할지언정 이럴 수가 있을까.' 불쾌한 생각을 지울 수 없었습니다.

　결국, 그이는 아무런 법적 행동도 하지 못하고 흐지부지, 벌써 한 30년이 흘렀습니다.

　책 『우리는 늘 바라는 대로 이루고 있다』 내용으로 유족들이 저를 소송한다고 이야기했을 때, 30년 전의 그 친구 생각이 났습니다. 거의 비슷합니다. 책 다 거두어들이라는 것, 사과 편지 쓰라는 것도 비슷합니다. 저는 30년 전 그 친구를 나쁜 놈이라고 생각했고, 이 유족들에 대해서도 똑같이 생각했습니다. 그러다가 제가 깨쳤어요.

　그 나쁜 놈이 그이일까요? 나일까요?

　그전엔 그이라고 생각했습니다. 지금은 그가 아니라 나라고 생각할 정도는 된 것 같아요. 나라고 생각은 했지만, 아직 실감나게 실행에 옮기지를 못하고 지금도 미워하는 마음이 남아 있었던 것 같습니다.

　지금 배상하라느니 명예훼손죄로 고소를 하느니 하는 재앙이 일어나는 이유는 제가 경솔해서도 아니고 그이를 무시해서도 아닙니다. 왜 이런 재앙이 일어났을까? 예전에 지금과 유사하게 행동했던 사람을 아직도 용서하지 못하고, 그것이 내 마음인지 모르고 증오하고 있었던 것이 이런 결과를 불러왔다고 생각합니다.

　세상 사람들의 판단과는 다르게, 과거의 사건을 용서하지 못하고 미워했던 것이 이런 재앙을 또 불러왔다고 믿게 되면서 제가 크게 깨친 것이 있습니다.

재앙은 내 마음이라 깨치고
참회할 때까지 반복된다

이 세상에 상식적으로 도저히 이해할 수 없는 못된 짓을 하는 사람이 있어요. 그런 사람과 상종하고 싶지 않은 마음이 제 속에 있습니다. 그이는 못된 놈이기 때문에, 만나면 계속 똑같이 재앙을 반복하기 때문에 만나고 싶지 않습니다. 그것이 내 마음이라고 하는 진리를 깨우칠 기회가 여러 번 있었음에도 깨우치는 데 번번이 실패했습니다.

다시 이런 일이 일어나면서 새삼스럽게 깨우쳤습니다.

'비록 사회적 관념이나 상식적으로 나쁜 놈이라 볼 수밖에 없어도 나쁜 놈이라고 하지 말자. 증오는 더더욱 하지 말자. 내 마음의 표현으로 보자. 그를 내 속에 무도하고 악질적이고 못된 것이 있다고 일깨워 주는 사람으로 보자. 참회하는 마음으로 바쳤더라면 오늘 이런 결과는 오지 않았을 것이다. 못된 그 사람이 바로 내 마음의 표현이고 내 죄가 불러온 결과임을 알고 부지런히 참회하자.'

이럴 때 참회하는 방법입니다.

"나는 무시겁으로 살생한 적이 없노라."

"나는 무시겁으로 죄지은 일이 없노라."

새삼스럽게 이 진리를 실천해야 할 필요성을 느낍니다. 이 진리를 실천한다면 모든 재앙은 다 소멸할 수 있을 것이라는 사실을 깨우쳤습니다.

이런 말은 세상의 상식이나 관념과 다른 것이지만, 재앙을 소멸하고 영생으로 가는 밝은 길에 꼭 귀담아들어야 할 내용입니다. 세상에서 이런 이야기 해 주는 곳은 거의 없습니다.

몹시 힘들어도, 정말 미워하지 않으면 안 될 나쁜 놈이라도 그이로 보지 말고 나의 자화상이라고 보면서 진심으로 바쳐서 참회할 때, 모든 재앙의 어두움에서 벗어나서 밝은 부처님을 향하게 될 것으로 생각합니다.

2019.07.06.

우리 법당의 정체성

 이 시간은 우리 법당이 어떤 곳인가를 소개하는 오리엔테이션 시간입니다. 우리 법당은 다른 법당과는 상당히 다릅니다. 가르침과 운영 방식, 지향하는 바가 다릅니다. 이것을 알고 공부하는 것과 모르고 공부하는 것은 상당히 다르다고 생각합니다.
 다른 법당이나 우리 법당이나 아상을 소멸하고 나아가서는 '나'가 본래 없다는 것을 깨우쳐서 영원한 세계, 부처님 세계에 들어가는 것을 지향한다는 점에서는 같습니다. 아상을 소멸하고 '참나'를 발견한다는 점에서는 동일하지만, 우리 법당은 다른 법당과 다른 특색이 있습니다.
 조계종 같은 남방불교에서는 간화선, 위파사나 선을 중심으로 가르칩니다. 대개 자력불교로, 스스로 노력을 하고 화두를 참구하고 자기 마음을 지켜보거나 알아차림을 통해서 깨달음에 이른다고 합니다.

그것과 병행하여 반드시 추가해야 할 몇 가지 사항이 있습니다.

부처님 공경하는 마음을
적극적으로 낸다

아상을 소멸하기 위해서는 집중하거나 지켜보는 것만으로는 부족하고, 아상이 가장 싫어하는 부처님 공경을 반드시 해야 한다는 것이 우리 법당의 특징입니다.

백 선생님께서는 항상 이렇게 말씀하셨습니다.

"자기 마음을 지켜보거나 집중하는 것만으로는 부족하고, 부처님 공경하는 마음을 적극적으로 내는 것만이 아상을 소멸하는 데 결정적인 도움이 된다. 그렇게 해야만 아상이 소멸하고 드디어는 아상이 본래 없음을 알게 된다."

우리 법당에서는 무슨 생각이든지 부처님께 바치게 하고, 무슨 일을 하더라도 이기적인 목적으로 하지 않고 오로지 부처님 기쁘게 해 드리기 위해서 한다는 점을 강조합니다.

자기 자신이 참 못난 줄 알고
절대적으로 하심下心한다

다른 법당에서는 '이만하면 되었다'는 만족감은 죄가 된다고 보지 않습니다. 오히려 만족은 욕심보다는 낫다고 해서 만족의 덕성을 칭찬하는 데가 상당히 많습니다. 우리 법당에서는 '이만하면 되었다'는 만족감은 오만을 불러올 뿐 아니라 자기가 잘났다는 표현일 수 있기에 철저히 금하고 있습니다.

　법당에서는 자기 자신을 가장 못난 존재로 알라는 것을 강조합니다. 자기 자신은 가짜 나를 의미합니다. 참나는 부처님과 똑같이 위대합니다. 가짜 나는 아주 형편없고 나를 괴롭히는 악의 근원이라 생각하고 소멸해야 합니다. 잘난 척해서는 이것이 불가능합니다. 잘난 척하면 아상이 커집니다. '이만하면 되었다' 해도 아상은 커집니다.

　어떻게 해야 하나? 자기 자신이 가장 못난 줄 알고 살아야만 아상이 죽습니다. 죽은 셈 치고 살아야만 아상이 죽습니다. 그래서 이 법당에서는 자기 자신이 참 못난 줄 알고 하심하는 것을 강조하고, '이만하면 되었다'는 생각을 극히 경계합니다. 이 삶에서 가치를 찾으려고 하지 말고, 이 삶은 죽은 셈 치고 살라고 강조합니다. 죽은 셈 치고, 자기 자신이 가장 못난 줄 알고 살 때 비로소 아상이 소멸될 수 있습니다.

　아상을 더 소멸하기 위해서는 부처님 시봉하는 마음을 적극적으로 내야 합니다. 이것이 다른 법당과 다른, 우리 법당만의 두드러진 특색이요 강점이라고 감히 말씀드립니다.

　큰 절 일주문 기둥에 '입차문래 막존지해入此門來 莫存知解'라는 문구가 쓰여 있습니다. 이 문 안에 들어설 때는 알음알이를 내지 말라는 표현입니다. 이 법당에서도 이런 표현을 쓰고 싶습니다. 이 법당에 들어오시는 분들은 오로지 부처님 공경하는 마음을 내시길 바랍니다. 그리고 자기 자신을 가장 못나고 형편없는 존재로 생각하시길 바랍니다.

무주상 보시로 운영한다

법당은 어떤 식으로 운영이 되는가? 금강경을 실천하는 방식으로 운영됩니다. 금강경 실천의 두드러진 특성이 무엇인가?

금강경 4분에 무주상 보시를 강조하셨습니다.

보살 어법 응무소주 행어보시
菩薩 於法 應無所住 行於布施

계산하고 대가를 바라면서 하는 보시는 진정한 보시가 될 수 없습니다. 언젠가 되돌아올 것을 기대하는 마음은 상대를 위하는 순수한 마음이 아닙니다. 나쁘게 말하면 계산하는 마음이고 장사꾼의 마음입니다. 장사꾼의 마음으로는 부처님 세계에 들어갈 수 없고 영생을 살 수 없습니다. 정말 밝고 행복하고 유능하고 부처님답게 살려면 무주상 보시를 하라는 것이 금강경 정신입니다.

그런데 무주상 보시가 잘 안 됩니다. 심지어 부모가 자식한테 아무 조건 없이 주는 것 같아도 속마음에는 '이다음에 부모한테 효도해라.' 하는 기대가 있다는 것은 부인할 수 없는 사실입니다. 부모가 자식에게 주는 것까지 이렇게 계산이 있다면 무주상 보시는 세상에 존재하지 않는다고 할 수 있습니다.

그럼에도 불구하고 우리 법당은 무주상 보시를 지향하고 있습니다.

어떤 것이 무주상 보시일까?

보통은 주면서 끊임없이 계산하는 마음이 나옵니다. 계산하는 마음을 힘써 부처님께 바치면서, '이것은 사람한테 주는 것이 아니라 부처님한테 드리는 것이다.'라고 억지로 연습하십시오. 부처님 기쁘게 해 드리기 위해 아무 조건 없이 주는 연습을 해보세요. 처음에는 장사꾼의 연습이 몸에 익어서 잘 안 되지만 그렇게 꾸준히 하다 보면 결국 습관이 되어서 언젠가 조건 없이 주는 사람이 됩니다. 저는 주는 연습을 꾸준히 해서 인색한 마음을 닦았던 경험이 있습니다.

백 선생님께서는 꿈에도 사람에게 바라지 않습니다. 바랄 필요가 없다고 아시는 것 같습니다. 자신이 부처님과 같이 전지전능하고 모든 것을 구족하고 있다는 것을 깨우친 분이라면 사람에게 바랄 일이 없어요. 오로지 베풀어 주는 마음만 낼 뿐입니다. 그래서 그런지 선생님께서는 공부하러 올 때 수강료 내라, 회비를 가져오라 하시지 않았습니다.

요새는 자본주의 시대가 되어서 돈 받는 것은 너무나 당연합니다. 우리는 돈을 요구하지 않습니다. 돈을 요구하는 것은 무주상 보시의 정신에 어긋나기 때문입니다. 백 선생님께서 금강경의 무주상 보시를 실천하려고 하셨듯이, 우리도 오로지 드리려 하고 바치려 하고 주려고 할 뿐이지 어떤 요구를 하지 않습니다.

따라서 우리 법당에서는 회비가 없습니다. 징수가 없습니다. 무엇을 억지로 시키지 않습니다. 불편하게 하지 않습니다. 상하가 없고 조직이 없습니다. 단체가 아닙니다. 단체는 무주상 보시를 역행한다고 보기 때문입니다. 이것이 우리 법당의 특징이고 정체성입니다. 이런 법당에서는 금강경을 실천하여 드디어는 밝아질 수 있습니다.

요새 자본주의 세상에서 스님들도 강의할 때 강사료를 요구하는 것은 지극히 상식화되어 있습니다. 그렇지만 우리는 강의를 하든, 법문을 하든, 수도를 하든, 회비를 요구하지 않습니다. 여기 계신 분들한테 회비를 요구하지 않듯이, 저 자신도 주는 마음을 연습하여 강사료를 받지 않았고 받더라도 갖지 않고 바칠 겁니다. 그런 법당이라야 금강경 실천할 수 있고 밝아질 수 있다고 보기 때문에, 우리는 주려고 하고 피로하지 않게 하려고 하고 스스로 우러나는 마음을 내게 하려고 합니다.

우리 법당의 특징이 있습니다. 절대로 뭘 요구하거나 돈 내는 것은 시킨 적이 없고 시킬 생각도 없습니다. 그런데도 스스로 돈을 내시는데, 봉투에 이름을 안 쓰시더라고요. 우리가 회비를 징수하지 않고 사람들한테 무엇을 요구하지 않아서인지, 무주상이 이 법당의 풍토라고 인식해서 그런지 천 원, 만 원, 십만 원, 심지어는 백만 원을 내시더라도 한 분도 이름을 쓰신 적이 없어요. 저는 그런 봉투를 볼 때 감동합니다. '우리 법당에 오시는 분들의 마음이 이렇게 훌륭하구나. 무주상 보시를 이렇게 잘 실천하고 계시는구나. 조건 없이 주는 연습을 하시는구나.'

선생님의 말씀을 따라서 회비를 징수하지 않고 오로지 주는 마음을 낸 결과가 아닌가 생각합니다. 이 아름다운 마음을 지속할 때 법당은 그야말로 극락세계가 될 것입니다. 계산적이고 이해타산적인 마음을 가지고는 결코 밝아질 수 없습니다. 조건 없이 주는 마음으로 무주상 보시를 연습하여 드디어 밝아질 수 있다고 봅니다.

이러한 법당의 특징을 유지할 때 한국 불교에 희망이 있을 것으로 생각하고, 우리는 그런 연습을 하고 있다는 것을 알려드리고 싶습니다.

오로지 마음을 바치고
정성껏 공부만 한다

　오로지 마음을 잘 바치고 정성껏 공부만 하시라는 것이 요구 조건입니다. 특히 금강경을 정성껏 가능한 대로 많이 읽으세요. 이른 시간에 읽으십시오. 읽으면 복이 됩니다. 그 복 누구 주는 게 아닙니다. 다 되돌아옵니다.

　세상에는 나쁜 사람이 있습니다. 비상식적이고 비교양적이고 아무리 생각해도 상식적으로 이해할 수 없는 못된 사람이 있는 것은 사실입니다. 부처의 눈에는 부처님만 보인다고 하지만, 이 세상에는 결코 부처님만 계시지 않습니다. 우리는 어떻게 해야 하는가? 못된 놈, 비상식적인 놈이 보이더라도 그 사람으로 보지 말고 내 마음의 표현으로 보십시오. 이것이 금강경 정신이기 때문입니다.

　그 사람이 나쁜 놈이라고 본다면 고통에서 벗어날 수 있는 길을 잃어버립니다. 내 마음이라고 보고 바치고 해결할 때, 각종 난제를 해결할 수 있고 고통에서 벗어날 수 있으며 영원의 세계를 찾을 수 있습니다.

　따라서 법당에서 남을 비방하는 것은 곤란합니다. 그런 분은 여기서 퇴출을 요구할지도 모릅니다. 본인과 주위 사람을 위해서 꼭 필요하기 때문입니다. 마음속으로도 남을 미워하거나 증오하거나 이간질하지 말기 바랍니다. 본인의 행복을 위해서도 필요합니다.

　또 이것은 죄가 안 된다고 생각하실지 모릅니다만, 패거리 짓지 말기 바랍니다. 흔히 지연이니 학연이니 해서 친한 사람들이 끼리끼리 모이는 것이 다반사이고 그것은 아무런 죄가 되지 않는다고 생각합니다. 하지만 패거리 지으면 자기한테 잘하는 사람은 좋아하고, 반대하는 사람은 미워하게 되어 있습니다. 밝은이께서는 끼리끼리 패거리 짓는 것만으로도 죄가 되고, 밝음을 파괴한다고 봅니다.

이 법당에서 요구하는 것이 있다면 오로지 마음 닦는 것만을 요구하는데, 남을 흉보거나 비난하는 마음조차도 내지 말아야 합니다. 입을 벌려서 말하는 것은 더더욱 곤란합니다. 패거리 짓지 마세요. 오로지 부처님과 함께하시길 바랍니다. 오로지 자기 마음만 들여다보고 남과 비교하지 말고 남 얘기하지 말고, 금강경 많이 읽고 올라오는 생각을 부처님께 잘 바치기를 바랍니다.

금강경 많이 읽으면 놀랄 만한 일을 항상 체험하실 것입니다. 금강경 7독을 49일 만이라도 해보신다면, 백만 번 절하는 것보다 다라니를 수십만 번 읽는 것보다도 더 나은 놀라운 체험을 할 겁니다. 하늘을 감동시키는 기도라고 봅니다. 이것이 우리 금강경 실천 도량의 특징이기도 하고 자랑이기도 합니다.

2019.07.06.

우리 가르침의 탁월함,
마음속에 이미 구족함을 알라

우리 금강경 수행법이 다른 수행법과 어떤 다른 점이 있는가? 어떤 우수한 점이 있는가? 우리 공부법의 장점과 우수한 점을 알고 수행하는 것과 여러 수행법 중 하나로 알고 공부하는 것과는 상당한 차이가 있습니다. 그동안 겸손하고 하심하는 자세로 다른 공부법보다 우리가 낫다, 우수하다는 말을 삼갔습니다. 하지만 이제는 공부법의 우수성에 대해서 확실하게 정리할 때입니다.

오늘은 우리 공부법이 왜 탁월하며 다른 공부법과는 다른 어떤 정체성이 있는가에 대해 중점적으로 말씀드리겠습니다.

도반들의 감동적인 실천 사례

이 말씀을 드리기 전에 우선 기쁜 소식을 두 가지 전해 드리고 싶습니다. 하나는 재미 교포가 보낸 매우 감동적인 편지입니다. 또 하나는 우리 공부법에 대한 믿음을 가지고 사업을 시작해서 획기적인 결과를 얻었다는 도반의 소식입니다.

첫 번째 미국에서 편지를 보낸 재미교포는 본인이 주부라고 소개를 했는데 문장이 길고 부드러우면서 기승전결이 뚜렷했기 때문에 전문적인 교육을 받았음을 알 수 있었습니다. 그 편지는 그 자체로 국회의원이나 기업인들에게 금강경 연수원의 당위성과 필요성을 설명하는 내용으로 충분했고, 우리도 모르고 있던 우리 공부법의 장점을 아주 잘 표현해 주어 가슴이 뭉클하였습니다.

또 하나 반가운 소식은 우리 법당 도반의 성공입니다.

'돈 버는 것을 이기적인 목적으로 해서는 효과가 적습니다. 부처님께 드리는 마음으로 해야 돈이 벌립니다.' 이러한 법문이 마음속에 꽂혔던 모양입니다. 그래서 이분이 사업에 성공해서 법사가 원하는 금강경 연수원을 이룩하여 부처님 시봉 잘하겠다는 간절한 마음으로 사업을 추진했다고 합니다. 몇 달 동안의 우여곡절을 딛고, 이제는 전 세계의 돈을 끌어 모을 수 있는 사업의 기틀을 마련했다는 소식을 어제 들었습니다.

이 두 소식을 듣고 무척 기뻤고, 이런 움직임은 두 사람뿐만 아니라 여러 사람에게로 확대되어 나갈 것으로 기대합니다.

**우리 공부법의
장점 정체성 차별성**

이제 우리 공부법의 장점과 정체성 그리고 다른 공부법과 비교하여 어떤 점이 다른지 말씀드리겠습니다. 예전에 우리 공부법은 뭇 공부법 중 하나로, 아무래도 전통적인 참선과 명상이 더 낫다는 열등감을 가지고 공부했습니다. 제가 그런 것을 좀 깨고자 우리 공부법의 우수성과 특징을 얘기했더니, 아니나 다를까 벌떼같이 달려들며 왜 잘난 척하느냐고 비난하는 사람들이 생겼습니다. 과연 그런 비난이 합리적인지 의문이 듭니다.

제 얘기를 잘 들으신다면 우리 공부법의 특징과 정체성을 알고, 우리 공부법이 우수하다는 것을 분명히 느낄 것입니다. 이것을 알고 공부해야만 발전이 있습니다.

백 선생님의 꾸중

제가 몇십 년 전에 소사 도량에서 선지식을 만나 공부했던 이야기를 먼저 말씀드리고자 합니다.

소사 도량에 찾아온 많은 사람은 대개 목적을 가지고 옵니다.

'저 백 박사님이라는 분은 크게 깨쳤다. 그 나름대로 새롭고 독특한 수행법이 있다. 그 수행법으로 공부하면 모든 고생과 빈곤에서 벗어날 수 있을 뿐 아니라 밝아질 수 있다고 하더라. 저분 밑에 가서 공부하자.' 이러한 바람과 깨달음에 대한 욕망으로 백 박사님을 찾아와 공부했던 것으로 알고 있습니다. 그런 열망으로 집, 가족, 사랑, 속세의 것을 다 버리고 마치 스님이 출가해서 도를 닦는 것처럼 공부했습니다.

우리는 선생님을 부처님처럼 여기며 그대로 따라서 철저히 하려고 했고, 그분의 뜻을 어떻게 하면 더 잘 따를 수 있을까 생각하면서 나름대로 많이 노력했습니다. 금강경을 더 많이 읽으려 했고, 방심

하지 않으려 했습니다. 선생님의 뜻이 무엇인가를 잘 살펴서 죽으라면 죽는시늉을 할 정도였습니다. 하지만 선생님께서는 그렇게 노력하는 우리를 칭찬하거나 격려하는 데에 굉장히 인색하셨습니다. 반대로 꾸중하시고 나무라신 적이 훨씬 더 많았습니다.

　집, 가정, 모든 세상의 가치를 버리고 선생님의 뜻을 따라서 도를 배우려고 온 우리에게, 선생님께서 칭찬과 격려는커녕 때에 따라서는 눈물이 쏙 빠질 정도로 꾸중하시는 것이 굉장히 의아했습니다. 그 뒤 『칭찬은 고래도 춤추게 한다』라는 책을 읽은 적이 있습니다. 세상의 지도자들은 사람들을 칭찬함으로써 자신감을 가지게 하고 일의 능률을 더욱 오르게 합니다. 하지만 선생님께서는 그들과는 다르게 격려와 칭찬에는 인색하시고 반대로 꾸중을 많이 하셨어요. 그 점이 항상 의문이었습니다.

　꾸중의 종류도 다양했습니다.

　"잘난 척하고 싶으냐? 잘난 척하지 말고 못난 줄 알아라."

　대표적인 꾸중이었습니다. 심지어 육두문자를 쓰시며 꾸중하셨습니다.

　"못난 놈! 이 도둑놈들! 거지들!"

　그런 꾸중을 들을 때 한없이 초라해지고 맥이 빠졌습니다. 선생님께서는 그 생각도 바치라고 하셨습니다. 도대체 어느 장단에 춤을 춰야 할지 모를 때가 한두 번이 아니었습니다. 수도가 이렇게 어려운 모양입니다.

도인의 꾸중은
부처님께 더욱 가까이 가게 하는 보약

선생님께서는 왜 칭찬보다도 꾸중을 더 많이 하셨을까?

격려보다는 왜 스스로 반성하고 알아차리라는 말씀을 더 많이 하셨을까?

세월이 흐르면서, 제가 차츰차츰 지혜로워지고 철이 들면서 비로소 그 이유를 알게 되었습니다. 선생님 생각은 이랬던 것 같습니다.

'너희들은 밖에서 구할 것 없이 모든 것을 다 갖추고 있는 완전한 존재다. 그런데 스스로 아무것도 가진 게 없다, 빈궁하다, 초라하다고 생각하면서 그 부족한 것을 밖으로부터 채우려고 한다.'

부처님으로부터 바라는 것을 충당하려고 했고, 부처님이 아니 계시니까 선지식으로부터 구하려고 했고, 그래도 안 되니까 심지어는 훔치려고까지 했습니다. 선생님께서는 우리가 부처님처럼 전지전능하고 위대해서 밖에서 구할 것이 하나도 없다는 것을 모르고 '가진 게 없다. 열등하다. 안 된다. 모른다.'는 생각에 빙의되어 있는 것을 굉장히 안타깝게 생각하셨던 것 같습니다.

"잘난 척하지 말고, 못난 줄 알아라." 그렇게 꾸중하셨던 이유는 무엇일까?

우리는 본래 잘난 척할 필요가 없이 실제로 잘났습니다. 잘난 척하는 것은 깜깜해졌다는 뜻입니다. 깜깜해지면서 자신이 열등하다고 믿고 있다가, 뭐가 하나 되면 잘난 척하고 들뜹니다. 실제로 잘난 줄 모르고 잘난 척하고 싶은 마음에 빙의되어 있던 것을 안타까워하셨던 것 같습니다.

우리는 모든 것을 다 구족한 큰 부자임에도 불구하고 스스로 거지라 생각하고 없는 것으로 생각해서 밖에서 무엇을 바라고, 구하고, 심지어는 훔치려고까지 했습니다. 선생님의 도통도 훔치려고 합니다. 훔치기 미안하니까 몰래 가지려고 합니다. 이러한 도둑 마음에 빙의된 것을 굉장히 안타까워하신 것 같습니다.

"잘난 척하지 마라, 가장 못난 줄 알아라."

"이 도둑놈들!"

이렇게까지 눈물 나게 꾸중하신 것은 잘난 척하는 마음에 빙의된 것에서 벗어나라고 하는 법매였다는 것을 뒤늦게 알았습니다. 도둑 마음에 빙의되어 실제로 도둑질을 하면서도 꽤 착한 척하며 착각하는 것이 안타까워, 빙의된 마음을 우리에게서 떼어내는 법매였습니다. 화가 나서, 시키는 대로 안 해서, 도둑질해서, 짜증나서 야단치셨던 것이 아니었어요.

도인의 꾸중은 섭섭한 것이 아닙니다. 우리를 시원하게 하는 것입니다. 도인의 꾸중이란 우리를 부처님께 더욱 가까이 가게 하는 보약임을 알게 되면서 비로소 도인의 은혜를 알았습니다. 밝아지는 길에는 이런 법매가 꼭 필요하다는 것, 선지식이 꼭 필요하다는 것을 뒤늦게 알게 되었습니다.

밖에서 구할 필요 없다
거지 마음, 도둑 마음만 해탈하면 된다

백 선생님께서는 이렇게 말씀하십니다.

"너희들 마음속의 도둑 마음, 거지 마음을 해탈하고, 자기 속에 모든 것이 다 구족되어 있어서 마음 밖에서 무엇을 찾을 필요가 없다는 것을 알게 된다면, 구태여 도통을 할 필요가 있겠느냐?

내가 무슨 생각이든지 바치라고 하는 것은 무슨 뜻이냐?

너희들이 다 구족하고 있음에도 불구하고 거지 마음, 도둑 마음으로 밖에서 무엇을 구하려는 것이 안타까워서 구하는 마음, 거지 마음, 도둑 마음이 착각인 줄 알고 바치라고 한 것이다. 바치기만 하면 다 된다.

네 속에 모두 구족되어 있는데 무엇을 더 바라느냐"

거지 마음, 도둑 마음, 잘난 척하는 마음이 다 착각이고 본래 없다는 금강경 가르침을 일깨워 주시면서, 금강경의 가르침대로 도둑 마음, 거지 마음이 다 착각인 줄 알고 꿈 깨듯이 깬다면 무시겁의 죄업은 단박에 해탈할 수 있고 금생에 도인이 될 수 있다고 가르치셨습니다. 이것이 우리 가르침의 장점이고 정체성이라고 감히 말씀드립니다.

선지식은 이렇게 말씀하실 것입니다.

"다른 가르침은 어떠냐? 우리가 도둑 마음, 거지 마음, 잘난 척하는 마음에 빙의된 것을 모르고 그것을 그대로 놔둔 채 '구하라. 알아차려라. 지켜봐라. 이 뭣고 하라.' 한다. 이것은 앞뒤가 맞지 않는다. 그대들 속에 거지 마음, 도둑 마음, 구하는 마음이 없기만 한다면, 밖에서 '지켜봐라. 알아차려라.' 할 필요가 뭐 있겠느냐."

많은 사람이 밀교를 배우기 위해 멀리 다람살라까지 달라이라마를 찾아갑니다. 또 위파사나를 배우려고 미얀마에 가서 1년 또는 몇 년 동안 유학하며, 지켜보고 알아차리는 수행을 통해서 나아졌다고 주장하는 사람들을 많이 봤습니다. 플럼빌리지에 가서 도를 배우려고 하는 사람들도 있습니다. 그들은 걷기 명상을 통해서 밝아진다고 하며 자기 나름대로 수행의 비법을 얘기합니다.

그런데 참 선지식, 밝은이라면 "여기 와서 어떤 수행을 해라. 그 방법대로 하면 밝아지리라." 말씀하지 않으실 것입니다.

밝은 선지식은 이렇게 말씀하실 것 같습니다.

"그대들이 가져온 도둑 마음, 거지 마음만 해탈한다면 '지켜봐라. 알아차려라. 걷기 명상을 하라.' 할 필요가 없다. 마음 밖에서 찾을 것이 하나도 없다. 무엇을 구하려고 할 필요가 없다. 그대 마음속에 이미 구족되어 있다."

이것이 우리 가르침의 특징이고 정체성입니다.

지금 그렇지 않은 가르침이 대부분입니다. 제 속의 무한한 가능성은 모르면서 밖에서 찾도록 가르치는 것은 아닌가, 실지로 그렇게 하고 있지 않은가 생각합니다. 밖에서 찾으려고 하면 금생에 되기는 힘들다고 합니다. 자기 속에 도둑 마음, 거지 마음, 잘난 척하는 마음을 그대로 두고 밖에서 아무리 난행고행을 하면서 찾으려 한들 그것이 되겠습니까?

도인이 시키신 대로 자기 속에 모든 것이 구족함을 알고, '없다'는 생각에 빙의되어 밖에서 찾고 구하고 심지어는 훔치려는 나쁜 마음을 가진 데에서 벗어나는 것이 급선무라고 생각합니다.

그대 마음속에 이미 구족되어 있다

우리는 뭇 수행법과 상당히 다릅니다. 밖에서 무엇을 찾으려고 하지 않습니다. 밖에서 구하려는 마음은 착각이라는 가르침을 배우고 있습니다. 자기 마음을 바치기만 하면 밖에서 찾을 것, 구할 것이 없다는 가르침을 배우고 있습니다. 자기 속에 모든 것을 구족했다면 어떻게 밖에서 찾아 헤매고 심지어는 도둑질하고 훔치는 나쁜 마음을 낼 수 있겠습니까?

우리 공부법은 다른 공부법들과는 상당한 차이가 있고 차별화된 장점이 있습니다. 어떻게 우리 공부법이 뭇 수행법 중 하나라고 생각하고, 심지어는 뭇 수행법이 낫다는 열등한 생각을 가지고 다른 것을 찾아 헤맬 수 있습니까? 제 말을 잘 들으신다면 제가 우리 공부법의 장점을 자랑하고 심지어는 남의 것을 비판하지 않음을 아실 겁니다.

"마음속에 모든 것이 구족함을 알라."

이것은 백 선생님만의 가르침이 아니라 석가여래께서 가르쳐 주신 금강경 가르침의 정수요, 핵심입니다.

너무나 쉽게 알 수 있습니다. 모든 것이 구족함을 알고 있어도 잘못된 생각에 빙의되어 못된 짓, 나쁜 짓을 하고 좋은 것을 밖에서 구하면서 만리이역萬里異域을 헤매며 난행고행을 해온 것이 아닌가요?

오늘부터라도 공부의 정체성과 장점을 알아서 즐겁게 환희심 내어 공부 잘하시기를 발원드립니다.

2019.08.17.

난제를 부처님께 바치면
가장 좋은 결과로 축복받는다

어제 도반들 두세 명과 함께 조용히 지방에 가서 법회를 하고 왔습니다. 법회에서 법문과 질의응답을 하면서 생각난 몇 가지를 말씀드리겠습니다.

법문 시간에도 종종 말씀드린 적이 있습니다. 일상생활에서 수많은 난제가 닥치곤 합니다. 공무원이나 교사 등은 난제가 상대적으로 적은 데 비해서, 사업하시는 분이나 여러 사람을 거느리는 분들은 하루가 멀다고 수많은 난제에 부딪힙니다. 물론 그것을 극복하는 과정에서 보람도 느끼고 성장도 하겠지만, 삶은 굉장히 고달픕니다. 어제도 그런 난제들을 어떻게 해결하는가에 대한 기조 법문과 질의응답을 하였습니다.

이름 짓는 것이 현실로 연결된다

난제가 닥쳤을 때 이렇게 생각하기가 아주 쉽습니다. '과거에도 이런 난제가 닥쳤었는데 또 이런 난제가 왔으니 얼마나 고생을 할까. 이거 참 큰일 났다.'

난제가 닥쳤을 때 보통 세 가지 형태의 반응이 나타납니다.

이것은 난제다. 큰일 났다. 나는 이제 끝이다, 죽었다.

굉장히 심각한 난제는 어렵고 힘들다는 결론을 내릴 수밖에 없습니다.

난제라고 이름을 짓는 순간, 그것은 난제가 되고 맙니다. 더군다나 '큰일 났다, 끝이다.' 하는 순간 실제로 큰일이 나고 끝나게 됩니다. 우리는 본래 부처님처럼 전지전능하고 시시각각으로 소원 성취하는 위대한 존재이기에, 마음을 내는 것, 입으로 내뱉는 것이 그대로 현실이 되기 때문입니다. 난제라고 이름을 짓는 순간 난제에 봉착하고, 죄지었다고 이름을 짓는 순간 벌을 받게 됩니다.

그러면 이런 질문을 하실 수 있습니다.

난제를 난제라고 하지 않고 억지로 엉터리 이름을 지으란 말인가?

자기 최면이나 자기도취로 억지로 좋다고 하란 말인가?

이것은 난제를 팩트fact로 보기 때문입니다. 난제를 엄연한 현실이라고 보기 때문에 난제는 나쁜 것이라 생각하게 됩니다. 그런데 이 세상에는 팩트가 없다고 부처님께서 이야기하십니다. 금강경 5분에 범소유상 개시허망, "너희들이 난제라고 생각할 뿐이지, 사실 그것은 난제가 아니다."라고 하십니다.

난제가 닥쳤을 때 결코 난제라고 이름 짓지 말고, '큰일 났다, 나는 끝장이다'라고는 더더욱 하지 말라고 말씀드렸습니다.

그러면 어떻게 해야 할까요?

난제가 참인 것 같고 정말 힘든 것 같아도 그것을 난제라 이름 짓지 말고 좋은 이름을 지어 보세요. 가장 짓기 쉬운 좋은 이름은 '감사합니다' 입니다. 나쁘다고 생각하면 이 말이 안 튀어나옵니다. 좋은 일이 있을 때 감사하고 고마운 뜻으로 나옵니다. '감사합니다' 하는 것은 좋은 이름을 짓는 간접적 효과가 있습니다. 난제이고 위기라고 생각하더라도 '나 죽었다. 큰일 났다.' 하지 말고 억지로라도 감사의 마음을 낸다면, 실제로 감사할 일이 생기고 전화위복이 됩니다.

나쁜 이름을 지을 때는 일이 나쁘게 전개됩니다.

'감사합니다'와 같이 좋은 이름을 지으면 일이 좋게 전개됩니다.

좋은 이름을 지어서 성공한 사례는 너무나 많습니다. 세계에서 가장 큰 단일교회인 한국 ○○○교회를 성공시킨 ○○○ 목사님을 일례로 말씀드린 적이 있었습니다. 비록 그는 성경의 구절을 인용하여 그 방법대로 해서 큰 교회를 이룩했습니다만, 그 성공의 비결은 좋은 이름을 지어서 좋은 결과를 얻은 것입니다. 일체유심조의 진리를 활용하였을 뿐이지, 그 이상은 없다고 봅니다.

부처님께 바치면
가장 좋은 결과로 축복받는다

좋은 이름 짓는 것보다 더 좋은 것이 있습니다. 부처님께 바칠 때 가장 좋은 결과로 축복받습니다. 바친다는 것은 본연의 자세로 돌아간다는 뜻입니다. 본연의 자세는 부처님의 자세입니다.

언젠가 우리는 밝았고 부처님 품 안에 살고 있었는지 모릅니다. 그러나 그 언제부터인가 번뇌 망상의 노예가 되고 탕자가 되어, 한없이 고달픈 삶을 살고 수많은 난제에 부딪힙니다. 난제가 오면 '괴롭다, 힘들다, 죽겠다.' 하면서 실제로 일을 그렇게 만들고 있습니다.

지혜로운 사람이 나타나서 감사하다고 좋은 이름을 지어서 좋게 이끌어 가는 경우는 가끔 있지만, 본연의 자세로 돌아가라고 가르치는 사람은 일찍이 없었습니다. 금강경에서 밝은이는 어려운 일이 있을 때 감사하다고 좋은 이름을 짓는 것보다 더 좋은 방법, 더 희유한 방법을 가르쳐 주셨습니다.

"난제는 착각이고 본래 없는 것이니 부처님께 바쳐라. 본연의 자세로 돌아가라."

난제라고 생각할 때 절대로 난제다, 어렵다 이름을 짓지 마십시오. 이왕이면 좋은 이름을 짓되 특별히 좋은 이름 지을 것이 없다면 '감사합니다' 만으로도 일을 좋은 쪽으로 전개할 수 있습니다. 가장 좋은 것은 난제를 착각으로 알고 부처님께 바치는 것입니다. 무량대복을 얻으며 본연의 자세로 돌아갑니다. 부처님 마음을 연습해서 탕자의 삶에서 벗어나 본연의 자세로 돌아가는 것이 바치는 뜻이고, 그렇게 될 때 완전히 무에서 유를 창조할 수 있습니다.

실제로 역경에서 '감사합니다' 하거나 좋은 이름을 지어 재앙을 복으로 바꾼 일이 많은데, 밝은이가 보면 전생에 복 지은 것이 있어서 그렇게 바꿀 수 있다고 합니다. 원인을 지어서 결과를 받는 것입니다. 예정된 운명으로 그렇게 좋은 이름을 짓고 좋은 복을 받게끔 되어 있습니다. 좋은 이름을 짓는 것조차도 예정된 운명입니다.

운명을 어떻게 탈피할 수 있을까요?

부처님께 바치는 방법만이 운명에서 탈피해서 무량대복을 끌어낼 수 있고 무에서 유를 창조할 수 있는 길입니다. 부처님께 바치는 뜻은 참 좋은 의미입니다. 부처님께 바치는 가르침은 굉장히 축복받은 가르침으로 어디에도 없는 가르침이며, 이 가르침을 만난 것은 무한한 영광이고 드문 기회입니다.

부처님 공경하는 한마음이
무량대복을 창조한다

질문을 어제 네 사람이 했었는데 그중에 한 분이 한 것은 질문이 아니었습니다. 몇 달 동안 공부하고 체험한 것을 발표하는데, 너무나도 놀라웠습니다. 그분은 이 공부를 매사에 적용하였습니다. 불면증을 벗어나 온전히 잠을 잘 잘 수 있었고, 또 감기 들었을 때나 가슴이 아플 때 그것을 해탈할 수 있었다고 하면서 수많은 축복을 체험한 이야기를 했습니다. 질문을 드릴 것이 있거나 난제를 하소연하고자 이 자리에 온 것이 아니라, 정말 고맙다는 인사를 드리려고 이 자리에 왔다고 했습니다. 저는 아주 많이 감동했습니다.

그런 사람들은 저 같은 사람을 대신해서 얼마든지 법사 노릇을 할 수 있는 사람이라 생각했습니다. 법사라는 자리는 많이 알기 때문에 하는 것이 아닙니다. 지식이 많다고 법사 하지 않습니다. 오로지 부처님 공경하는 그 한마음만 있으면, 많이 배우지 않고 경험이 많지 않아도 공경심만으로 무량대복을 창조할 수 있으므로 훌륭한 법사가 될 수 있다고 확신합니다.

어제 1년도 안 된 짧은 기간에 체험한 아주 좋은 사례들을 실감 나게 발표하시는 것을 듣고, 부처님께 바치는 우리 가르침이 얼마나 훌륭하고 탁월한 것인지 또 한 번 느끼면서, 이 가르침을 만난 것에 또다시 깊이 감사했습니다.

어제는 뜨거운 열기로 가득 찬 법회였습니다. 150석 자리에 입추의 여지도 없이 200여 명이 꽉 차게 앉았는데, 자발적으로 만들어진 법회였다고 합니다. 자발적으로 성금을 내서 저한테 두둑이 차비도 주시고 꽃다발을 만들어 주고 간식을 만들어 베풀어 주셨어요. 금강경에 나오는 천인아수라가 개웅공양 한다는 것은 바로 이런 것이 아닌가 생각했습니다.

어제 짧은 시간이지만 지방에 가서 법회를 하면서 참 많은 것을 느끼고 또다시 부처님께 깊이 감사드렸습니다. 이런 것도 티 나지 않게 조용히 하는 것이 진정으로 부처님 시봉하는 길이 아닐까, 이렇게 생각해 보았습니다.

2019.09.21.

아상을 소멸하여
금생에 이루는 우리 가르침

우리 금강경 공부법의 장점, 우수성, 특징에 대해서 제가 여러 번 말씀드렸습니다만, 가장 큰 특징이 무엇일까요?

백 선생님께서는 종종 이런 말씀을 하셨습니다.

"이 공부는 금생에 되는 공부다."

아상을 소멸하면 금생에 이루어진다

좋은 일을 하면 좋은 과보를, 나쁜 일을 하면 벌을 받는다는 것을 알고 있습니다. 그런데 좋은 일을 했을 때 금생에 바로 좋은 과보를 받는다는 것을, 또는 나쁜 일을 해도 금생에 바로 벌을 받는다는 것을 실감하지 못합니다. 나쁜 일을 하는 사람들이 금생에 바로 벌을 받는 것을 눈으로 확실히 본다면 나쁜 일을 하지 않을 것이고, 좋은 일을 하는 사람이 금생에 바로 복을 받는다면 좋은 일을 힘써서 할 것입니다.

하지만 잘 살펴봐도 금생에 바로 복을 받거나 벌 받는 경우를 발견하기는 쉽지 않습니다. 그 이유는 이렇습니다. 좋은 일을 해도 '아상', 즉 내가 했다는 생각이 있으므로 금생에 바로 복을 못 받는 것입니다. 또 죄를 많이 짓고 악행을 많이 해도 금생에 바로 벌을 받지 않는 것은 내가 나쁜 일을 했다는 생각, '나'가 있기 때문입니다. '나'가 없어지는 때가 내생입니다. 좋은 일을 한 내가 없어진 내생에 복을 받고, '나쁜 일을 한 내가 없어진 내생에 벌을 받게 되는 겁니다.

백 선생님께서 여러 번 말씀하셨습니다.

"우리 공부법의 장점은 아상을 바로 없애는 것이다. 좋은 일을 했을 때 금생에 바로 복을 받고, 수도를 해도 금생에 바로 깨칠 수 있다는 것이 우리 공부법의 장점이고 특징이다."

아상을 없애면 없앨수록 더 속히 이루어진다고 합니다. 좋은 일을 하되 진정한 무주상 보시를 한다면 바로 이루어지고, 또 나쁜 일을 해도 아상이 없어지면 바로 그 자리에서 벌을 받고 심지어는 죽을 수도 있다고 하셨습니다.

난제라는 생각을 부처님께 바치면
지혜가 나거나 일이 이루어진다

무슨 일을 하고자 할 때 난제에 부딪힙니다. 난제에 부딪히지 않는다면 부처님께 바칠 필요도 없을지 모릅니다. 일하다가 생기는 난제가 내 힘으로 해결되지 않을 때 그 난제를 부처님께 바치라고 백 선생님은 말씀하십니다. 자기 생각대로 하면 난제가 풀리지 않는다는 거예요.

난제를 풀고 싶을 때, 내 판단대로 하지 않고 그 생각을 자꾸 부처님께 바치다 보면, 그 난제에 대해 알게 되거나 일이 이루어지는 두 가지 형태로 나타납니다. 아상이 없어졌기 때문입니다.

'이 난제를 어떻게 풀까? 어떻게 해야 할까?' 이 막막한 생각 자체가 아상입니다. 그 생각을 가지고서 난제에 도전하면 일이 쉽게 풀리지 않습니다. 그 막막한 생각을 자꾸 부처님께 바치면 아상이 소멸하는데, 아상이 소멸한 결과로 일이 되거나 지혜가 납니다. 일이 되면서 지혜가 나지 않는 수도 있고 일은 잘되지 않았는데 지혜가 먼저 나는 수가 있습니다.

예를 들어, 어깨가 이유 없이 몹시 아픕니다. 병원에 가도 낫지 않습니다. 그럴 때 아프다는 생각을 부처님께 자꾸 바쳐서 아상이 소멸하면 그 자리에 부처님의 광명이 임하시며 통증이 해소됩니다. 이것은 바쳐서 일이 되는 것입니다.

남북통일이 언제 될 것인가? 남북통일 시기를 고심하여도 자신의 힘으로는 언제가 될지 알 수 없습니다. 그럴 때도 그 생각을 자꾸 바치면 통일이 언제 될지 전혀 모르겠다는 생각이 없어지고 점점 마음이 편안해지면서 지혜가 납니다. 경우에 따라서 준비가 많이 되면 언제 남북통일이 되는지 알게 됩니다. 이것은 바쳐서 알기는 알지만 되지는 않은 것입니다.

난제가 어떻게 해결될지 방법을 알게 될 때, 그때에도 또 바쳐야 합니다. 부처님의 지혜로운 방법을 알게 되면 확신을 가지고 밀어붙이는 수가 있는데, 그럴 때 여러 가지 어려운 점이 있으며 이것이 바로 닦는 사람들이 검토할 점입니다.

동국대학교 퇴임 6년 후
명예를 회복하신 백 박사님

백 선생님께서 아상을 소멸하여 금생에 재앙을 소멸하셨던 실감 나는 경험을 말씀드리고자 합니다. 죄를 지어도 금생에 그 죄를 참회해서 전화위복이 될 수 있다는 교훈입니다.

백 선생님께서는 학교를 세우고 싶었습니다. 그 생각을 바치니 학교를 세우는 법, 즉 동국대학교를 건설하는 방법을 알게 되었다고 합니다. 이승만 박사에게 가서 잘 사정하면 땅을 줄 것이라고 알게 되어 찾아갔고, 중구 필동에 청와대가 보이는 노른자 터에 동국대학교를 세우는 터전을 얻을 수 있었습니다. 터는 마련하였지만, 어떻게 건설 자금을 마련할 것인지 막막하여 자꾸 바치셨다고 합니다. 백 박사님 같이 탁월한 도인은 지혜가 먼저 나는 것이 특징입니다. 그래서 알게 된 방법은 한국 최초의 보결생 제도 도입이었습니다.

한국에서 제일가는 대학을 세울 뜻을 품으시고 이승만 대통령에게서 동국대학교의 터전을 얻은 뒤, 보결생 모집이라는 방법을 통해서 건물을 지었습니다. 명진관은 현재 문화재로 등록(2018년)되어 있습니다.

그 당시만 하더라도 부정부패가 아주 만연했다고 합니다. 그래서 동국대학교 총장이 되실 때 두 가지 조건을 걸었습니다. 인사권과 재정권, 즉 총장과 이사장 직책을 함께 주면 하겠다는 조건을 요청하였고 조계종단에서 받아들였습니다. 보결생을 받아 경제를 꾸려가고, 인사권이 있었기에 부정부패를 하는 사람들을 그 자리에서 인정사정없이 그만두게 하셨다고 합니다. 동국대학교는 눈에 띄게 발전했습니다. 백 박사님께서 총장을 오래 하셨다면 지금보다 훨씬 더 발전하였을 것이라고 합니다.

　백 선생님께서는 일찍이 틀니를 하셨는데, 여러 생 동안 제자를 많이 가르치면서 제자의 나쁜 점을 많이 나무랐다고 합니다. 잘되라고 나무라셨지만, 그 과정에서 진심이 조금 있었던 겁니다. 이 진심이 결국 구업口業이 돼서 치아가 나빠진 것입니다. 도인도 인과因果의 사슬에서 완전히 자유롭지는 않으셨던가 봅니다.

　마찬가지로 동국대학교를 세우고 운영하시며 사람들을 야단치고 부정부패하는 직원들을 해고하는 과정에서 그 사람들의 불만이 쌓였습니다. 5·16이 일어나 정권이 바뀌고, 이승만 대통령도 하야했습니다. 백 박사님께 꾸중 맞은 사람들과 해고된 사람들이 벌떼처럼 들고일어나서 백 박사님을 몰아내려고 하였습니다. 결국, 정권이 바뀌고 그 불만 세력의 원한 때문에 백 박사님께서는 동국대학교에서 물러나시게 되었습니다. 동국대학교를 세우신 분으로 수많은 좋은 일을 했음에도 불구하고 물러나게 된 것은 일을 급하게 밀어붙였고, 빨리 추진하려다 보니 부작용이 동반되었기 때문인 것 같습니다.

　퇴임 후 소사 도량으로 오셨습니다. 물러나신 것으로 끝나지 않았습니다. 동국대학교에는 백 선생님께서 세우신 손 선생님(혜정 손석재 선생님)동상이 있었는데, 이 동상도 다 끌어냈습니다. 손 선생님 동상 밑에 사리탑이 있었다고 하는데 170여 과의 사리가 어디 갔는지 찾을 수 없습니다. 동국대학교에서는 백 박사님을 부정축재자로 고소했고 대법원까지 갔지만 무죄로 끝났습니다. 대법원에서는 죄가 없다고 밝혀졌음에도 불구하고, 그 불만 세력이 그대로 총장을 하고 있었기에 도둑놈이라는 소리가 쉽게 그치지 않았습니다.

저희가 소사에 들어갔을 때가 1967년, 백 박사님께서 동국대학교에서 물러나신 지 6년이 되던 해였습니다. 백 박사님은 동국대학교에서 부정축재라는 죄목으로 6년 동안 도둑놈이라는 소리를 듣다가, 후에 명예교수라는 이름으로 거액의 봉급을 받게 되셨습니다. 그 당시는 명예교수에게도 월급을 주었습니다. 그때 하신 말씀입니다.

"6년 동안 수도를 하니까 이제 비로소 도둑놈 소리는 듣지 않게 됐다. 석가여래라면 6년까지 걸리시지 않는다. 바로 된다."

동국대학교를 세우고 발전시키기 위해 일을 밀어붙이고 사람들에게 꾸중하시고 해고하면서, 미안한 게 조금 남지 않습니까? 죄입니다. 죄무자성 종심기罪無自性 從心起, 죄라고 이름 지으면 죄가 됩니다. 죄라고 이름 짓지 않고 착각인 줄 알고 바치면 죄가 되지 않습니다. 백 박사님 같은 도인도 큰소리를 치고 사람들을 꾸중하고 해고한 것에 대해 미안한 생각이 있었고, 그것이 착각인 줄 알고 바치는데 6년이라는 세월이 걸렸다는 겁니다. 선생님께서는 6년이 지나서 완전히 죄가 소멸하여 봉급을 받게 되었는데, 석가여래 같은 분이라면 금방 되셨을 것이라는 말씀입니다.

금생에 이루는 가르침

보통 사람이라면 아상이 있어서 금생에 그 누명을 못 벗습니다. 좋은 일도 아상이 없이 하면 금생에 복을 바로 받습니다. 좋은 일을 하면 그 자리에서 무량대복을, 나쁜 일을 하면 그 자리에서 벌을 받게 된다는 것입니다.

소사에서는 조금이라도 나쁜 짓을 못했습니다. 소사는 도인이 계신 자리, 아상이 없는 자리이기 때문에 나쁜 일을 하면 그 자리에서 벌을 받기 때문입니다. 이 법당에서도 다른 곳에서보다 말조심, 입조심 하라는 것은 아상이 없는 자리이기에 벌을 더 빨리 받기 때문입니다. 물론 좋은 일을 하면 복도 더 빨리 받습니다. 법당에 오셔서 금강경 몇 줄만 읽으면 싹 달라지는 것은 아상이 없어졌기 때문입니다.

백 박사님께서 도둑놈 소리를 면하는 데 6년이 걸린 것은 그나마 금강경 수행을 하셨기 때문이라는 것을 아셔야 합니다. 그렇지 않으면 내생까지 이어집니다.

수도를 잘하면 금생에 된다는 것이 우리 가르침만의 특징입니다. 다른 가르침은 거의 금생에 되는 경우가 없습니다. 나를 없애는 수행이 아니기 때문입니다. 우리는 무슨 일을 하더라도 부처님께 바치고, 부처님 기쁘게 해 드리기 위해서 합니다. 처음부터 아상을 없애고 부처님 공경하는 것이 우리 가르침의 특색입니다. 금생에 빠른 시일에, 당처즉시當處卽時에 이루어지는 것이 우리 공부법의 특징입니다.

백 박사님께서 6년 만에 도둑놈 소리를 면했다는 말씀과 석가여래라면 당장이라도 된다는 말씀, 이 귀중한 말씀 속에서 교훈을 얻을 수 있습니다. 아상이 없는, 내가 없는, 티 없는 무주상 보시를 하고 부처님 시봉해서 금생에 복 많이 받기를 발원드립니다.

2019.10.05.

불안한 생각이
올라올 때

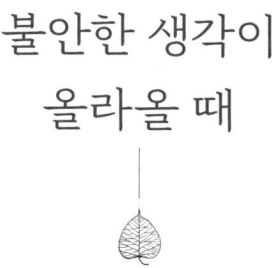

　미래에 대한 불안이 심각하게 몰려와서 굉장히 괴로울 때가 있습니다. '이러다가 내가 망하는 것이 아닌가? 죽는 것이 아닌가?' 이런 미래에 대한 불안이 자꾸 올라올 때 어떻게 대처해야 할까?

　또 그렇게 불안하거나 괴롭지는 않아도 현재의 삶이 행복하다고 느껴지지 않을 때, 어떻게 하면 행복하게 될까?

　밝은 선지식인 백 선생님께서는 어떤 처방을 내리셨는지 말씀드립니다.

금강경 독송

　아직 오지 않은 미래에 대해서 굉장히 불안할 때가 있습니다. 그 생각을 가지고 있으면 점점 더 괴로워집니다. 그래서 백 선생님께서는 "그 생각을 가지지 말고 부처님께 바쳐라."라고 하셨습니다. 그런데 바친다고 잘 없어지지 않습니다. 이럴 때 금강경을 읽는 것이 좋은 방법입니다.

소사에서 공부할 때는 약이 없었습니다. 정신적인 문제는 다 바치는 것으로 해결했습니다. 육체적인 부상에는 안티푸라민이 전부였습니다. 감기에 걸려도 감기약으로 해결하지 않고 바칩니다. 잘 바쳐지지 않을 때 금강경만 몇 번 읽으면 감기가 다 떨어진다는 이야기를 많이 했습니다.

실제로 있었던 이야기입니다. 파라티온이라는 맹독성의 농약이 있습니다. 이 농약 중독으로 사람들이 많이 죽었습니다. 한 도반이 이 농약을 뿌리다가 어질어질해졌습니다. 병원에 달려갈 정신도 없고, '난 이대로 죽는 건가.' 하는 생각이 들었습니다. 그때 평소에 하던 대로, 그 자리에 앉아서 금강경을 열 번 읽었더니 아주 깨끗하게 농약 중독에서 벗어났다고 합니다.

미륵존여래불 정진

금강경을 몇 번 읽는 것도 좋지만 특히 아주 불안한 생각, 두려운 생각, 또는 반복되는 증오심은 금강경 독송으로 해결되지 않을 때가 있습니다. 그럴 때는 미륵존여래불 정진을 해보시기 바랍니다. 금강경에 익숙하지 않은 분들은 미륵존여래불 하나만 가지고 정진해도 좋습니다. 특히 미래에 대한 불안한 생각이 많이 들 때, 불안한 과제에 대고 계속 미륵존여래불 하는 것은 상당히 괜찮은 방법입니다.

미륵존여래불 하는 자세에 대해서 말씀드리겠습니다. 자세가 굉장히 중요합니다. 단전과 명치뼈를 펴고, 단전과 코끝을 일치시키는 자세, 즉 장궤 자세가 좋습니다. 장궤 자세가 안 된다면 반가부좌를 하더라도, 단전과 코끝을 일치시키고 명치뼈를 폅니다. 길게는 2시간씩 한 적도 있습니다.

법당에서 공부하고 울력한다

그래도 깨끗하게 해결되지 않을 때는 가능하면 집에서 공부하는 것을 지양하고 법당에 나오는 것이 좋습니다. 집에서 업보 속에서 하는 공부는 한계가 있습니다. 공부를 방해하는 걸 업보라고 합니다. 대개 가장 가까운 사람인 가족이 업보인 경우가 많습니다. 서로 주고받을 것이 있어서 업보가 된 것이기에, 그 업보의 특성상 주고받는 것이 다 끝날 때까지는 헤어지기를 싫어합니다. 헤어지기 싫어하면서 주고받으려고 하는 것이 공부를 방해하는 것입니다. 업보가 덜한 곳이 법당입니다. 법당에 와서 금강경을 읽거나 미륵존여래불 정진을 하는 것은 집에서 하는 것보다 훨씬 효과가 좋습니다. 근심 걱정이 사라집니다.

하지만 그것도 한계가 있습니다. 정진도 한 시간 이상하면 더 하고 싶지 않아요. 금강경도 세 번 읽으면 아주 힘들어요. 이럴 때 울력으로 공부를 이어 갑니다. 세상에서는 운동한다고 하는데, 운동보다도 몸뚱이로 무보수한 일을 연습하고 복을 짓는 것이 좋습니다. 금강경 읽고 미륵존여래불 해도 잘 안 될 때 울력하는 것은 기분 전환이 될 뿐만 아니라 부처님께 가까이 가는 중요한 요소입니다.

오늘 하루만 살라

미래에 대해 불안한 생각이 들 때 선생님께서 해 주신 말씀이 있습니다.

"오늘 하루만 살라."

내년 살고, 10년 살고, 20년 살고, 오래 살 것을 계획하고 대비하다 보면 이런 생각 저런 생각들이 걷잡을 수 없이 올라오는 경우가 많습니다. 오늘 살고 내일은 죽을지도 모르니 오늘 하루만이라도 최선을 다하자는 마음을 가질 때 대부분의 근심 걱정이 사라집니다.

굉장히 힘들 경우는 더더욱 그렇습니다. '오늘 하루만 살자. 내일은 어떻게 될지 모르는데 왜 이렇게 근심 걱정을 한단 말인가.' 이렇게 해보시는 것이 좋습니다. 저도 그렇게 몇 번 해본 적이 있는데 상당히 효과가 있습니다.

내일 무슨 일이 닥칠지 모르는데, 그에 대한 대비 없이 오늘 하루만 사는 마음 자세를 갖는 것은 바람직하지 않다고 생각하는 사람들이 많습니다. 오늘 하루만이라도 진실하게 살면 미래에 대한 걱정과 근심은 다 해결되는 모양입니다. 이 말을 꼭 믿으세요.

오늘 하루만이라도 부처님께 잘 바치면서 살자.

오늘 하루만 산다고 생각하자.

굉장히 중요합니다.

나는 그럭저럭 다 해결하고 지내 왔다

그래도 걱정 근심이 사라지지 않을 때는 어떻게 해야 할까요?

백 선생님께서 해 주신 처방입니다.

난제가 생겼을 때는 힘들고 꼭 죽을 것 같습니다. 그런데 과거를 생각해 보세요. 대개 며칠 지나면, 아무리 길어도 한 달만 지나고 나면 그것들은 거의 다 해결이 됩니다. 백 선생님께서는 미래에 대한 불안한 생각으로 어려울 때나 현재 일이 풀리지 않아서 꼬여 있을 때 이렇게 생각하라고 하십니다.

'나는 그럭저럭 다 해결하고 지내 왔다.' 좋은 이름을 지으라는 겁니다. '이러다 내가 죽는 게 아닌가?' 하지 말고 '이렇게 지금까지 잘 넘겨 왔다.' 좋은 이름을 짓습니다.

지나고 보면 쉽다는 이야기가 있지 않습니까? 우리는 그렇게 살아 왔습니다. 약한 존재가 아닙니다. 지금 심각하다고 생각하는 문제도 조금 있으면 다 해결될 것입니다. 이렇게 마음을 먹는 것은 그 문제를 해결하는 데 굉장히 좋은 방법입니다.

바칠 것이 많아서 좋다

왜 내 팔자는 계속해서 꼬이고 힘들까?

역경이 계속해서 생기면 이런 생각이 나지요. 저는 꼬이고 또 꼬이고, 뒤로 자빠져도 코가 깨지는 경험을 많이 했기 때문에 설상가상이라는 단어가 아주 실감났습니다. 그런데 이제 설상가상이라는 용어가 저한테서 사라졌어요.

어떻게 없어졌을까요? 그 재앙이 결국은 다 복이 되었습니다.

일이 꼬이고 힘들면 백 선생님 말씀이 생각납니다.

"너는 바칠 것이 많아서 좋지 않으냐."

현재의 근심 걱정을 해결하는 백 박사님의 좋은 교훈입니다.

근심 걱정으로 살지 마세요. 굉장히 소중한 이 순간, 행복한 마음으로 살기를 바랍니다. 행복한 마음으로 살 때 더욱더 행복한 일이 우리에게 다가올 것입니다.

'아니, 안 돼' 하지 않는다

심각하게 고생스럽지는 않아도 삶이 즐겁지 않을 때가 있습니다. 좀 더 행복하게 사는 길은 없을까? 태어난 보람을 느끼며 밝게 사는 길은 없을까? 이것이 행복하게 사는 길이라고 백 박사님께서 말씀하시지는 않았지만, 제가 들었을 때 '이렇게 하면 행복하게 살 것이다.'라고 생각한 선지식 말씀이 있습니다.

될 수 있는 대로 '아니' 소리는 하지 말라고 하십니다.

누가 부탁을 하는데 절대 들어줄 수 없을 때가 있습니다. 특히 가까운 가족이나 친구 사이에서 무언가 요구하면 번개보다 더 빠르게 "안 돼!" 합니다. 이 말을 유보하는 습관이 굉장히 중요합니다. '안 된다', '아니' 소리는 내 입에서 영원히 사라지도록 해야 합니다.

상대방이 무리한 요구를 하더라도 "생각해 보죠."라고 합니다. 가능한 대로 "네" 하는 것이 좋다고 합니다. 할 수 있는 만큼 해보다가 안 되면 내 힘으로는 힘들다고 하더라도, 일단은 해 주려고 해야 합니다. 절대로 '아니' 소리는 하지 않습니다. "생각해 보죠." 할 때 입으로는 생각해 본다고 하며 속으로는 안 한다고 할 수 있지만, 가능한 대로 실제로 해 주려는 마음을 내는 것이 좋습니다. "네" 할 때도 실제로 해 주려고 하면 사실은 해 줄 것도 별로 없고, 간단하게 저절로 해결되는 수가 많습니다.

나쁜 이름을 짓지 말고
더 나아가 어떤 이름도 짓지 않는다

그리고 나쁜 이름을 짓지 말아야 합니다. 이름을 짓는 대로 되기 때문입니다.

나쁘다고 결론을 낼 만한 팩트는 없습니다. 예를 들어서 파산, 화재, 말기의 불치병이 발생할 때 '나는 끝이다'라고 나쁜 이름을 짓습니다. 절대로 그런 것들 때문에 죽지 않습니다. 내가 죽겠다고 하니까 죽지, 그것이 바로 나를 죽이지 않습니다. 더 복이 된다고 생각하면 실제로 전화위복이 되어 복이 된다고 합니다. 그러니까 내가 이름을 나쁘게 지어서 나쁘게 되는 것이지, 아무리 나쁜 상황이더라도 전화위복이라고 이름을 지으면 좋게 됩니다.

백 선생님께서는 병원에서 굉장히 고통스러울 때도 '이 병원 참 좋다.' 하셨다고 합니다. 그 얘기를 왜 하셨을까요? "너희들도 이렇게 따라서 해라. 나는 이렇게 좋은 이름 지어서 행복하게 살았으니 너희도 이렇게 행복하게 이름 지어라." 하는 것입니다.

절대로 '망조다, 틀렸다, 재수 없다, 안 된다, 귀찮다, 모른다' 하고 이름 짓지 않아야 합니다. 모른다고 하니까 모르는 것이지 모를 것이 없다고 합니다. 우리는 전지전능합니다. 그래서 절대로 불행한 이름을 짓지 말 것이며, 더 나아가 이름을 짓지 않는 것이 가장 좋다고 하셨습니다.

내 눈에 띄는 것은 모두 내 모습

남의 허물을 보는 버릇이 참 나쁩니다.

며느리가 시어머니 흉보면 속이 시원하지요. 옛말에도 그랬고, 그게 스트레스 푸는 방법이라고 해요. 심리학자들까지도 속이 답답할 때 욕을 실컷 하면 풀린다고 이야기합니다. 밝은이는 아무리 답답하더라도 욕하거나 불평해서 스트레스를 풀라는 이야기는 하지 않으실 것입니다. 그때는 잠깐 시원할지 몰라도 절대로 그런 식으로 하지 마세요. 남을 흉보는 것은 나쁜 이름을 짓는 것과 똑같습니다.

남의 단점이나 남의 못된 점, 추한 점은 그 사람이라고 하지 마세요. 바로 내 모습이라고 보면 됩니다. '내 눈에는 왜 이렇게 불쌍하고 처량한 사람이 많이 띌까?' 내가 지혜가 있어서, 내가 똑똑하니까, 내가 정확히 보니까 눈에 많이 띄는 것이 아닙니다. 자기 모습이 그렇고 자기 모습만 보니까 눈에 많이 띈다고 판단하는 것입니다. 내 눈에 많이 띄는 것은 바로 나입니다. 나의 모습, 나의 아바타입니다.

그가 사귀는 친구를 보고 그를 판단하라는 얘기가 있습니다. 저는 이 말을 부정했어요. 내가 사귀었던 친구는 나보다 못한 것 같았어요. 내 친구를 보고 나를 판단한다면 나는 형편없는 사람이 되는 겁니다. 나는 형편없는 사람이 되는 것에 동의하기 싫었고, 친구를 보고 그 사람을 판단하라는 얘기에 동의하지 않았습니다. 하지만 내가 어리석은 친구만 사귀었던 것은 내가 어리석어서 그렇다는 것을 한참 만에 깨달았습니다. 사귀는 사람을 보고 그 사람을 알라는 말은 정확합니다.

내 눈에 자주 띄는 것은 내 모습입니다. 그렇게 알 때 행복해집니다. 다르게 보는 것은 불행의 시초입니다.

부처님 감사합니다

'부처님 감사합니다.' 하는 것이 참 좋습니다. 꼭 한번 해보십시오. 기독교에서는 범사에 감사하라는 이야기를 하는데, 그것은 좋은 이름을 짓는 것입니다. 불평은 나쁜 이름 짓는 것입니다. 그냥 '감사합니다' 하기보다도, '부처님 감사합니다.' 하는 것이 더 좋습니다. 그냥 '감사합니다' 하는 것도 좋은 이름 짓는 것이기에 감사할 일이 생기지만, '부처님께 감사합니다.' 할 때는 업보 해탈까지 동시에 이루어집니다.

가만히 있을 때 하루에 100번씩 하시면 좋습니다.
"부처님 감사합니다. 부처님 시봉 잘하기를 발원."
"부처님 감사합니다. 부처님 전에 복 많이 짓기를 발원."
눈 뜨면 합니다. 살아있다는 존재 자체가 감사할 일입니다. 잠들기 전에도 하는 것이 좋습니다. 잠잘 때까지도 공부가 계속됩니다. 이것은 백 박사님께서 해 주신 말씀입니다. 이 말씀만 잘 실천한다면 평범한 사람도 굉장히 행복한 삶을 살게 될 것입니다.

모든 사람을 부처님으로 본다

마지막으로 백 선생님께서 하신 말씀은 아니지만, 달라이라마의 기도문에서 아주 인상 깊은 문장을 소개합니다. '오늘 하루 이렇게 살게 된 것을 감사합니다.'라는 내용과 함께 제일 마지막에 '당신은 곧 부처님이십니다.' 이런 표현이 나옵니다.

　모든 사람을 부처님으로 보는 마음 자세는 매우 바람직합니다. 다른 사람이 고약하게 보이는 것은 자기 모습입니다. 부처님으로 볼 때 자기가 부처님 세계, 행복의 세계에 들어갑니다. 이 말씀을 이해하시고 잘 실천하셔서 행복하게 살고 부처님 시봉 잘하시길 발원드립니다.

2019.10.12.

제4장

무슨 생각이든지 착각인 줄 알고
형상 없는 부처님께 바쳐라

진정한 불자는
늘 부처님을 향한다

　　백 선생님은 굉장히 드문 분입니다. 어떤 유명한 큰스님보다도 훨씬 더 훌륭하고 대단한 분, 100년이나 200년에 겨우 한 번 나올까 말까 한 분입니다. 종정을 지내신 서옹 스님께서도 백 박사님을 아주 높게 평가하시며 200년 만에 한 번 나올 분이라는 말씀을 하셨다고 간접적으로 들은 적이 있습니다. 그런 정도로 비범하고 대단하신 분입니다.

　　그분은 소위 신도라는 게 없어요. 제자라고 할 수도 없는, 그저 그분을 따르는 몇몇 대중들이 있었습니다. 제자니 신도니 하는 게 세상에서는 아주 익숙한 말인데, 백 박사님은 수도하는 우리를 밝게 해 주려고 하셨는지 신도라는 표현을 쓰지 않으셨고, "나는 제자가 없다."라는 표현을 쓰셨습니다.

　　훌륭한 백 선생님의 제자가 되겠다는 생각으로 소사에 들어갔지만 별로 제자 노릇을 한 것 같지는 않습니다. 그 도량에는 무엇을 바라고 들어가서는 안 됩니다. 100일을 공부해서 팔자를 바꾸겠다거나 잘되길 기대하는 식으로 들어오는 사람은 대개 오래 있지 못합니다. 마음을 닦으러 가거나 부처님 공경하러 가는 사람만이 조금 오래 붙어 있을 수 있지, 철저히 속까지 이기적인 목적이 있는 사람은 그곳에 오래 붙어 있지 못했습니다. 선근이 깊고 공경심이 있어야 오래 붙어 있습니다.

저는 심리적인 불안을 해소하러 갔는데, 이것도 이기적인 목적이라고 볼 수 있습니다. 이기적인 목적만 있다면 거기 오래 붙어 있을 수 없습니다. 제 속에는 조건 없이 무주상 보시를 하려는 선근이 조금이라도 있었나 봅니다.

소사에 잠깐 있어도 그곳이 소원 성취하는 도량이 아니라는 것을 금방 알 수 있습니다. 오롯이 부처님을 공경하는 순수한 마음이 조금이라도 없다면 그곳에 있을 수 없습니다. 그곳에 있다고 해서 잘된다는 보장이 전혀 없기 때문입니다. '선생님의 법문은 참 시원하고 좋지만, 여기에 100일 정도는 몰라도 수년간 있다는 것이 과연 현명한 일일까?' 밖에 나가서 할 일도 많고 또 젊은이라면 취직도 해야 하기에, 사실 젊은이가 그곳에 온다는 것은 쉬운 일이 아니었습니다.

저희도 그곳에 있으면서 여러 가지 분별을 많이 냈습니다. '내가 언제까지 여기에 있어야 하나? 여기 있다가 시대에 뒤떨어지는 것은 물론이고 일자리까지 없어지는 것은 아닐까?' 그러면서도 붙어 있었던 것은 언젠가 닦았던 선근이 있었기 때문이라고 생각합니다. 수시로 불안하고, 집에 가고 싶고, 백 선생님이 때때로 의심스러웠습니다. 여기에 오면 무엇을 해 준다는 약속에 의해서 온 것이 아니기 때문에 그럴 수밖에 없어요.

　승려가 받는 인정이나 대접은 전혀 없었습니다. 직업을 물어봐도 승려라고 할 수 없고, 노동자라고 부르면 노동자가 됩니다. 그야말로 허허벌판이었고, 허허벌판에 있는 것은 쉬운 일이 아니었습니다.

교통사고를 당한 도반 이야기

　한 도반이 이 공부가 좋고 마음 닦는 것이 좋다는 것은 알지만 현실적으로는 굉장히 뒤떨어진 일이 아닌가 하는 생각으로 늘 공부를 할까, 나갈까 오락가락했습니다. 그이는 소사에 1년 이상 있었지만, 오로지 순수하게 공부하는 마음으로 있었던 것이 아니라 수시로 갈등하였습니다.

　하루는 자전거를 타고 사료를 사러 가는데 뒤에서 큰 트럭이 들이받았습니다. 공중에서 한 바퀴 돌고 땅에 떨어져서, 중상을 입고 3개월간 입원했습니다. 게다가 트럭 운전사는 보험이 없어서 사고를 내고 구속되어 모든 비용을 본인이 부담해야 했습니다. 한편 의심스러운 생각이 납니다.

　'수도한 지 1년이나 됐으면 재앙은 없어지고 소원을 성취해야지, 그러기는커녕 3개월이나 입원하는 중상을 입고 치료비까지 본인이 몽땅 물다니! 대체 공부한 보람이 무엇인가? 아무리 바라지 않고 한다지만, 부처님은 참 해도 너무하시다. 이 공부는 가짜가 아닐까?'

　병문안을 자주 갔습니다. 이상하게 입원한 3개월 동안 도반의 얼굴이 점점 더 밝아졌습니다. 소사에서 수도할 때는 얼굴이 좀 노랗고 우울해 보였는데, 사고가 나서 병원에 입원하고 난 뒤에는 얼굴이 점점 밝아지더니, 도인의 얼굴이 저럴까 할 정도로 관옥같이 희어졌습니다. 참 이상하지요?

한 3개월 입원한 후 그이는 여러 가지 느끼는 바가 있었는지, 소사에 다시 들어오지 않고 결국 밖에 나가서 은행에 취직했습니다. 요새도 그렇습니다만 그때는 은행에 상당한 엘리트들이 입사했고, 고객들을 상대하기 위해서 깨끗하게 단장을 했는데 그이는 그중에서도 더 깨끗하게 보였습니다. 얼굴이 희고 깨끗해진 게 10년 이상 갔습니다.

도반이 1년이나 수도해도 얼굴이 늘 누렇고 명랑하지 않았는데 병원에 입원하고 나서는 얼굴이 왜 깨끗해졌는지 백 선생님께 여쭤봤습니다. 소사에서 공부할 때는 순수하게 부처님 향해서 공부하지 않고 '이 공부가 정말 옳은가? 내가 여기 있는 게 허송세월은 아닌가?' 늘 오르락내리락 의심하면서 공부했기 때문에 얼굴이 누랬다고 합니다. '어떻게 하면 나가나?' 수시로 생각했는데 그 사람은 공부할 그릇이라 선생님께서 붙들었기에 갈등했던 것입니다. 결국, 사고가 난 것은 소원 성취입니다.

왜 밖에 나가서 얼굴이 관옥같이 하얘졌을까?

소사에 있을 때는 퇴타심으로 오르락내리락하면서 선생님 공부를 의심하고, '시대에 뒤떨어지는 것이 아닌가? 일자리도 없어지는 것이 아닌가?' 하며 나가고 싶은 마음으로 했기에 얼굴이 누르퉁퉁해졌는데, 소원이 이루어져서 나가게 되어 병원에 입원했을 때는 오히려 한 마음으로 부처님을 향했다고 합니다.

부잣집 아들이었던 그이는 어떻게 보면 공부할 필요가 없는 사람이었는지도 모르지요. 전생에 승려 노릇을 많이 해서 선근이 있어서 마음을 닦고 싶어 소사에 왔던 것 같습니다. 그러나 밖에 나가고 싶은 마음이 사고로 이어졌는데, 일단 사고로 입원해서는 오로지 부처님만 순수하게 향했기 때문에 얼굴이 하얘졌다는 것이 백 선생님의 해석입니다.

수도의 보람과 교훈,
부처님 향하는 마음이 중요하다

여기서 재미있는 교훈을 몇 가지 얻을 수 있습니다.
우선 시시각각으로 소원 성취가 된다는 것입니다.
그이가 신심을 가지고 오롯이 부처님 시봉하는 마음으로 공부를 했다면 그런 사고는 나지 않았을 것입니다. 그런데 오락가락하며 나갈까 말까 의심을 했고, 나가는 길은 사고가 나는 것이었습니다. 그래서 결국 나가게끔 소원 성취한 것입니다.
그 사고는 큰 재앙이 아닌가?
왜 사고가 났는가 했더니 결국은 나가기 위해서 소원 성취하는 과정에서 사고가 났는데, 그 사고는 나쁜 게 아니라는 것입니다. 그이는 늘 고질병인 치질이 있었습니다. 여러 생 승려 노릇하며 참선하면서 오래도록 앉았던 연유로 여러 생 동안 치질이 있었습니다. 마침 교통사고가 나면서 공중으로 한 바퀴 돌고 땅에 떨어졌는데, 치질이 있는 엉덩이로 앉았습니다. 3개월 동안 병원 생활을 하면서 전생부터 가지고 왔던 치질이 깨끗이 나았습니다. 그 사고가 난 것 자체는 재앙으로 보이지만, 재앙이 아니었다는 해석입니다.
또 한 가지 교훈은 마음을 어디로 향하는가가 중요하다는 것입니다.

아무리 도량에서 수도해도 마음이 부처님을 향하지 않고 밖을 향하고 있다면 얼굴이 누르퉁퉁하지만, 비록 병원에 있고 세상에 있어도 부처님만 향한다면 얼굴이 관옥 같아집니다. 아무리 수도장에서 열심히 공부하더라도, 누가 보기에는 용맹정진을 하더라도 그 마음이 부처님을 향하지 않고 세상을 향하고 있다면 공부의 보람이 별로 없습니다. 세상에서 부처님의 가르침과 관련 없는 일을 하여도 마음이 부처님만 향하고 있다면 공부가 됩니다.

환경이나 여건이 중요한 것이 아니라 그 사람의 마음이 어디로 향하는가가 무엇보다 중요하다는 귀중한 교훈을 얻을 수 있습니다.

결론적으로 법당에서 당하는 재앙은 결코 나쁜 일만은 아닙니다. 그이가 법당에서 사고를 당한 것은 자기가 나가고 싶어서 소원 성취하는 과정에서 이루어진 것입니다. 또 상당히 중상이었지만 이로 인해서 전생부터 가지고 왔던 고질병을 해탈했으니, 법당에서 당하는 재앙은 진짜 재앙이 아니라 전화위복의 한 과정이라고 이해한다면 여기서 수도의 보람과 교훈을 얻을 수 있을 것입니다.

부처님 시봉하기 위해,
스승의 뜻을 받들기 위해 수도해야 한다

소사에 있었던 도반의 교통사고를 바탕으로, 어떤 것이 진정으로 불법인가 아닌가를 제 나름대로 분석해 봅니다.

불법과 불법이 아닌 것의 차이는 무엇인가?

불자와 불자 아닌 사람의 기준은 무엇인가?

이것을 분명히 알아야 합니다.

요새는 명상이 대세입니다. 미국에는 명상하는 인구가 천만이라고 합니다. 천만이라는 것도 20년 전 통계이기에 지금은 더 늘어났을지도 모릅니다. 대학 교과에도 명상이 있다고 합니다. 그런데 명상을 하는 수많은 미국의 수행자들은 불자라고 하지는 않는다고 합니다. 명상의 뿌리는 불교에서 출발했는데, 명상하는 수많은 사람은 스스로 불자라고 생각하지 않습니다.

명상을 하면 불자인가?

명상할 때 집중하고 호흡을 관합니다. 그렇게 하는 것은 그냥 수련이며, 불교 수행이 아닙니다. 하지만 호흡을 관하는 수식관을 하더라도 부처님 시봉을 위해서 하거나 스승의 뜻을 받들기 위해서 명상을 한다고 생각한다면 그이는 불자입니다.

간화선을 하면 불자인가?

간화선도 마찬가지입니다. 자기가 화두를 정해서 화두 참구 수련을 하거나, 깨치지 않은 사람이 화두를 주어서 수행하는 것은 진정한 불자의 자세가 아닙니다. 화두를 깨치되 부처님 시봉을 하겠다거나 화두를 주신 스승의 뜻을 받들기 위해 참구한다면 이것이 진짜 불자의 참선입니다.

절을 한다고 불자인가?

절만 하면 으레 불자라고 생각을 합니다. 108배를 하면 불자라고, 3000배를 하면 더더욱 불자라고 생각합니다. 저는 절하는 것만으로 불자라고 생각하지 않습니다. 절을 하되 부처님 시봉하기 위해서, 또는 절을 시키는 사람을 기쁘게 해 드리기 위해서, 또는 부처님 기쁘게 해 드리기 위해서, 즉 부처님이 계시는 절을 해야 당장 효과가 있습니다. 이것이 진정한 불자의 자세입니다.

착한 일 하면 불자인가?

착한 일을 많이 하고 보시해야 한다고 합니다. 보시한다고 다 불자입니까? 기독교인들도 보시를 잘합니다. 너그러운 사람도 보시를 잘합니다. 착한 일 하는 것이 불자가 아닙니다. 착한 일을 하되 착한 일을 하라고 시키신 스승의 뜻을 받들기 위해서 한다면 그 스승만큼 밝아질 수 있습니다. 이것이 불자입니다. 그냥 착한 일을 하면 착한 과보를 받겠지요. 하지만 내가 하는 착한 일이기 때문에 아상이 붙어 밝아지지는 않습니다.

화엄경을 하면 불자인가?

불교의 최고 경전을 화엄경이라고 합니다. 화엄경을 하면 그대로 불자라고 하는 분들이 있습니다. 어제도 무비 스님의 화엄경을 잠시 들었습니다만, 무비 스님도 화엄경이 최고의 경전이며 그대로 부처님의 가르침이라고 합니다. 저는 화엄경을 한다고 꼭 불자라고 생각하지 않습니다. 내가 써먹기 위해서 하는 화엄경 공부라면 이것은 진정한 불자의 자세가 아닙니다. 부처님 시봉하기 위해서, 화엄경을 공부하라고 시키는 스승을 기쁘게 해 드리기 위해서 하는 것이라면 그 스승만큼 밝아질 수 있고 이것이 진짜 불자의 자세라고 생각합니다.

그냥 화엄경만 하는 사람은 불교학도입니다. 어느 대학에 불교학과 교수가 "나는 불교학과 교수이지만 불교 신자가 아니오."라고 용감한 말을 하는 것을 듣고 깜짝 놀란 적이 있습니다. 이제 이해하게 되었습니다. 불교학과 교수이고 불교 경전을 잘 알아도 부처님이 아니 계시고 부처님 시봉하기 위한 경전 공부를 하는 것이 아니라면 불교 신도가 아니라는 말은 사실이며, 그이는 정직한 표현을 했다고 생각합니다.

출가하면 불자인가?

마찬가지입니다. 출가했다고 다 불자가 아닙니다. 머리 깎고 출가하여 계를 지킨다면 다 불자라고 생각할 것입니다. 그러나 백 선생님은 절대로 그렇게 이야기하시지 않을 것입니다. 부처님 시봉하는 출가를 해야 합니다. 그냥 출가와 부처님 기쁘게 하는 출가는 상당히 다릅니다. 마지못해서 하는 출가, 마지못해서 지키는 계율이 있습니다. 계율만 잘 지킨다고 불자가 아닙니다. 부처님 기쁘게 해 드리는 불자가 되고, 부처님 기쁘게 해 드리기 위해 계율을 지켜야 합니다. 계율을 지켜서 부처님 시봉 잘하기를 발원하거나 계를 준 사람의 뜻을 기쁘게 해 드리기 위해서 계를 지켜야 진짜 불자입니다.

법사가 되어 법문한다고 불자인가?

법사도 마찬가지입니다. 불교의 가르침을 이야기하고, 밝아지라고 여러 이야기를 하면 최고 불자라고 이야기하실 것입니다. 법문하는 법사 중에서도 여러 스타일이 있습니다. 자기 자랑하려고 법문하는 사람이 꽤 많습니다. 자기 신도 만들려고 법문하는 사람들도 많이 있습니다. 아무리 최고의 경전인 화엄경을 달달 외우더라도 부처님께서는 그를 진정한 법사요, 진정한 불자라고 보지 않을 것입니다. 부처님 시봉하기 위해서 또는 밝은 스승의 뜻을 받들기 위해서 법문을 한다고 해야 진짜 불자요, 진짜 불자인 법사입니다.

이것이 백 선생님 가르침의 핵심입니다.

진정한 불자

소사에서 열심히 공부했어도 늘 의심하고 밖에 나갈 생각을 하는 사람은 진짜 불자의 바람직한 얼굴을 하고 있지 않지만, 밖에 나가서 병원 생활을 하면서 금강경 대신에 취직 공부를 하는 사람이라도 부처님만 향하고 있으면 얼굴이 관옥 같다는 사실에서 귀중한 교훈을 얻었습니다. 이 교훈은 제 생각이라기보다 백 선생님의 뜻이라고 해도 됩니다.

진정한 불자의 자세를 가져야 합니다.

왜 진정한 불자의 자세가 중요할까?

진정한 불자의 자세, 즉 부처님 향하는 마음을 가져야만 아상이 죽습니다. 그렇지 않으면 틀림없이 내가 하는 불교가 되고, 그 과보는 내생으로 넘어갑니다. 진정으로 부처님 시봉하는 불교는 그 과보가 금생에 옵니다. 여기 오시는 분들이 놀랄 만할 정도로 짧은 시일 내에 훌륭한 체험을 하는 것은 진정으로 부처님을 공경하는, 부처님과 함께하는 불법을 해서 그렇다고 생각하시면 됩니다.

이 말씀을 교훈 삼아 금생, 당처즉시에 부처님의 광명을 체험하는 기적을 이루어서 부처님 시봉 잘하시기를 발원드립니다.

2019.10.19.

진심을 해탈하여야
세상 떠날 때 부처님을 향할 수 있다

산천초목이 누렇게 붉게 변하는 단풍철입니다. 십여 년 전에 유명한 내장산 단풍을 보러 갔는데, 입구부터 사람과 차량이 많아서 전혀 즐길 수 없었습니다.

단풍이 과연 좋은 것인가?

백 선생님 법문이 생각납니다. 단풍이란 여름에 푸르렀던 이파리가 죽어가는 과정에서 붉게 물드는 것입니다. 화엄경 사구게 '유정무정 시유불성有情無情 始有佛性,' 유정무정에 부처의 성품이 있다고 합니다. 심지어 돌에도 부처님 성품이 있다면, 식물에도 부처님 성품이 틀림없이 있겠지요. 낙엽이 질 때 단풍이 물들 때, 사실 나무 이파리는 '나 죽는다.'고 괴로운 마음을 낸다고 합니다.

"사람들은 단풍이 괴로워하는 마음을 모르고 빨갛게 물든 단풍을 좋아하니 참 아이러니한 일이다."

실지로 많은 사람이 단풍을 보고 즐기기도 하지만, 단풍이 들고 낙엽으로 사라지는 것을 보고 자기 목숨이 사라지는 것과 같이 굉장히 슬퍼하고 우울해하는 사람도 적지 않습니다. 여러 해 산속에서 겨울을 지내 본 적이 있습니다. 산속의 겨울은 굉장히 을씨년스럽습니다. 눈이 쌓이고 윙윙 바람 소리가 들리면 모든 것이 죽음인 것 같고 적막하게 느껴질 때가 한두 번이 아니었습니다.

왜 가을에는 쓸쓸하고 적막함을 느끼는 것일까?

사람이 죽을 때도 이렇지 않을까?

백 선생님 법문을 상기해 봅니다.

우울하고 슬픈 마음도 진심瞋心

우리는 무언가 목표를 세우고, 이루기 위해서 노력합니다. '어서 하겠다'고 할 수 있습니다. 금강경 공부도 '어서 하겠다'고 할 수 있습니다. 그런데 무엇을 바라면서 '어서 하겠다' 하는 마음은 탐심이라고 하십니다.

"바라지 말고 기대하지 말고 오히려 베풀어 주어라."

이것이 탐심을 소멸하는 방법이라고 하셨습니다.

목표를 바라고 가다가 잘 안 되는 수가 많은데, '왜 안 되나?' 하고 종종 짜증스러운 마음을 낼 수 있습니다. 짜증스러운 마음은 성내는 마음이며 이것을 진심瞋心이라고 합니다. 진심의 범위는 굉장히 넓습니다. 성내고 짜증내는 것만이 아니라 만사가 귀찮고 맥이 빠지는 것도 진심입니다. 내 마음이 우울하거나 슬퍼지는 것도 진심입니다. 다른 표현으로 하면 성이 났다, 뜻대로 안 된다, 이런 뜻이랍니다. 또 공부하기 싫어서 보따리 싸서 가는 사람도 있습니다. 공부에 대해 비난하면서, 이 공부 더 안 하겠다고 퇴타심 내는 것도 알고 보면 진심의 결과입니다.

그러면 진심은 어떻게 닦는가?

슬프고 우울한 마음은
부처님 전에 복을 지어야만 사라질 수 있다

백 선생님 말씀에 의하면, 탐심은 베풀어 주는 마음을 연습하다 보면 언젠가 깨침으로써 한꺼번에 소멸되는 특성이 있습니다. 반면 진심은 한꺼번에 깨치는 특성이 있지 않고, 철저히 닦아야 한다고 합니다. 슬프고 우울한 마음은 부처님 전에 복을 지어야만 사라질 수 있습니다.

가을에 느끼는 쓸쓸한 마음은 우리 마음속에 본래 가지고 있던 성내는 마음의 결과입니다. 엊그제 어떤 분들과 산에 갔습니다. 한 분이 이런 이야기를 했어요. "전에는 가을이 되어 단풍을 보면 굉장히 우울해졌습니다. 그런데 금강경 공부를 한 뒤에는 단풍이나 낙엽을 볼 때 마음이 우울하지 않고 상당히 밝습니다."

왜 그전에는 단풍이나 낙엽을 보면 쓸쓸하고 우울했으며, 지금은 왜 안 그럴까요? 복을 짓고 진심을 닦은 결과라고 해석합니다. 마음속에 올라오는 진심, 즉 우울한 생각과 슬픈 생각을 자꾸 바쳐서 해탈하게 되면, 가을이 되고 겨울이 되어 세상이 적막해지더라도 쓸쓸하고 우울하게 느껴지지 않습니다. 밝고 즐겁게 느껴질 것입니다.

진심을 닦아 마음이 편안해져야
마지막 순간에 부처님 향할 수 있다

심지어는 죽음이 올 때, 아무도 죽음을 대신하지 못합니다. 자식이 대신하겠어요? 처자가 대신하겠어요? 아무리 빌어도 부처님이 대신하겠어요? 혼자 가는 겁니다.

죽음에 이르러 유일한 노자, 위안이 되는 것이 무엇일까요?

바로 진심을 닦아서 해탈하는 것, 이것이 마지막 저세상으로 갈 때 최대의 보호가 되고 위로가 되며 구원의 손길이 될 것으로 생각합니다.

공부를 왜 할까요? 공부의 목적이 무엇일까요?

스님들은 아마 생사 해탈을 위해서 공부한다고 할 수 있습니다. 생사 해탈은 너무 거창합니다. 백 선생님께서는 "세상 떠날 때 '부처님'하기 위해서 공부한다."고 하셨습니다.

세상을 떠날 때 적막합니다. 쓸쓸합니다. 고통스럽습니다. 이 고통스러운 마음, 원망하는 마음을 가지고 떠나면 사람 몸 받기도 어렵다고 합니다. 평소에 진심을 잘 닦는다면, 죽음의 괴로움이 오고 적막이 오더라도 우울하지 않고 마음이 편안합니다. 그럴 때 부처님 향하고 '부처님' 할 수 있습니다. 세상을 떠날 때 바로 '부처님' 할 수 있는 힘은, 평소에 적막하고 우울한 마음, 남을 꾸짖는 마음을 따라 가지 않고 부처님 전에 복 짓는 마음을 연습했을 때 얻어집니다.

쓸쓸하고 우울할 때, 그 마음의 뿌리인 진심을 바칠 절호의 기회로 알고 그 우울한 마음을 힘써 바치셔서, 항상 어느 때에도 심지어 죽음에 이르러서도 밝고 명랑한 마음을 가지게 되기를 발원하며 백 선생님의 법문을 다시 떠올립니다. 세상 떠날 때까지 '부처님' 하는 편안하고 즐거운 마음으로 부처님 전에 복 많이 짓기를 발원드립니다.

2019.11.02.

무슨 생각이든지 착각인 줄 알고
형상 없는 부처님께 바쳐라

 법회 시간에 부처님께 바치는 뜻에 대해 여러 번 말씀을 드린 적이 있습니다. 오늘도 부처님께 바치는 참뜻이 무엇인지 다시 한 번 검토하고 생각해 보겠습니다. 부처님께 바치는 참뜻을 잘 알고 바칠 때, 모르고 바치는 것과는 정말 하늘과 땅만큼 큰 차이가 있다고 말씀드립니다.
 "무슨 생각이든지 부처님께 바쳐라."
 좀 더 구체적으로, 무슨 난제이든지 자기가 가지고 있지 말고 부처님께 바치라고 합니다. 난제를 바칠 때 해결이 되고, 안 될 일이 이루어지며, 알게 된다는 뜻입니다. 실제로 난제를 자꾸 부처님께 바치면 난제가 아닌 것 같이 느껴지면서 일이 풀리는 것을 종종 체험합니다. 그것을 다른 표현으로 재앙을 소멸하고 소원을 성취한다고 해도 틀리지 않습니다.

더 잘 바쳐서 더 잘되려고 하며,
탐심과 치심을 연습한다

그런데 여기에 문제점이 적지 않습니다.

'더 잘 바치면 더 잘된다. 더 잘 해결된다.'

이런 생각을 종종 하게 됩니다. 금강경 3독을 꾸준히 해서 일이 잘 풀렸으니 7독을 하면 더 좋을 것이다. 상식적으로 그런 판단은 할 수 있습니다. 제가 이것을 나쁘다고 말씀드리는 것은 아닙니다. 그런데 더 잘 바치려고 해요.

더 잘 바치려는 과정에서 '하겠다'는 탐심이 끼어들기 쉽습니다. 더 잘된다, 더 알게 된다고 하는 과정에서 잘난 척하는 마음, 치심의 결과로 이어집니다. 무슨 생각이든지 바치는 참된 목적은 탐진치를 소멸해서 부처님처럼 밝아지는 것인데, 까딱하다가 더 잘 바쳐서 더 잘되려는 과정에서 탐심과 치심을 연습하게 되어 본래 목적과는 거리가 멀어집니다.

더 잘 바치면 더 잘된다고 하는 과정에서 '부처님이 해 주신 것이다.'라고 하며 타력으로 생각하게 됩니다. 자꾸 바쳤을 때 기적적으로 병이 낫고 가난을 면하고 업보를 해탈해서 자유로워졌다며, 내 힘으로 되었다고 생각하지 않습니다. 부처님께 바치니까 바치는 인연 공덕으로, 즉 타력으로 되었다는 생각하기 쉽습니다. 틀린 이야기 같지는 않지만, 그 속에는 무엇이 포함되어 있을까요? '나는 항상 열등한 존재다. 바침으로써 부처님의 구원의 손길을 얻는다. 나는 부처님처럼 전지전능한 존재와는 거리가 먼, 굉장히 열등한 존재다.'라는 생각을 부지불식간不知不識間에 심습니다. 바로 여기에 문제가 있습니다.

무슨 생각이든지 착각인 줄 알고
형상이 없는 부처님께 바쳐라

"무슨 생각이든지 바쳐라."
이것을 좀 더 구체적으로 이야기해야 합니다.
"무슨 생각이든지 착각인 줄 알고 바쳐라."
그냥 바치는 것과 착각인 줄 알고 바치는 것은 상당히 다릅니다. 무슨 생각이든지 바치라고 해서 더 열심히 바치려고 하면 탐심이 붙을 소지가 있습니다. 그러나 착각인 줄 알고 바치는 경우, 착각이라면 더 열심히 할 필요가 없고 그저 깨치기만 하면 됩니다. 착각인 줄 알고 바칠 때 탐심이 붙을 소지가 굉장히 줄어든다는 것을 아셔야 합니다.

"부처님께 바쳐라." 할 때 대부분 형상이 있는 부처님, 위력이 있는 부처님을 염두에 둡니다. 공양을 드리는 대상의 부처님으로 생각합니다. 어떤 존재감 있는(有) 부처님께 드리는 것으로 생각합니다. 참나의 부처님이 아니라는 뜻으로 생각하게 됩니다. 그런데 부처님께 바친다는 것은 어떤 존재감이나 형상이 있는 부처님이 아니라 내 마음의 부처님, 참나의 부처님, 형상 없는 부처님께 바친다는 뜻입니다. 이것을 보충해야 금강경 3분이 제대로 해석됩니다.

'착각인 줄 알고 형상 없는 부처님께 바쳐라.'에서 '착각인 줄'을 생략하고 '형상이 없는'을 생략하기 때문에 까딱하다가 탐심을 연습하고 치심을 연습하면서 자기 자신은 영원히 열등한 존재라는 생각을 하게 됩니다. 부처님의 도움이나 가피에 의해서 나아지는 열등한 존재라는 것은 무엇을 의미할까요? 소원 성취가 되어도 항상 근심 걱정이 끊이지 않아요. 바치는 참뜻을 잘못 알고 하는 것의 문제가 여기에 있습니다.

내려놓기만 하면
본래 모습이 드러난다

착각인 줄 알고 바치라는 것은 열심히 하라는 뜻과는 조금 다릅니다. 내려놓으라는 뜻으로 보는 게 더 맞습니다. 착각인 줄 알고 바치라는 것을, 더 열심히 바치면 더 잘 된다는 것으로 결론 맺으면 안 됩니다. 상당히 잘못하는 것입니다. 올라오는 모든 생각이나 난제를 내려놓기만 하면, 즉 참나의 부처님, 형상이 없는 부처님께 바치기만 하면 본래 참나의 모습이 드러나고 본래 고향으로 돌아가는 것입니다. 이렇게 하면 실지로 열등감에서 항상 벗어날 수가 있어요.

부처님의 가피, 타력에 의존하는 존재라고 생각하면 항상 열등한 존재로 머물러 있게 됩니다. 착각인 줄 알고 형상 없는 부처님께 바친다는 것을 실현하면, 내려놓기만 하면 본래 모습이 드러납니다. 시간이 가면 갈수록 본래 모습과 자신감을 회복하게 되면서, 처음에는 어려워도 나중에는 아주 쉽게 정말 실감나는 불교를 할 수 있습니다.

바치라는 표현에는
부처님을 공경하는 마음과 믿음이 들어 있다

그럼 왜 처음부터 내려놓으라 하지 않고 바치라고 가르치셨나?

왜 더 열심히 바쳐서 탐심이 붙을 소지를 만들게 하셨을까?

이런 의문이 들 것입니다. 그러나 바치라는 표현은 아주 정확하고 꼭 필요한 표현입니다. 내려놓으라고 할 때 공경심이 생기지 않습니다. 그저 수련일 뿐입니다. 바치라는 표현은 그 안에 공경심이 들어 있고, 아상을 소멸하는 표현이 됩니다. 내려놓으라는 표현이 더 정확할지는 모르지만, 이 표현으로는 부처님을 공경하는 마음과 믿음이 생기지 않을 수 있습니다.

믿음과 공경심은 나를 본래 고향으로 돌아가게 하는 근본적인 원동력입니다. 그냥 내려놓으라면 단순한 수련이 되어, 무시겁으로 지어 온 탕자의 업장에서 본래 고향으로 돌아가게 하는 원동력으로 삼기엔 너무나 맥 빠진 표현이 됩니다. 바치라는 표현은 매우 절묘한 표현입니다.

여기에 보충하여 착각인 줄 알고 바친다고 한다면 더 열심히 기를 쓰고 할 필요가 없습니다. 그저 깨치기만 하면 되는 것, 내려놓기만 하면 되는 것입니다. "착각인 줄 알고 형상이 없는 부처님께 바쳐라." 이렇게 이해하셔야 합니다.

부처님과 같이 전지전능한 존재임을 알고 출발해야 한다

자신이 열등한 존재라고 생각하는 것은 기독교적인 사고방식인데, 이렇게 되면 거의 일생을 바치는 공부를 하더라도 본래 구족한 것을 모르기 때문에 근심 걱정이 떠날 수 없어요. 더 바치면 더 좋아진다는 식의 공부를 한다면 더 노력하면 더 바쳐져서 편안할지언정 완전이라는 것은 없습니다. 노력할수록 더 나아진다는 인과응보의 진리는 이해할 수 있어도 완벽하게 된다는 것은 불가능합니다.

착각인 줄 알고 본래 참나의 부처님께 바친다고 할 때, 열등감이 없이 본래 부처님과 똑같이 전지전능하여 모든 것을 움직일 수 있습니다. 하지만 내가 한다면, 나는 내려놓지 못하기 때문에 열등감에서 출발하게 되는 것입니다. 내려놓는 마음으로 한다면 항상 공부를 명랑하고 즐겁게, 나아가서는 용기와 자신감으로 하게 됩니다. 가면 갈수록 점점 문이 넓어지는 가르침을 실천하여 공부를 더 즐겁고 명랑하게 할 수 있습니다.

바치는 뜻을 잘 알고 공부하는 것은 굉장히 중요합니다. 이것을 잘 알려 주는 것이 선지식의 역할이라고 할 때, 선지식의 필요성을 또다시 한번 깊이 절감하게 됩니다.

모든 사람이 바치는 뜻을 잘 깨달아서 자기가 열등한 존재가 아니라 본래 부처님과 같이 구족한 존재임을 알고, 착각인 줄 알고 모든 난제를 잘 바쳐서, 부처님 전에 복 많이 짓기를 발원드립니다.

2019.11.09.

부처님 시봉하는 마음, 응무소주 이생기심의 실천

금강경 구절 중에서 가장 핵심이 되는 응무소주 이생기심應無所住 而生其心을 현실적으로 어떻게 실천할 수 있을까?

응무소주 이생기심을 실천해서 밝고 행복한 삶을 사는 길이 무엇일까?

좀 더 구체적인 실감나는 사례를 생각해 봅니다.

응무소주 이생기심은 부처님 시봉하는 마음

금강경 10분 구절입니다.

제보살마하살 응여시생청정심 불응주색생심
諸菩薩摩河薩 應如是生淸淨心 不應住色生心

불응주성향미촉법생심 응무소주 이생기심
不應住聲香味觸法生心 應無所住 而生其心

우리식으로 도인의 설명을 첨가해서 쉽게 풀어 말씀드리겠습니다.

세상에 나와 아주 친한 사람이 있습니다. 우리나라 사람한테 가장 친한 사람을 묻는다면, 대부분은 처자식을 생각할 겁니다. 처자식을 위해서 몸과 마음을 다해 헌신하고 봉사하며 사는 사람들이 특히 우리나라에 많습니다. 처자식의 가치를 최고로 생각합니다.

혼자 사는 사람들, 또 가정과 업보가 비교적 엷은 사람들은 처자식을 최고의 가치로 알지 않습니다. 직장에서 자기의 뜻을 잘 따르는 후배들을 최고의 가치로 알고 사랑합니다. 학교에서 스승과 제자도 굉장히 끈끈한 사이일 수 있습니다. 물론 말 안 듣고 속 썩이는 제자도 있겠지만, 교수는 말 잘 듣는 대학원생들을 상당히 사랑합니다. 끈끈한 관계라고 생각합니다. 스님 세계는 어떤지 모르지만 아마 마찬가지겠지요. 목사들도 수석 장로나 여신도 회장 같은 맹렬 신도를 가장 사랑하고 좋아할 것입니다.

처자, 부하, 제자-이들을 좋아하는 것만큼 그 사람들 말에 의해 좌지우지될 수 있습니다. 그들이 괴로움을 당할 때 자기가 당하는 것처럼 괴로움에 부르르 떨 수 있습니다. 누가 그들을 욕할 때 자기를 욕하는 것 못지않게 굉장히 괴로워하면서 방어하려고 합니다.

응무소주 이생기심은 '처자, 부하, 제자, 신도-이들이 비록 사랑스러워도 주住해서 마음을 내지 말라. 그러면 무엇을 최고의 가치로 알고 무엇에 주해서 마음을 내야 하는가? 아무 것에도 주하지 말라. 오직 주할 데가 있다면 부처님 시봉하는 마음을 내라.' 이렇게 해석됩니다.

우리는 흔히 '나는 누구의 남편 또는 누구의 아내, 누구의 어머니다.' 라고 생각하면서 자기를 어떤 소속에 규정시키는 경향이 있습니다. 그런데 누구의 남편, 누구의 아버지로 살지 말고 부처님 시봉하는 사람으로 살라고 하는 것이 도인의 말씀이라고 여러 번 강조했습니다.

자식에 대해서도 애착이 없고 오로지 부처님 시봉하는 마음으로 산다고 이야기하는 분들도, 가만히 살펴보면 겉으로만 그렇지 속으로는 전혀 아닙니다. 끔찍하게 처자식을 사랑합니다. 자기 이익 집단이 있으면 말로만 부처님 시봉한다고 하는 수가 많습니다. 예를 들면 조폭 집단에서는 오야붕이 꼬붕을 지극히 사랑합니다.

그런데 정말 부처님 시봉하는 위대한 실천 사례가 가끔 눈에 띕니다. 우선 대표적인 실천 사례를 말씀드리겠습니다.

일제 강점기에 검사에게
호통을 치신 백 박사님

당시 제가 아마 30대 초반이었을 것입니다. 소사에 어떤 늙수그레한 분이 찾아오셨는데, 방한암 스님의 제자이자 탄허 스님의 도반이라고 합니다. 방한암 스님께서 약 20세 어린 백 선생님을 끔찍이 공경했다는 것은 백 박사님의 다큐멘터리에서 서정주 선생의 글을 인용하여 말씀드린 적이 있습니다. 방한암 스님이 백 박사님을 존경한 것처럼, 방한암 스님의 제자인 이분도 스님이었을 때 백 박사님을 굉장히 존경했다고 하면서 몇십 년 만에 백 박사님을 찾아온 것입니다.

백 박사님께서 예전보다 상당히 부드러워졌다고 말씀하셨습니다. 그래서 예전엔 어땠냐고 물었더니, 백 선생님은 칼날 같았다고 합니다. 백 선생님께서 독립운동을 하다가 검사한테 끌려가신 적이 있다고 해요. 요새도 검사한테 가면 벌벌 떱니다. 예전 일제 강점기 때 검사는 말해 뭐하겠습니까, 저승사자입니다. 그런 검사한테 독립운동을 한 죄목으로 끌려갔어도 조금도 기가 죽지 않고 검사 앞에서 육두문자를 막 쓰셨대요. '백 선생님은 참 대단하신 분이다. 저분은 날카로운 작두 칼날에 올라서라고 하면 능히 올라설 정도로 자기가 옳다고 생각하는 것은 목숨을 걸고 지키겠구나.' 이렇게 날카롭고 대쪽 같으신 분인데, 몇십 년 만에 뵈니까 아주 부드럽게 변한 것 같다고 합니다.

저희한테는 늘 자비로운 모습으로 대해 주셔서 검사 앞에서 육두문자를 썼다는 것, 백 선생님이 날카로운 작두 위에 서도 조금도 동요하시지 않을 것이라는 말에 공감하기 어려웠습니다. 백 선생님의 모습이 너무나 부드러워졌기 때문입니다. 그러다가도 가끔 아주 단호하고 무서운 모습을 보이실 때가 있었습니다.

소사에 찾아온 재벌에게
호통을 치신 백 박사님

조계종 신도회 회장이며 알아주는 큰 부자가 지금 세운상가 자리에 있었던 ○○상가에 큰 법당을 차려서 매주 명사들을 모시고 법회를 했습니다. 법회가 잘되기 위해서는 동국대학교 총장으로 계시다 퇴임하신 백 박사님을 모시고 오면 아주 융성할 것이라는 이야기를 듣고, "그럼 그분을 불러오라."고 했던가 봅니다. 그랬더니 주위에서 "그분은 오라고 하면 오실 분이 아닙니다. 삼고초려三顧草廬해도 오실까말까, 직접 찾아가서 청하셔도 올지 말지인데 어떻게 불러서 오라고 합니까?" 하였다고 합니다.

그이도 상당히 지혜가 있는 사람이라 백 박사님을 직접 찾아왔습니다. 아마 1968년일 겁니다. 벤츠를 타고 박동기라는 분과 같이 왔다고 합니다. 그때는 자가용을 가진 사람이 매우 드물었는데, 외제 차 벤츠 하면 아주 대단하지요. 박동기라는 분은 지금은 세상을 떠났습니다만, 동국대학교 직원으로 태권도가 5단인가 6단이어서 백 박사님을 호위무사처럼 보호했다고 합니다.

그 당시 이○○ 사장은 ○○산업이라는 건설회사 사장이었는데, 현대건설보다 더 큰 회사였습니다. 그이는 오만하고 안하무인이었고, 스님들도 그이가 돈이 많다는 사실에 그이 앞에서 비굴해지는 모습을 보이곤 했다고 합니다. 돈의 위력이란 역시 큰가 봅니다. 이○○ 사장은 '백 박사님도 뭐 대단한 분이지만 돈 앞에 별수 있으랴?' 생각했던 것 같습니다.

이때 백 박사님의 진면목이 나타납니다. 사람들은 대재벌이 벤츠를 타고 찾아왔다고 하면 일단 압도당할 것입니다. 그런데 초면에 대뜸 "네가 이 아무개냐? 이 고약한 놈." 하면서 육두문자로 나오셨다고 합니다. 그렇게 기고만장하던 이○○ 씨가 벌벌 떨고 꼼짝 못하는 것을 옆에서 직접 보았는데, 정말 백 박사님 대단하시더라는 이야기를 박동기라는 분이 해 주었습니다. 저는 이 이야기를 듣고 백 박사님은 참으로 돈이나 여색에 초연하실 수 있는 분이라는 생각을 다시 했습니다.

부처님 공경심이 있으면
돈이나 색에 흔들리지 않고 당당하다

나중에 백 선생님이 제게 물었습니다.

"내가 왜 이렇게 색성향미촉법에 흔들리지 않을 수 있는지 아느냐?"

"아마 부처님 공경하는 마음이라면 돈이니 색이니 이런 데 흔들리지 않고, 돈 많은 사람 앞에서도 주눅이 들지 않고 당당하게 호령하실 수 있지 않겠습니까?"

응무소주 이생기심이라는 구절이 떠올라서 이와 비슷하게 말씀드렸더니, 잘 깨쳤다고 하셨습니다.

태전 선사가 '저런 뭐 같은 년이, 저런 뭐 같은 짓을 해서 저런 뭐 같은 자식을 낳았는고.' 하며 한퇴지를 꾸중했다는 이야기를 한 적이 있습니다. 그때 태수는 살생권을 가지고 있었던 사람입니다. 이런 사람 앞에서도 기백 있게 호령할 수 있었던 것, 돈에 끌려가지 않을 수 있었던 것은 오로지 부처님 공경심 때문에 그렇습니다. 누구의 남편이요, 누구의 아버지, 즉 사랑하는 사람에 의해서 좌지우지되는 사람이라면 돈 앞에서 노예가 되고 흔들릴 것입니다.

그 뒤로는 어떤 정치인이나 누구를 보더라도 백 선생님처럼 화통하고 자유롭고 어느 경우에도 주눅이 들지 않는 사람을 본 적이 별로 없습니다. 고려대학교 총장을 했던 고고한 학자가 있었는데, 그분이 총리입각을 열 번을 거절했다고 합니다. ○ 대통령이 총리 자리 준다면 다 벌벌 떠는데 별놈 다 봤다고 했다는 이야기가 있습니다. 더군다나 육두문자를 대통령한테 쓴다는 것은 상상할 수가 없습니다.

어느 목사 이야기
용기와 지혜의 원천은 하나님 시봉하는 마음

그런데 요새 화통한 사람을 봤습니다. 대통령 앞에서 거침없이 육두문자를 합니다. 많은 대중 앞에서 거침이 없습니다. 교도소에 가도 좋다는 겁니다. 대통령한테만 육두문자를 쓰는 것이 아니라, 야당 총재에게도 막 호령합니다. 듣는 이도 꼼짝 못하고 듣습니다. 그 사람이 누군지 아실 것입니다. 요즘 대한민국에서 가장 국민에게 많은 영향을 주는 ○○○ 목사입니다. 그는 10월 3일에 300만 명을 모아 놓고 목숨을 걸고 청와대 앞으로 쳐들어가려고 했다고 합니다. 그런데 김○○ 전 도지사가 감옥에 들어가 있으면 이 운동을 누가 하느냐고 막았다고 합니다. 그의 거침없는 활달한 행보를 보고, '백 선생님처럼 점잖지는 않지만, 도인이라면 저래야겠다. 백 선생님과 비슷한 사람을 오랜만에 봤다.' 생각했습니다.

그이가 하는 말이 재미있습니다. 교회가 크지 않습니다. 순복음교회는 신도가 몇십만에서 몇백만이지만, 이 사람 교회는 5천 명밖에 안 되는 중소교회입니다. 하지만 기독교장로회 총 연합회장을 맡고 있을 정도로 영향력은 큰가 봅니다.

용기가 어디서 나오는가? 용기만 나오는 것이 아니라 지혜도 나온답니다. 자기의 예언이 거의 정확히 맞는다고 합니다.

그 지혜나 용기나 과단성이 어디서 나오는가?

그이는 하나님 시봉하는 마음에서 나왔다고 합니다.

예전에 백 박사님이 여하한 경우에도 색성향미촉법에 흔들리지 않고 당당하게 소신을 발표했을 때, 그 용기나 지혜의 원천이 부처님 시봉하는 마음에서 나왔다는 것을 연상하였습니다.

"국가와 민족을 위해서 봉사하며 감방에 가도 좋다. 이 사회가 공산화된다면 종교가 무슨 필요가 있느냐? 야당 총재도 그래서는 안 된다. 나처럼 용감하게 나서야 한다." 하면서 실지로 야당 총재 앞에서 막 호령했다고 합니다.

용기와 지혜가 나오는 원천이 무엇인가? 부처님 시봉하는 마음이라고 말씀드렸던 생각이 나는데, 불자 중에서도 응무소주 이생기심이라는 구절은 알아도 그렇게 실천하는 사람은 드뭅니다. 반면 기독교 쪽에서는 있지 않나 생각해 보았습니다.

경계해야 할 대상
나와 친한 사람, 나에게 잘해 주는 사람

○○○ 목사가 경계해야 할 대상에 대해 이야기합니다.

겉으로는 사탄의 모습은 아니지만 실지로는 사탄입니다. 누가 사탄이냐, 마누라가 사탄이라고 합니다. 마누라는 달콤하게 이야기하는 것 같지만 그 속에는 이기심이 들어있어서 하나님 향하는 것을 반대한다고 합니다. 그런데 그게 쉬운 일이 아닌 것 같습니다. 대부분 처자 말이라면 껌뻑 죽지, 하나님 말씀을 더 우선시하는 사람이 어디 있을까요?

그다음 경계해야 할 대상이 수석 장로라고 합니다. 수석 장로는 교회의 공로자입니다. 그이와는 끈끈한 관계입니다. 그이 말이라면 꼼짝 못하고 듣는 게 목사들의 일반적인 경향이 아닌가 싶은데, 그 수석 장로의 말은 사탄의 말이라고 합니다. 교회를 위해 봉사한다고 하면서 알고 보면 자기 속의 이기적인 욕망을 충족하기 위해서 겉으로만 아부한다는 것입니다. 이런 말은 쉽지 않은 것 같습니다. 그러면서 자기는 마누라 말도 안 듣고 수석 장로의 말도 안 듣고 오로지 기도해서 하나님의 뜻이 깨쳐질 때 그 뜻대로 행동한다고 합니다.

또 하나 경계해야 할 대상이 있는데, 여신도회라고 합니다. 수석 장로는 남자 중에서도 겉으로는 목사한테 충성을 다하는 것처럼 보이는 사람입니다. 여성 중에서도 충성을 다하는 것 같은 사람이 여성 대표라고 합니다. 자기 부인, 수석 장로나 여성 대표는 공로도 있어서 그들의 말에 껌뻑 죽어 넘어갈 수도 있는데, 그의 말은 사탄의 말로 규정합니다. 알고 보면 모두 자기 이기적인 목적 때문에 아양을 떤다는 것입니다.

나는 오로지 부처님 시봉하는 사람

이 이야기를 들으니 '나는 누구의 남편도 아니고, 누구의 스승도 아니고 오로지 부처님 시봉하는 사람이다. 이 말을 저 목사가 실천하고 있구나. 오로지 하나님 시봉하는 마음이 저이를 저렇게 용기 있게 했구나.' 옛날에 백 선생님이 큰 재벌 앞에서도 호령할 수 있었던 것은 부처님 시봉하는 마음에서 나왔다고 하듯이, 저이가 지금 대한민국을 움직이고 호령하는 것은 오직 하나님 시봉하는 마음에서 나오는 것임을 알았습니다. 또한, 새삼스럽게 응무소주 이생기심의 뜻과 '나는 부처님 시봉하는 사람이다.'라는 말의 뜻을 알 것 같습니다.

　10월 3일에 2~3백만이 모였는데 거기서 끝나지 않았습니다. 지금도 청와대 앞에서 계속 밤이면 밤마다 철야 기도합니다. 그 끈질김 때문에 대통령도 굉장히 곤혹스러울 것 같습니다. '이만하면 되었다' 하지 않습니다. 언제까지 할까요? 자기 목적을 달성할 때까지 한다고 합니다. 이만하면 되었다는 생각을 하지 않고 오로지 하나님 시봉하는 마음이, 거듭 태어나는 정신이, 대한민국을 움직이고 큰 힘을 나오게 하지 않았을까 생각합니다.

　불응주색생심.

　친한 사람의 말에 움직이지 마십시오. 처자가 얼마나 사랑스럽습니까? 오야붕이면 꼬붕이 얼마나 사랑스럽습니까? 목사라면 수석장로가 얼마나 사랑스럽습니까? 그런 데 흔들리지 않고 오로지 하나님의 말씀을 따르는 것에서 지혜와 용기가 나와 대한민국을 움직일 수 있습니다. 물론 그 움직임이 바람직한지 아닌지는 여기서 평가하지 않겠습니다. 그렇지만 대한민국 사람들한테 누구보다도 많은 영향력을 준다는 것에는 틀림이 없습니다.

　비록 종교는 달라도 참고하여, 부처님 시봉하는 사람으로 거듭 태어나서 지혜롭고 활달하고 용기 있는 삶을 살게 되기를 생각해 봅니다.

2019.11.16.

음탐심을 깨치면
큰 지혜와 생사해탈로 이어진다

백 선생님의 육바라밀六波羅蜜을 살펴 보겠습니다.

탐진치를 닦아서 밝아지는 길을 제시하는 것이 육바라밀입니다. 탐심貪心을 닦는 것을 보시布施, 진심瞋心을 닦는 것을 지계持戒, 치심癡心을 닦는 것을 인욕忍辱이라고 합니다. 탐진치를 닦아서 부지런히 실행하는 것을 정진精進, 정진의 결과로 얻은 마음의 안정을 선정禪定이라고 합니다. 선정의 결과 알아지며 지혜가 나는 것을 반야般若 지혜智慧라 하시며 육바라밀을 말씀하셨습니다.

보시바라밀
주는 마음으로 대하고 보수 없는 일을 연습한다

탐심을 제거하기 위해서 보시를 해야 하는데, 보통 학자들은 보시바라밀을 보시의 완성이라고 합니다. 탐심의 뿌리까지 뽑는 것, 주는 마음의 완성이라고 상당히 현학적으로 해석합니다. 잘 생각해 보면 정확하게 맞는 해석이지만 현실적으로 실천하기에 너무나 거리가 멉니다.

반면 백 선생님의 말씀은 알기 쉽고 생활 속에서 실천하는 데 매우 필요할 뿐만 아니라 두고두고 생각해 봐도 명해설이고 명답이라는 것을 느낍니다.

백 박사님은 보시바라밀을 이렇게 말씀하십니다.

"주는 마음을 연습해라. 무보수한 일을 연습해라. 이것이 보시바라밀이니라."

주는 마음 연습만 잘하면 됩니다. 그런데 우리는 늘 바라는 것이 몸에 찌들어 있습니다. 저 자신에게 바라는 마음이 얼마나 깊이 박혀 있었는지 실감나는 사례가 있습니다.

소사에서 공부하던 1967년경입니다. 그때는 물자가 부족한 시절이어서 독송용 금강경 책을 구하기가 굉장히 힘들었습니다. 그런데 같이 공부하는 도반 중 한 사람이 돈이 좀 생겨서 독송용 금강경 책 천 권을 만들겠다고 마음 냈습니다.

금강경 책 천 권을 찍을 때부터 마음이 들떠 있었습니다. 초라한 금강경 책으로 읽고 있었는데, 늘 같이 있던 친구가 천 권을 찍으면 상식적으로 한 스무 권 정도는 줄 것이라 생각했습니다. 그런데 이 사람이 천 권을 찍은 뒤에는 같이 공부하는 서너 명의 도반들에게 딱 다섯 권씩만 나눠 주고 나머지 구백팔십 권은 백 박사님께 다 드리는 거예요.

백 박사님에 대한 공경심이 없지는 않았지만, 백 박사님을 공경하는 것과 마찬가지로 도반들을 소중히 여기는 것이 불법佛法이라 생각했습니다. 스승에게만 편중한 공경심은 제대로 된 불법이라고 생각하지 않았습니다. 예를 들어 백 박사님께 백 권을 바친다면 도반들한테는 그래도 한 이삼십 권을 바쳐야 하지 않겠느냐는 것이 제 상식이었습니다. 그래서 저도 모르게 천 권을 찍는다면 같이 있는 도반들에게 백 권까지는 아니어도 열 권, 스무 권은 줄 것이라고 기대했습니다.

일방적으로 백 박사님에 대한 편중된 신심을 발휘하여 구백팔십 권은 백 박사님께 드리고 우리에게 다섯 권씩을 주는데, 깜짝 놀랐습니다. '이것이 상식적인가?' 지금 생각해 봐도 제가 지나치게 욕심을 낸 것 같지는 않습니다. 하도 어이가 없어서 '이럴 수가 있나?' 라는 분노가 치밀었습니다. 그리고 한 사람한테 편중된 공경심이나 신심이, 마치 이념에 도취한 공산당 같아서 더욱 싫었습니다.

그런 때는 바치라고 하시지요. 잘 바쳐지지 않아 선생님께 찾아가서 여쭤보았습니다.

"네가 바라는 마음이 많아서 그렇다. 기대해서 그렇구나."

이것도 탐심입니다. 내 속에 꼭 바라지는 않아도 기대하는 마음이 있었던 것입니다.

"걱정할 게 뭐 있니? 부족하면 나한테 와서 달라고 해라."

마음이 편안해졌습니다.

우리는 기대를 잘합니다. 부모에게 재산을, 친구에게 우정을, 부부 사이에 부부의 도리를 기대합니다. 이게 모두 탐심입니다.

"그런 것 기대하지 말고 주는 연습을 해라. 무보수한 연습을 해라."

이것은 평범한 이야기 같아도 대단히 혁명적인 이야기입니다. 상식을 깨는 이야기라고 할 수 있습니다. 그것만 잘해도 밝아질 수 있을 것입니다. 밝아지는 게 바로 보시바라밀이라고 설명하십니다.

지계바라밀
마음을 미안에 머무르지 마라

지계는 계를 지키는 것으로 생각합니다. 도둑질하지 않고 거짓을 말하지 않으려고 노력했습니다. 술은 어려서부터 지금까지 입에도 잘 안 댔습니다. 저는 상당히 계율을 잘 지킨다고 생각했습니다.

누가 내 자존심을 건드려도 화를 잘 내지 않고 꾹꾹 참습니다. 화내는 것은 파계하는 것이기 때문입니다. 그런데 꾹꾹 참다가 나도 모르게 속내가 툭툭 튀어나와 상대한테 불이익을 주고, 상대에게 톡 쏘아붙입니다. 알지 못하게 행동이 불량해지는 나 자신을 발견했습니다. 그래도 나는 계를 잘 지키는 사람이라고 생각했습니다.

그런데 백 박사님의 지계에 대한 해석은 제 생각과는 전혀 달랐습니다.

"마음을 미안에 머무르지 마라. 미안할 짓을 하지 마라. 이것이 지계바라밀이니라."

미안할 짓이 무엇일까? 화내는 것뿐 아니라 눌러 참는 것 역시 파계라고 보십니다. 내 마음속에 미안함이 남아 있어서, 나중에 언젠가는 어떤 형태로든 폭발하기 때문입니다. 폭발할 근원을 없애는 것이 지계바라밀이지, 화를 억지로 눌러 참는 것이 지계바라밀이 아닙니다.

술을 즐기는 사람은 술 마시고 싶은 마음을 꾹 참습니다. 참는다고 뿌리가 빠지지 않습니다. 나중에 어디 가서 폭발적으로 마시는 경우가 많습니다. 20년을 참다가 나중에 말년에 가서 더 마시는 수가 있습니다. 눌러서 참는 것을 일종의 파계라고 보십시다. 완전히 뿌리를 뽑는 것이 지계바라밀입니다.

바라밀은 영원한 삶을 얻는 것입니다. 단순히 계만 지키는 것이 아니라 그것을 영원히 지속하기 위해, 미안함에 머무르지 않고 미안한 마음이 들 때 얼른 바치는 연습을 하는 것이 지계바라밀입니다.

인욕바라밀
부처님이 욕하신다면 깨쳐 볼 일이다

인욕은 욕됨을 참는 것, 진심을 닦는 것으로 흔히 해석합니다. 그러나 백 선생님께서는 탐심을 닦는 것이 보시, 진심을 닦는 것이 지계, 치심을 닦는 것이 인욕이라고 해석하십니다. 나 잘난 생각을 치심으로 해석하시고, 따라서 인욕은 모든 사람을 부처님처럼 보는 것으로 해석하십니다.

"모든 사람을 부처님으로 보아라. 부처님께서 욕하신다면 배우고 깨쳐 볼 일이니, 이것이 인욕바라밀이니라."

이렇게 간단한 한 문장으로 쉽게 설명하십니다. 모든 사람을 부처님으로 보기는 아주 쉽지 않습니다. 차라리 화내는 것을 참는 인욕은 쉬울지 모르지만, 모든 사람을 부처님으로 보기는 정말이지 쉽지 않습니다.

정진, 선정, 반야바라밀

"정진, 이것을 부지런히 연습하는 것을 정진이라고 한다.

선정, 정진의 결과 마음이 편안해지는 것을 선정이라고 한다.

반야, 마음이 편안해지면 지혜가 나고 세상일에 의심이 없나니 이것을 반야라고 한다."

이것이 백 박사님의 육바라밀입니다.

실지로 수도 생활에서 육바라밀을 이렇게 해석하신 경우는 드뭅니다.

인생의 모든 재앙과 탐진치는 음란한 마음에서 나왔다

탐진치貪瞋癡를 달리 음노치淫怒癡 - 음란한 마음, 성내는 마음, 자기 잘난 척하는 마음으로 대신 표현하는 수가 있습니다. 특히, 소사 수도 생활 중에는 30세 미만의 젊은이가 모여서 공부를 했습니다. 젊은이들의 가장 큰 문제가 성적인 문제였습니다. 그런 이야기를 대놓고 하는 것이 부끄러워서 노골적으로 꺼내지는 못하지만, 가끔 꿈으로라도 음란한 짓을 한다든지 마음속으로라도 이상한 생각이 난다든지 하면 아침 법문 시간에 말씀을 드리는 경우가 있습니다. 음란에 대해서는 많은 법문을 하셨는데, 인생의 모든 문제가 이 음란한 데서 생긴다고 합니다.

스님들은 옷을 입고 자고, 살을 노출하지 않는 것이 규칙입니다. 옷을 길게 입는 것은 살을 노출하지 않아 사람들의 마음을 동하지 않기 위해서이고, 주무실 때 항상 옷을 입고 주무시는 이유는 손으로 생식기를 만지면서 이상한 짓을 하는 것을 금지하기 위해서입니다. 잠잘 때도 이걸 만지지 못하게 하지요. 불순의 상징으로 봅니다. 그뿐만 아니라 남자의 경우에는 소변을 볼 때도 불순한 것에 손을 대서는 안 된다하여 예전에 절에서 둥그런 고리에 대고 소변을 보게 되어 있었다고 합니다. 그 정도로 음란은 불순의 대상이고 상상을 해서도 안 됩니다. 옛날 공자님 말씀에도 남녀칠세부동석이라는 표현이 있지요.

절에 가서 스님들한테 "스님들 음란한 생각을 어떻게 다루십니까? 다루기 힘드시지 않습니까?" 질문하는 수가 있겠지요. 그러면 말도 못 꺼내게 화내는 스님들이 많습니다. "우리는 그런 거 생각해 본 적 없소." 이렇게 이야기하실 수 있습니다.

백 선생님은 음탐심 해탈을 자주 강조하셨습니다.

"사람들은 음란한 생각을 금기시하고 말도 안 하고 눌러 참지만, 모든 인생의 재앙의 근원이 다 거기서 나왔다. 탐진치가 다 음란한 것에서 나왔다. 음란을 해탈할 수 있어야 모든 속박에서 다 벗어날 수 있다."

요즘 절이나 불교방송에서 이런 이야기를 하는 데는 없는 것 같습니다.

심리학자 프로이트도 성욕이 모든 욕망의 근원이라고 하였습니다. 이것은 정확한 표현입니다. 성욕을 해탈하는 교육을 학교 때부터 시켜야 한다고 생각합니다. 학교에서는 쉬쉬하면서 금기시하였는데, 수도장에서는 많은 시간을 성욕을 해탈하는데 할애했습니다.

"부부간에도 남성이 여성을 다루는 방법을 아느냐? 성욕에서 자유롭지 않고서 여성을 다룰 수도 없고, 자유로울 수도 없느니라. 결혼하더라도 잠자리에 자유로워질 때까지 수도한 뒤에 결혼하는 게 좋다. 성욕에서 자유롭지 못하고 욕망을 상대에게서 채우려고 하는 한, 구속을 면하기 어려우며 가정불화를 피하기 어려울 것이다." 이런 이야기를 귀에 젖도록 들었습니다. 음란한 마음을 해탈하라고 강조하신 분은 선생님밖에 없습니다.

음란한 생각의 해탈,
그 마음을 바치고 원을 세운다

그러나 음란한 생각을 무시겁으로 해 왔기에, 그 뿌리를 뽑는다는 것은 정말이지 쉽지 않습니다. 우리는 종종 과거의 파계를 말씀드리고, 현재도 불타오르는 욕정을 참 닦기 힘들다는 고백을 수시로 하는 편이었습니다. 그럴 때마다 "소식小食해라." 하셨습니다. 저녁을 거의 안 먹는 것은 음란한 생각을 닦는 데 도움이 되었습니다.

또 그런 생각을 억지로 눌러 참으면 안 된다고 합니다. 이에 대한 법문을 많이 해 주셨습니다. 유명한 소설가 이야기를 하셨습니다.

"그이는 전생에 스님이었다. 제일 닦기 어려운 것이 음란한 생각이었다. 참고 또 참아도 그것을 닦을 수가 없었다. 결국에는 생식기에 뜸을 뜨게 되었다. 그 결과 후생인 금생에 콩팥 수술까지 받게 되었다. 그의 소설을 봐라. 맨 사랑 타령이지 않느냐? 부처님께 바치는 방법이 아니고는 해결할 수 없느니라."

전생 실화를 이야기하시며 음란한 생각을 닦도록 강조하셨습니다.

또 동네에 마음에 드는 여자가 있으면, 교묘하게 그곳에 자주 가는 경우가 있습니다. 어떤 도반이 바깥일을 보면서 오다가다 어느 집에 자주 들릅니다. 물론 이상한 짓은 하지 않습니다. 들르는 게 무슨 죄일까 생각합니다. 그렇지만 백 선생님과 같은 도인에게는 여지없습니다.

"너 그 집에 왜 자주 가느냐? 올 때 갈 때 왜 기웃거리느냐? 바로 음란한 생각이 그렇게 만드는 것이다."

요새 같으면 "그게 무슨 잘못입니까? 상대한테 무슨 해를 끼쳤습니까?" 이렇게 변명할 것입니다. 하지만 우리는 모든 것을 손바닥처럼 내다보는 선생님 앞에서 꼼짝 못하고 세세한 것까지도 닦아야 했습니다.

큰스님들도 지도하셔야 합니다. 스님들이 끝까지 스님 노릇 못하고 속퇴하는 수가 많습니다. 거의 다 음란한 생각을 닦을 수 없었기 때문이라고 보면 틀림없습니다.

수도장에서 음란한 생각을 바치는 것으로는 부족해서 평소에 원을 많이 세웁니다.

"모든 사람이 이 음란한 마음을 해탈해서 부처님 전에 환희심 내서 복 많이 짓기를 발원."

또는 "나는 무시겁으로 음란한 상상을 한 적이 없노라."

음란을 인생의 최대 낙이라고 생각하는 게 문제입니다. 우리는 그런 본질을 가지고 태어났는지도 모릅니다. 그러니 늘 그런 생각밖에 할 수가 없겠지요.

금강경 읽고 바치는 것, "모든 사람이 이 음란한 생각에서 벗어나서 부처님 전에 복 많이 짓기를 발원"하는 것, 또는 "나는 무시겁으로 음란한 생각을 한 적이 없노라"고 발원하는 방법이 아니고는 그 생각을 닦기는 매우 어려울 것입니다.

음탐심을 깨치는 것이 바로 도인의 길

김일엽 스님의 책 『청춘을 불사르고』에는 직접 음란이라는 단어는 쓰지 않았어도 남녀 간의 사랑의 벽을 넘기 힘들다는 표현이 여러 군데서 나옵니다. 남녀 간의 사랑의 벽은 다른 표현으로는 음란입니다.

백 선생님께서 "음란의 벽을 넘을 때 도인이다. 음탐심을 깨치는 것이 바로 도인의 길이다." 말씀하시면서, 닦으려고 계속 노력하셨습니다. 계속 닦으면 탐진치가 닦아지고 마음의 평화와 즐거움을 얻게 되면서 결국에는 큰 지혜가 나서 생사해탈도 하게 된다고 하셨습니다.

이것은 밖에서는 쉽게 들을 수 없는 법문이고 우리에게만 해 주신 법문입니다. 마음에 새기셔서 부처님 전에 복 많이 지으시기를 발원드립니다.

2019.11.30.

금강경 가르침,
4차 산업혁명 시대의 훌륭한 대안

　날씨가 상당히 추워졌습니다. 이 추위에도 불구하고 경상도, 전라도, 먼 데서 바쁜 일 제치시고 부처님 향해서 오신 정성과 이 인연 공덕으로 모든 재앙은 소멸하고 소원은 성취해서 부처님 전에 복 많이 지으시기를 발원드립니다.
　오늘은 금강경의 핵심이라고 할 수 있는 바치는 것에 대하여 말씀드리고자 합니다. 그 말씀을 드리기 전에, 제가 요즘 감기 때문에 벌써 몇 주째 고생을 하는데 이게 아마 목소리로 나타났나 봐요. 불편한 목소리를 듣고 전국 각지에서 위문품과 편지가 답지하고 있습니다. 그중 어제 받은 편지가 인상 깊어서 우선 한번 좀 읽어드리고 고마움을 표시한 뒤에 시작하도록 하겠습니다.
　「법사님, 안녕하세요? 지면이나마 인사 올리게 되어 무한 영광입니다. 부산에 사는 불자입니다. 올 3월 유튜브로 법사님을 뵙고 법문 들은 후, 오늘까지 늘 금강경과 법사님을 떠난 날이 없을 만큼

제 삶에 절대적 자리를 차지하고 계십니다. 나날이 깊이 빠져들어 환희심으로 법문 영상을 저희 세 자매와 남편, 주위의 지인에게도 전달했더니, 지금은 모두 수지독송을 일상으로 삼고 있습니다. 여러 사정으로 주말 출가는 자주 못하지만 꾸준히 정진하며 부처님 시봉 잘하기를 원 세웁니다. 카페에서 지난 법문을 듣다 보니 겨울이면 감기로 자주 고생하신 모습을 뵙고 늘 마음이 아팠는데 지인으로부터 좋은 밤꿀을 소개받아 보내드립니다. '님에게는 무엇이 없으랴마는 내 못 잊어 하노라.' 하던 옛사람의 글을 떠올리며, 보잘것없지만 정성으로 공양 올립니다. 감기 기운을 느끼실 때 보이차를 따끈하게 우려내어 한 컵에 밤꿀을 듬뿍 한 숟갈 타서 드시고 따끈한 방에서 푹 쉬시면 몸이 가뿐하다고 합니다. 잘 챙겨 드시고 법체를 강건하게 하시어, 금강경 연수원과 큰 법당 건립 불사 원만 성취하시고, 지혜로운 법문 널리 설하시어 지구촌 곳곳에 법음이 울려 퍼져 모든 사람이 금강경 즐겁게 수지독송하고 부처님 시봉 잘하고 부처님 기쁘게 해 드리기를 발원드립니다. 저도 미력하나마 불사에 동참할 수 있기를 원 세웁니다. 세세생생 선지식 모시고 금강경 공부하여 부처님 시봉 잘하기를 발원합니다.

미륵존여래불 미륵존여래불 미륵존여래불.」

아주 문장도 깔끔하게 잘 쓰신 것 같습니다. 감사합니다.

무슨 생각이든지 부처님께 바쳐라

오늘은 바치는 것의 공덕, 바치는 것의 위력이 얼마나 큰가 하는 것을 제 경험을 통해 한번 좀 정리해 보고자 합니다.

제가 부처님께 바치라는 법문을 가장 처음 들었던 것은 1965년, 대학을 졸업하던 해였습니다. 그때 백 박사님을 자주 찾아뵙던 도반이 가르침을 소개하면서, 무슨 생각이든지 부처님께 바치라는 것이 그분 가르침의 특색이라고 하였습니다. 그 소리에 귀가 번쩍 뜨였습니다. '역시 바쳐야지!' 했습니다.

저는 주위에 못마땅한 것, 불편한 것이 있으면 대개 눌러 참았습니다. 반항하거나 저항하지 못하고 눌러 참는 상당히 소극적인 특성이 있었고, 이 때문에 몹시 괴로웠습니다. 한번 폭발하고 맞짱 뜨지도 못하고 억지로 눌러 참으면서 '나는 늘 이렇게 소극적인 삶을 살아야만 하는가?' 생각하고 있을 때였습니다. 그때 무슨 생각이든지 바치라는 말씀은 청량제와 같이 제 귀를 확 뜨이게 했습니다. '아, 눌러 참지 말고 바쳐야겠다.' 바로 백 박사님을 뵙지는 못했지만, 부처님께 바치는 연습을 혼자 했습니다.

그 도반은 드디어 백 박사님 문중으로 출가를 하였고, 한번 놀러 오라 하고는 소식이 끊어졌습니다. 혼자서 바치는 가르침을 실천하면서 '그분을 어떻게 찾아뵐 수 있나.' 하고 생각만 하다가 일 년이 흘렀습니다.

일 년 후 1966년에 처음으로 백 박사님을 찾아뵙게 되었습니다.

"아침, 저녁으로 금강경을 한 번씩 독송해라. 아침에 독송하는 것은 아침부터 저녁까지의 재앙을 소멸하는 것이며, 저녁 독송은 저녁부터 아침까지 재앙을 소멸하는 것이다. 그리고 올라오는 생각을 모두 부처님께 바쳐라."

이렇게 가르쳐 주셨습니다.

바치는 것은 집중하는 것과 다르다

우울할 때 바친다는 그 말에는 지극히 공감합니다. 또 제가 산만하기에, 그런 상황에서 부처님께 바친다는 말에도 상당히 공감했습니다. 그럴 때 바치면 그런대로 우울함이 사라지는 것 같고 산만함도 가라앉는 것 같았습니다. 그렇지만 괴로울 때도 바치라는 것은 이해가 안 됐습니다.

그 당시 저는 바치는 것을 정신 집중으로 생각했습니다. 산만할 때 정신을 집중하면 산만함이 없어진다는 것은 어렵지 않게 이해가 됩니다. 또 우울한 것도 산만함의 연장으로 생각했기에, 집중하면 우울함 역시 없어질 것이니 우울함을 바치라는 말도 어느 정도 이해하였습니다.

저도 드디어 출가하였습니다. 수도장에서 일이 매우 많았고, 오후가 되면 상당히 배가 고팠습니다. 하지만 오후 불식이었습니다. 전에는 배고프면 뭔가 먹으면 되었습니다만, 소사에서는 밖에 나가서 몰래 빵을 사 먹는 것은 상상도 할 수 없었습니다. '이것도 보나마나 바치라고 하시겠지!' 이렇게 생각해 보지만 쉽게 이해되지 않습니다.

산만함을 바치는 것으로 가라앉힌다고 하면 이해가 됩니다. '집중하여 산만한 것은 없어지는데, 배고플 때 집중하는 방법으로 배가 고프지 않게 될까?' 이것은 이해할 수 없었습니다. 바치는 것을 집중으로 생각했기 때문에 잘못된 결론을 내린 것 같습니다. 그런데 달리 방법이 없어서 배고픈 것도 자꾸 바쳤더니 배고픔이 정말 가라앉습니다. 안 먹어도 되는 겁니다. 참 신기했습니다. 가벼운 감기도 바치니까 좀 가라앉았고, 심한 감기도 금강경을 많이 읽으면 나았습니다.

그 뒤로 바치는 것이나 금강경 읽는 것이 집중과 무엇이 다른지 생각하게 됐습니다. 백 박사님 말씀입니다.

"네 생각을 부처님께 바치면 네 생각이 있던 자리에 부처님이 들어온다."

내 생각이 부처님으로 만들어질 때 부처님 광명이 나한테 임하시고, 그 부처님 광명이 산만한 것을 안정시키고 우울한 것을 평안하게 하고 아픈 것을 고쳐 줍니다.

바치는 것을 그때까지 잘못 알고 있었어요. 바치는 것은 눌러 참을 때만 쓰는 것으로, 집중하는 것과 비슷하다고 알았습니다. 그러나 바치는 것은 집중하는 것과 완전히 다릅니다. 내 생각을 부처님 만든다는 것은 아상을 소멸하는 것이며, 이때 바로 부처님 광명이 임하며 '참나'가 드러납니다. 참나의 위력이 산만한 마음을 안정시키고 우울한 마음을 가라앉히고 병도 치료합니다. 그 뒤로 바치는 것에 대한 믿음이 생기며, 무슨 생각이든지 바치게 되었습니다.

도반과의 업보 해탈
내 마음인 줄 알고 바친다

도반과의 갈등이 상당히 힘들었습니다. 여기도 지금 그런 게 있는 것 같습니다. 그때는 선생님이 워낙 엄하시니 도반과의 갈등이 있을 때는 얼른 바치려고 하는데, 여기서는 입을 벌려서 얘기하고 다닙니다. 공부 완전히 잘못하고 있는 겁니다. 도반이 미울 때 다른 이에게 말하지 말고, 그 생각을 얼른 바치셔야 합니다. 도반에 대한 증오심은 법사에 대한 증오심으로 이어지고 퇴타심으로 연결됩니다. 특히 도반의 허물이 보일 때는 내 허물로 보고 얼른 바치셔야만 합니다.

저도 소사에서 도반의 허물이 보이기 시작했습니다. 그때 백 선생님께서 도반의 허물을 보는 것이 결국 퇴타심으로 이어진다고 하셨습니다.

자기가 오래됐다고 밥그릇 따지며, 갓 들어온 나를 사회에서처럼 억누르는 도반이 있었습니다. 그 도반이 상당히 잘못하는 것 같았습니다. 백 선생님께 여쭤보았습니다.

"저이가 못되게 하는데 제가 어떻게 기분이 안 나쁠 수 있겠습니까? 저이가 못된 것이 제가 바친다고 해결이 되겠습니까?"

"그게 그 사람이 아니라 네 마음인 줄 알고 바쳐라."

바치라는 말씀은 많이 들었어도 네 마음인 줄 알고 바치라는 이야기는 그때 처음 들었습니다. 도량에 들어와 몇 달 지난 뒤 이야기입니다.

"잘못된 게 저 사람이냐, 네 마음이냐?"

이렇게 물으세요. 그때만 해도 분명히 저 사람이 잘못됐지, 내 마음에 문제가 있다는 생각은 전혀 못했습니다. 그렇지만 바치라고 하니 억지로 바쳤습니다. 잘 안 바쳐졌습니다.

"네 마음의 진심眞心이 문제를 일으키는 것이니 그것을 바치라는 것이지, 저 사람을 바치라는 것은 아니다."

이렇게 분명히 얘기하십니다. 우리 도반들도 가정에서 남편이 밉거나 부인이 밉거나 또는 자식이 미울 때 바치라고 하면 "저 사람 잘못인데 내가 바친다고 되겠습니까?" 이런 이야기를 많이 하십니다. 물론 이미 알고 바치시는 분들도 있지만 잘 모르시는 분들이 많은 것 같습니다.

사실 알고 보면 다 자기 마음이 원인입니다. 또 자기 마음이니까 바칠 수가 있지, 남이라면 바치려 해도 바칠 수 없습니다. 이것이 모든 난관에서 구원해 줄 수 있는, 백 박사님 특유의 구원의 가르침입니다. 저는 이 가르침을 통해 새로운 사람으로 태어날 수 있었다고 말씀드립니다.

그 뒤에도 도반이 실지로 못되게 굽니다. 그게 제 마음이라는 겁니다. 금생에 제가 허물을 범하진 않았어도 언젠가 전생에 그이를 증오했던 마음이 제 잠재의식에 남아 있어, 그이가 그렇게 하도록 만든다고 합니다. 알기 어려운 얘기지만 전생을 훤히 보시는 분이 전생의 이야기까지 하시니 안 믿을 수가 없었습니다. 완전히 믿지는 못하는 상황에서도 죽어라 하고 바쳤던 결과, 그 사람과의 업보가 풀리는 것을 느꼈고 그렇게 무도했던 상대편이 바뀌었습니다.

어머니와의 업보 해탈

거의 같은 때 어머니에 대한 업보로 몹시 괴로웠습니다. 어머니가 한없이 불쌍하게 느껴졌어요. '내가 여기 오지 않고 취직을 했다면 어머니가 저런 고생을 안 할 텐데, 내가 출가해서 공부하기 때문에 어머니는 집안 살림을 도맡아 고생하시는구나.' 어머니가 올 때마다 불쌍하다는 생각이 들었습니다. 이 불쌍하다는 생각은 정말 있는 것 같았습니다. 내 마음이라고 해도 좋습니다. 그런데 그게 정말 있는 것 같습니다.

'어머니가 불쌍한 것은 하늘이 알고 땅이 아는 엄연한 사실. 그 사실(fact)을 어떻게 바치지? 불쌍한 것을 어떻게 바치나?'

그래도 바치라니 자꾸 바치는데, 한참 바치다 보면 조금 엷어집니다. 엷어지면 그것이 없는 줄 알고 바치라고 하십니다. 저는 어머니가 불쌍하다는 생각이 실제인 것 같고, 누가 봐도 불쌍하다고 생각할 수밖에 없다고 믿었습니다. 내가 그렇게 믿어서인지, 어머니가 불쌍해서 자주 눈물을 흘렸습니다. 친구들이 와서 멱살잡이하면서 집으로 끌고 가려고 했던 적도 있습니다. 당연하다고 믿었습니다. 그러나 그것이 실지로 있는 게 아니었습니다. 있다고 보는 한 해결할 수 없습니다.

색즉시공 공즉시색色卽是空 空卽是色. 본래 없다는 공空의 진리를 부처님께서는 많이 말씀하셨지만, 그것을 응용해서 실천하도록 가르치는 스승은 없었습니다. 실제로 불쌍함, 처량함, 외로움, 고통, 육체적인 통증이 있는 것 같았습니다. 이 세상에 분명히 악惡도 존재한다고 여겼습니다. 그런데 선생님께서는 그게 착각이고 본래 없는 것이라고 믿고 바치라고 하셨습니다.

자꾸 바치다 보니까 어머니와 전생부터 맺었던 지중한 업보로 인해서 어머니를 불쌍하게 보는 것임을 어렴풋이 알게 되었습니다. 그 뒤 무엇이든 있다고 보는 생각에서 벗어나게 되었습니다.

'고통, 육체적인 통증, 악, 이것이 다 착각이고 본래 없다. 바치는 것이야말로 모든 난제를 해결하여 벗어날 수 있는 아주 귀중한 가르침이다. 나의 본래 위대성을 일깨워 주는 훌륭한 가르침이다.'라고 믿게 됐습니다.

바치는 법은 4차 산업혁명 시대에 인간 소외의 대안

　요즘 많은 사람이 4차 산업혁명 시대의 인간 소외를 굉장히 걱정합니다. 4차 산업혁명 시대는 쉽게 말하면 인공지능 혁명 시대입니다. 스마트폰의 내비게이션은 인공지능입니다. 인공지능의 힘으로 길을 쉽게 찾아갑니다. 인공지능의 혜택을 많이 봅니다. 이 외에도 수많은 자료가 인공지능에 의해서 움직이고, 우리는 스마트폰이 없으면 완전히 시체가 될 수밖에 없는 불완전한 삶을 살고 있습니다. 내비게이션 때문에 우리는 길치가 되었습니다. 내비게이션이 없으면 허깨비가 됩니다.
　앞으로 인공지능은 많은 전문직을 다 빼앗아 간다고 합니다. 의사, 변호사, 판사, 교사, CEO 등등 다 인공지능이 대신하게 되면 인간은 설 자리가 없습니다. 그래서 미래학자들은 앞으로 몇 십 년 후가 되면 사람들은 많은 좋은 일자리를 인공지능에게 빼앗기고 가난해진다고 합니다. 그 얘기는 아마 틀림없을 겁니다. 인공지능을 부릴 수 있는 극소수의 1%가 전 세계 부의 99%를 차지하고, 대부분의 사람은 빈곤해집니다. 알파고가 이세돌을 이겼듯이 인간이 인공지능에 패배하기 때문에 우리는 소외감을 느끼고 우울하게 산다는 겁니다. 가난, 우울, 인공지능에 의한 피지배-이런 것들이 앞으로의 과제입니다. 심지어는 인공지능이 인간보다 훨씬 뛰어난 지능을 가지고 인간을 몰살한다는 영화까지 등장하였습니다.
　한때는 부처님의 가르침이 어떤 대안을 제시할 수 없다고 생각했는지 모릅니다. 그러나 일체유심조와 공의 진리에 의해서 인공지능

혁명 시대에도 부처님의 가르침으로 살 수 있다는 결론을 내렸습니다.

많은 사람이 인공지능 혁명 시대에 인공지능이 우리 일자리를 다 빼앗기 때문에 가난해질 거라며 두려워합니다. 잘 모르기 때문에 그런 판단을 하게 됩니다. 전문가들은 가난해지는 원인이 인공지능이 일자리를 빼앗아 가기 때문이라고 분석합니다. 거기에 토를 다는 사람은 아무도 없습니다.

하지만 지혜로운 불자, 슬기로운 이는 분명히 이렇게 이야기할 것입니다.

"인공지능이 일자리를 빼앗아 가서 가난한 것이 아니다. 너의 빈궁한 마음이 가난함을 불러오는 것이다. 네 빈궁한 마음을 부처님께 바쳐 해탈한다면 천하의 인공지능 만능 시대에도 가난하지 않을 수 있다."

몇십 년 후에도 일체유심조의 진리는 하나도 변하지 않습니다. 인공지능이 일자리를 빼앗아 가서 가난해지는 것이 아닙니다. 궁한 마음이 가난함을 불러온다는 만고불변의 진리를 알고, 빈궁한 마음을 부처님께 바쳐 해탈한다면 그때도 얼마든지 부자로 살 수 있는 지혜를 찾아낼 수 있다고 생각합니다.

그리고 사람들은 인공지능 혁명 시대에 우울해진다고 합니다. 인공지능이 좋은 일자리를 다 빼앗아 가고, 소설도 쓰고 기사도 쓰고, 심지어는 인공지능 정치가까지 생긴다고 합니다. 인공지능 정치가에 의해서 억울한 일이 많이 생길 수도 있겠습니다. 그때 인간은 더욱더 우울해지고 소외될 수 있다는 것입니다.

그것이 인공지능 때문입니까? 무엇 때문은 없습니다. 탐진치가 우리 마음에 우울, 빈궁, 속박을 불러온다는 만고불변의 진리를 확실히 믿는다면, 우울할 때에도 부처님께 바쳐 해탈하여 우울하지 않게 살 수 있습니다.

인공지능의 지배를 두려워하는 사람들이 많이 있습니다. 밝은이는 이렇게 말씀하실 것입니다.

"인공지능에 지배받는 게 아니라 네가 '가짜 나'한테 지배를 받는 것이다. '가짜 나'를 부처님께 바쳐 해탈한다면, 어찌 인공지능이 너를 감히 지배할 수 있겠느냐?"

이것이 앞으로 우리 마음이 존재하는 한 영원히 변치 않을 틀림없는 사실입니다. 인공지능 시대에도 부처님의 가르침은 다 통하는 가르침이기 때문에 아무 걱정할 일이 없을 것입니다. 그때를 미리 대비할 필요가 있습니다. 우리만이 할 수 있습니다.

바치는 법을 실용적으로 설명해 주신 백 박사님의 가르침만으로 난제를 당장 해결할 수 있을 것입니다. 인공지능 혁명 시대, 인간의 소외 시대에도 충분히 대비할 수 있는 대안을 마련할 수 있다고 생각합니다. 이 바치는 것의 공력은 정말 위대하고 대단히 큽니다. 이 길로 매진邁進해야 할 것으로 생각합니다.

2019.12.07

아무 염려하지 마라
걱정 근심이 본래 없는 것이다

오늘도 전국 각지에서 마음 닦으러, 부처님 전에 복 지으러 많이 오셨습니다. 여기 오실 때는 부처님 시봉하려고 오시는 분들도 적지 않겠습니다만, 난제 해결의 과제를 가지고 오신 분들도 계실 것입니다. 아마 그런 분들이 더 많지 않을까 생각합니다.

아무 염려하지 마라

예전에 선생님께 가서 공부할 때 선생님을 시봉하러 가지는 않았던 것 같습니다. '어떻게 하면 난제를 빨리 해결해서 행복해질까.' 그 바라는 마음으로 많이 갔습니다. 근심 걱정을 한 보따리 싸들고 갔습니다. 대부분 금강경 잘 읽고 올라오는 생각을 바치라고 말씀하십니다만, 이렇게 표현하실 때도 많았습니다.

"아무 염려하지 마라. 그 생각을 바치기만 하면, 다 되느니라."

백 선생님께서는 가끔 꾸중도 하시고 걱정도 하셨지만, 말년으로 갈수록 특히 열반 즈음에는 그런 말씀은 거의 안 하시고, 아무 염려하지 말라고 낙관적으로 편안하게 자주 말씀하셨습니다.

"아무 염려하지 마라."

저는 이 말씀을 그냥 우리를 위로하는 말로만 생각했어요. '늘 하시듯이 오늘도 또 그 얘기 하시는구나.' 하며 그 말씀에 대해서 큰 의미를 두지 않았습니다. 나중에 생각해 보니 그것은 거짓말이 아니고, 우리를 위로하려고 일부러 지어낸 말씀도 아니며 참이자 우리에게 필요한 말씀이었습니다.

어떻게 우리한테 꼭 필요한 이야기일까?

'안 된다, 싫다, 짜증난다'
착각인 줄 알고 부처님께 바쳐라

우리는 세상이 그렇게 즐겁지 않습니다. 왜냐하면 안 되는 것, 싫은 것, 모르는 것이 너무나 많기 때문입니다. "싫다. 귀찮다. 짜증난다. 세상이 재미없다." 이렇게 얘기하는 사람들이 적지 않습니다.

그런데 세상에는 도인, 깨친 분이 아마 있는가 봅니다. 도인은 이렇게 얘기하십니다.

"안 된다, 못한다, 싫다, 귀찮다 생각이 날 때 그것을 참으로 보지 마라. 안 되는 게 본래 없는데 너희들이 뭐에 씌어서, 빙의되어 헤까닥해서 스스로 '안 된다'고 하면서 괴로워한다. 안 된다는 것은 착각이고 사실이 아니다. 착각인 줄 알고 부처님께 바쳐라. 알고 보면 싫고 짜증나는 일이 하나도 없다. '싫다, 세상이 살 의미가 없다'는 생각이 날 때, 그 생각을 참으로 받아들이지 말고 착각인 줄 알고 부처님께 바쳐라."

바치다 보면 '안 된다, 싫다, 짜증난다'는 것이 착각임을 실지로 느끼게 됩니다. '역시 도인의 말씀이 옳다. 내 속에 이렇게 위대한 성품이 있는 것이로구나.' 하면서 고통의 세계에서 차츰차츰 부처님의 세계를 알게 된 경험이 있습니다.

이미 다 되어 있다
오직 바치기만 하라

사람들이 도인한테 찾아와서 해답을 요구합니다.

"안 됩니다. 힘듭니다. 고달픕니다."

"안 될 일이 본래 없다. 힘들고 고달픈 일이 본래 없다. 너희들이 착각으로 그러는 것이다. 잘 바치기만 하면 다 된다."

밝은이는 이렇게 얘기하십니다. 그리고 실지로 밝은이가 볼 때는 다 되는 것으로 보인답니다.

법화경에 보면 부처님께서 모든 사람은 결국 다 성불하게 되어 있다고 하지요. 우리는 흔히 자식이나 제자나 후배들을 나무랄 때 '너 이런 식으로 해서는 아무것도 안 돼. 이렇게 게을러서는 싹수가 노래. 쟤는 아무래도 안 되는 놈이야.' 이렇게 부정적인 판단을 내릴 때가 많습니다. 그런데 뭔가에 잘못 씌어서 부정적인 판단을 내리는 것이지 실지로 깨친 이, 도인, 부처님이 보실 때는 다 되는 것으로 본답니다. 다 되는 것으로 볼 뿐 아니라 이미 다 되어 있다고 봅니다. 이미 부처라고 보는 거예요. 그럼 그런 분의 말씀 속에 당연히

'힘들다, 안 된다, 걱정스럽다'는 표현은 나올 수가 없을 것입니다. 그래서 말년에 그렇게 이야기하셨던 겁니다.

"아무 걱정하지 마라. 다 잘된다."

저는 처음에 그 얘기가 위로요, 그냥 습관적으로 하시는 말씀으로 알았습니다. 이제 공부하고 보니까 그게 단순한 위로가 아니었습니다. 사실입니다.

아무 걱정할 필요가 없는 것을 우리는 실지로 걱정하고 아우성치고 있는지도 모릅니다. 고달픈 삶에서 "아무 걱정하지 마라. 오직 바치기만 하면 다 된다." 이런 도인의 말씀은 꼭 필요한 이야기이고 진실이며, 희망을 품고 용기를 가질 수 있는 이야기입니다.

지금 혹시 걱정이 있는 분들은 이 말씀을 들으시고 아무 걱정하지 마십시오. 걱정 근심이 착각인 줄 알고 잘 바치기만 하면, 결국은 밝고 희망찬 세계에 들어갈 수 있다고 믿으시기 바랍니다.

2019.12.14.

제5장

사람을 대할 때
항상 주는 마음으로

순수한 신심과 환희심,
장엄 불토의 본질

대구 법회가 열린 지 일주일이 지났습니다만, 대구 법회에 대한 벅찬 감동이 아직도 지워지지 않고 있습니다. 대구 법회를 성황리에 개최하고 마무리한 배경을 한번 검토하는 것은 중요한 의의가 있습니다.

마음의 장엄이 진실한 장엄 불토

지난 울산법회는 1,300여 명이 참여하여, 그전에 어떤 큰스님이 법회를 하셨을 때보다도 대성황이었다고 합니다. 사람들이 많이 왔는데도 1,700좌석에 1,300명 참석이니까 빈 데가 보여서 좀 아쉬웠습니다.

이번 대구법회는 1,000명 정원에 1,200명이 넘었다고 합니다. 입추의 여지없이 꽉 찼습니다. '1,000명 정원에 한 900명만 와도 대성공이다. 그저 빈틈만 보이지 않게 되어서 많은 사람이 법문 듣고 신심 발심해서 복 많이 짓기를 발원'하고 저 나름대로 기원도 했습니다. 법회가 본래 2시 시작인데 1시부터 이미 상당수가 찼고, 중간중간에 김 선생이 기쁜 얼굴로 거의 다 찼다고 보고해서 요번에는 괜찮게 되는 것으로 생각했습니다.

강단에 올라서니 정말 꽉 찬 느낌인데, 특히 좌측에 BTN에서 나온 합창단이 모두 흰옷을 입고 쫙 배열해 있는 것이 아주 신비한 느낌까지 주었습니다. 이렇게 많은 사람이, 또 합창단의 흰옷과 조화를 이루어서, 꽉 찼다는 것 이상의 그 무엇을 느끼게 했습니다.

저는 장엄 불토라는 말을 불경에서 많이 읽었습니다. 금강경 13분에 "수보리 어의운하 보살 장엄불토부須菩提 於意云何 菩薩 莊嚴佛土不" 부처님께서 수보리 존자에게 물었습니다. 이렇게 많은 사람이 꽉 차서 신심을 내어 불법에 대한 강의를 듣는 것 자체가 장엄 불토라고 생각했습니다. 혜능 대사가 얘기한 국토 장엄입니다. 혜능 대사는 장엄에는 여러 가지 뜻이 있어, 국토 장엄만 있는 게 아니라 마음의 장엄도 있다고 했습니다. 부처님에 대한 신심과 공경심이 진짜 장엄이라는 백 선생님의 말씀을 연상했습니다. 많은 사람이 꽉 차서 신비한 느낌을 주는 이것이야말로 진실한 불사이고 장엄 불토라고 생각했습니다.

그렇지만 겉만 보는 것이 아니라 그 속의 배경의 뜻을 봐야 하겠지요. 모이신 많은 분이 함성을 지르지는 않았지만, 굉장히 열광하고 있다는 느낌을 받았습니다. '어떻게 이렇게 많은 사람이 가득 차서 열광할까? 어떤 큰스님이 오신들 이렇게 될까? 그 배경은 무엇일까?' 생각했습니다.

성공의 배경은
도반들의 신심과 환희심

법회 이후 도반들이 모이는 자리에서 많은 사람이 가득 차게 된 배경이 무엇인지 틈틈이 질문하였지만 만족할 만한 답변을 얻지 못했습니다. 그런데 엊저녁 마침 대구 지역 보살님들이 쉬고 계시는 방에서 대구 법회를 준비한 과정을 약 2시간 동안 들으며, 그 이유를 알게 됐습니다.

우선 봉사자들이 거의 다 자발적입니다. 우리 법회는 잘 아시다시피 조직이나 상하가 없습니다. 더더군다나 이번에는 버스 동원이라든지, 누가 앞장서서 설친다든지, 광고한다든지 하는 행위가 일체 없었습니다. 그저 되는대로 했을 뿐입니다. 전통 불교식의 인원동원 방법이 아닌가 생각해 봅니다. 대구 법회를 위해서 자발적으로 봉사한 인원이 30명이라고 합니다. 그분들은 여기서 질의응답 할 때 이런 얘기들을 많이 하십니다.

"법문을 유튜브나 방송으로 들을 때 처음부터 확 빨려 들어가는 느낌을 받았습니다. 매일같이 듣고 또 들었습니다. 이어폰을 끼고 들으며 잠듭니다. 그러면 마음이 참 평화롭습니다. 생활의 변화를 가져옵니다. 신심이 샘솟습니다. 푹 빠져들어 갑니다. 이런 경험은 일찍이 한 적이 없습니다."

그런 분들이 신심을 이어 가고 환희심이 났고, 이러한 환희심과 신심이 30여 명이나 되는 자원봉사자들을 만든 동력이 됐다는 것을 어제 확인할 수 있었습니다.

도반들의 신심과 환희심이
수많은 사람의 열광을 불러왔다

그분들은 생전 전단지라고는 돌려 본 적이 없는 사람입니다. 저는 전단지를 꽤 돌려 봤습니다. 전에 『성자와 범부가 함께 읽는 금강경』, 『크리스천과 함께 읽는 금강경』 책을 잘 팔기 위해서 전단지를 돌려 본 경험이 있습니다. 전단지를 돌릴 때 반응이 너무나 싸늘했습니다. 맥이 빠졌습니다. 전단지 작업은 돈을 벌더라도, 아무리 좋은 일이라 하더라도 할 것이 못된다고 생각했습니다. 봉사자들도 제가 예전에 전단지 돌렸을 그때와 비슷하게 씁쓸한 체험을 하시지 않았을까 생각했습니다.

그러나 도반들의 반응은 너무나 의외였습니다.

"이 포스터를 돌렸을 때 열 명 중에 일곱 명은 다들 법사가 누군지를 알아보고, 심지어는 굉장히 반가워하는 사람이 있고, 또 포스터를 더 많이 달라고 하는 사람도 있었습니다. 어떤 사람은 너무나 감동하는 표정을 지었습니다. 심지어는 어르신뿐 아니라 젊은이까지도 다 알아보았습니다."

이런 이야기를 많이 하는데 저는 실감할 수 없었습니다. 그러다가 번뜩 생각나는 법문이 있었습니다. 백 선생님께 이런 질문을 한 적이 있습니다. 1960년대 후반에 굉장히 거지가 많았습니다.

"거지를 만났을 때 적선을 하는 게 좋습니까? 또는 적선이 나쁜 버릇을 습관화하게 만드니 하지 않고 냉정하게 돌려보내는 것이 좋겠습니까?"

돌아온 대답은 '적선하라'도 아니고 '냉정하게 돌려보내라'고 하는 것도 아니었습니다.

"네 마음에 궁한 마음, 거지 마음이 있으면 거지가 눈에 잘 띌 것이고, 네 마음에 거지 마음이 없으면 거지가 눈에 안 띌 것이다."

거지가 눈에 띄어 돈을 줄까 말까 하는 것 자체가 제 마음속에 거지 마음이 있다는 것이고, 거지 마음이 거지를 제 눈에 띄게 했다는 말씀이었습니다. 또 한 번 일체유심조의 법문을 실감하면서 역시 도인다운 법문이라고 생각했습니다.

제가 예전에 자긍심과 신심이 별로 없이 전단지를 억지로 돌렸던 것 같습니다. 그래서 시원찮은 사람만 눈에 띄었던 것 같습니다. 그런데 이분들은 어떻게 시원찮은 사람은 눈에 안 띄고, 다들 반가워하고 환호하고 전단지를 더 달라 하고, 심지어는 체루비읍涕淚悲泣하는 사람까지 만나게 될까? 그들 마음속에 신심과 환희심이 있어서 이런 상황을 불러왔음을 확신합니다. 수많은 사람이 열광하면서 대구 법회에 모이게 된 것은 오로지 이 30여 명 봉사자들의 뜨거운 신심의 결과, 만나는 사람마다 환희심과 신심을 내며 열광했던 결과, 법회 뒤에서 크게 원을 세웠던 오○○ 보살님의 원력의 결과가 아닐까 생각하게 되었습니다. 그 신심과 환희심이 장엄 불토의 근본적인 원인임을 다시 깨치게 된 겁니다.

장엄 불토의 본질,
화려한 겉모양이 아닌 순수한 신심 발심

저는 금강경 해설을 여러 번 했고 책도 썼습니다. 장엄 불토의 뜻을 많이 생각했습니다. 우리는 흔히 사람들이 많이 모이고 화려한 무대에서 화려한 공연을 하고 박수 받는 것을 장엄 불토로 압니다. 저는 대만에 가서 중대선사라고 하는 34층짜리 큰 절을 보며, 이것이 바로 장엄 불토라고 생각한 적이 있었습니다. 보통 사람들은 겉모양밖에 볼 줄 모르기 때문에, 겉으로 화려하고 대단해 보이거나 사람들이 많이 모이고 박수 소리가 요란하면 '이것이 장엄 불토가 아닌가.' 생각합니다. 대구 법회도 그런 뜻에서 '이것이 장엄 불토가 아닌가!' 생각했던 겁니다.

그러나 혜능 대사의 말씀과 "바치는 것이 장엄이니라." 하신 백 박사님의 말씀도 생각하면서, 새삼스럽게 겉모양이 화려하고 요란한 것이 장엄 불토가 아니라 그 속에 깃든 순수한 신심 발심이 장엄 불토의 본질이며, 이것을 볼 줄 알아야 진짜 장엄 불토의 뜻을 아는 사람이라고 느꼈습니다.

또 하나의 깨달음이라고 할지 자부심이 생겼습니다. 이제는 큰 부자한테 의지하지 않더라도 이렇게 신심 있는 도반들만 있다면, 우리 힘만으로 대만의 자재공덕회만큼 하지 못할 이유가 없습니다. 대만에는 큰 절이 많은데 그중 자재공덕회는 회원이 삼백만으로 세계적인 자선사업 단체이며 부속 의과대학과 방송국이 있습니다. '우리가 그만큼 못될까. 이 올바른 가르침에 의해서 신심 발심이 되고 환희심으로 이어진다면, 많은 사람이 자발적으로 포교해서 위대한 불사를 이룰 수 있겠다.' 이런 믿음도 갖게 되었습니다.

어제 대구 법회에 참석하셨던 분들과 함께 희망을 안고, 앞으로 이뤄야 할 불사에 대해서 적지 않은 기대를 해 봅니다.

2019.12.21.

지혜로워지는 법문과 행복해지는 법문

　스님들의 법문은 행복해지는 법문과 지혜로워지는 법문 두 종류가 있습니다. "불쌍한 자를 도와주어라. 역경에 좌절하지 마라. 백절불굴의 용기를 내라." 이런 말을 실천한다면 사람들은 아마 행복해질 것입니다. 이런 행복해지는 법문이 있는가 하면, 아주 드물지만 지혜로워지게 하는 법문도 있습니다. 지혜로워지는 법문은 선사들이 하는 법문입니다. 일례로 B방송의 〈대원 스님의 조주록 강설〉 같은 법문은 잘 들으시면 상당히 지혜로워질 수 있다고 생각합니다. 요즈음 깨친 이가 드물어서 그런지 지혜로워지게 하는 법문을 찾기 힘듭니다.

　백 선생님의 법문은 행복해지는 법문과는 다릅니다. 사람을 완전히 지혜로워지게 하는 것이 특징입니다.

지혜로워지는 법문과
행복해지는 법문

지혜로워지는 법문은 행복해지는 법문과 어떻게 다를까요?
근본적인 차이를 알아야 지혜로워질 수 있다고 생각합니다. 그냥 상식적인 이야기와 지혜로워지는 이야기를 구분하기는 어렵습니다. 예를 들어, 불쌍한 사람을 도와주라는 것은 탐심을 소멸하라는 것입니다. 탐심이 소멸하면 행복해질 수 있지만 지혜로워지지는 않습니다. 일단 불쌍한 사람이라는 것을 인정한 셈이기 때문입니다. 밝은이가 본다면 불쌍하다는 것은 자기 분별이 만들어낸 허상입니다. 그러므로 불쌍한 사람도, 도와줄 일도 본래 없다고 해야 지혜로운 사람이 될 수 있습니다. 불쌍한 사람이라고 인정하면 지혜와는 거리가 멀어지지만, 도와줌으로써 탐심이 소멸하기 때문에 행복해질 수 있을 것입니다. 반면 백 선생님께서는 고난, 역경, 불쌍하다는 현실이 착각임을 일깨워 주고 지혜로워지는 법문을 하십니다.

거지를 도와주라고 하면 행복해지는 법문이 될 수는 있습니다. 이와 달리 "거지가 눈에 띄는 것은 네 마음속에 궁한 마음이 있기 때문이다."라고 하면 지혜로워지는 법문입니다. 거지를 보며 내 속에 궁한 마음이 있는 것을 알게 합니다. 백 선생님의 법문은 다 이런 식입니다.

현실에서 개가 눈에 잘 띄고 꿈에도 개가 자주 보일 때 동물을 학대하지 말고 유기견이라도 돌보라고 한다면 이것은 행복해지는 법문일 것입니다. 그러나 "개가 눈에 잘 띄는 것은 그대 마음속에 진심이 많기 때문이다."라고 한다면, 실상을 제대로 파악하는 지혜를 일깨우는 법문입니다.

　우리는 스님을 현실에서도 잘 볼 수 있고 꿈에서도 볼 수 있습니다. 스님을 공경하라는 것은 행복해지는 법문입니다. 반면 "꿈에라도 스님을 보는 것은 그대의 법력이 선 표시다."라고 한다면, 이것은 지혜로워지는 법문입니다. 이 이야기를 강조하는 것은 우리를 지혜로워지게 하는 데 큰 도움이 되기 때문입니다.

　꿈에 불상을 보면 보통 길조라고 생각합니다. 꿈에 스님을 보는 것이 법이 선 증거라면 스님보다도 더 높은 부처님이나 불상을 보았을 때는 더 큰 깨달음을 얻었다는 증거라고 생각하고, 꿈이나 경계로 부처님을 본 사람이 자랑할 수 있습니다. 하지만 굉장히 주의해야 합니다. 부처님은 마음 밖의 존재가 아니고 마음속의 존재요, 형상이 없습니다. 꿈에 불상을 보았거나 부처님을 보았다고 한다면 이것은 부처님의 실상을 보는 것이 아니라 자신의 삿된 생각을 보는 것이라고 지혜로운 이는 말씀하십니다. 꿈에 불상이나 부처님을 봤다면 백 선생님께서는 "깜짝 놀라서 부처님께 바쳐라." 하십니다. 이것이 지혜로운 이가 우리를 지혜롭게 해 주시는 법문입니다.

　거지, 동물, 스님, 불상 등 눈에 띄는 모든 것이 우리 마음과 분별이 만들어낸 그림자, 하나의 허상이라 보십시오. 허상임을 알게 되어야 지혜로워지기 때문입니다. 모두가 내 마음이 만들어낸 허상이라는 일체유심조를 일깨워 줄 때, 사람은 무지에서 벗어나 지혜롭게 됩니다. 또 이런 가르침대로 잘 생각한다면 지혜로워지는 법문과 행복해지는 법문을 금방 판단할 수 있습니다. 또한 참된 정법의 길은 무엇이며 삿된 길은 무엇인지 구분할 수도 있게 됩니다.

지혜로워지는 법문의 특징

제가 전에 존경하였던 종교 지도자의 가르침 중 하나를 백 선생님께 질문했습니다.

"처처불상 사사불공處處佛像 事事佛供이니, 보는 데마다 불상이 있고 하는 일마다 불공드리는 마음으로 하라고 하시는 분은 도인이 아닙니까?"

"불상이니 불공이니 하는 것은 현실을 실제 팩트fact로 인정하는 것이니, 사람을 지혜롭게 하는 것과 상당히 거리가 멀다."

처처불상 사사불공을 이야기하시는 그분을 존경하는 사람들이 너무나 많아서 저는 그분을 아주 훌륭한 분으로 생각했었는데, 백 선생님의 말씀을 들어보면 그렇지 않았습니다. 저는 심하게 갈등했습니다. 하지만 제가 몇십 년 동안 공부하고 보니 이제 알겠습니다.

정말 지혜롭게 해 주는 분은 어떤 현실을 실지로 인식하게 하는 법문을 하지 않습니다. 그런 법문은 행복하게 해 주는 법문이라고 했지만, 사실 근본적으로는 행복하게 하지도 못합니다. '어려움에 처했다, 불쌍한 사람이다, 동물이다' 등 눈에 보이는 것을 실지 있는 것으로 알고 도와준다는 생각을 내는 한, 지혜로워지는 것과는 거리가 멀다고 생각하게 됐습니다. 제가 예전에 존경했던 그분의 가르침은 정말 밝은이의 가르침이 아니었다는 것을 확실히 공감하였습니다. 정법을 알고 지혜에 이르게끔 법문하는 사람은 아주 드뭅니다.

우리 가르침이 왜 사람들을 시원하게 하고 빠른 시간 내에 지혜롭게 하여 일을 성취하게 만드는가?

그것은 현실을 제대로 보고 난제의 핵심을 알게 하여 그것을 극복하는 방법을 제시하는, 지혜롭게 하는 법문이기 때문입니다. 지혜롭게 하는 법문의 근본 핵심은 '모든 것은 다 마음이 만들어 낸 허상이다.'라는 것입니다. 이것이 가장 중요한 첫걸음입니다. '그 마음 역시 실지로 있는 것이 아니라 본래 없다.'라는 공의 진리, 이것이 지혜로워지는 두 번째 가르침입니다.

이런 가르침과 달리 난제, 어려운 사람, 극복해야 할 대상이 있다고 하는 말씀은 겉으로 보기에는 자비롭고 부드럽게 보이고 일시적으로는 마음에 위안을 줄지는 몰라도, 사람을 밝고 지혜롭게 하는 법문이 아니라는 것을 새삼스럽게 알게 되었습니다.

금강경 공부를 하고 훌륭한 선지식의 말씀을 따르더라도 그 법문의 특징이 무엇인가를 잘 알아야 합니다. 우리 법문의 특징은 행복해지는 것도 능력 있게 만드는 것도 아닙니다. 밝아지고 지혜롭게 하는 것입니다. 지혜롭게 하는 법문은 모든 것이 마음이 만들어 낸 하나의 허상일 뿐 본래 없다는 것을 깨닫게 하고, 우리가 스스로 부처님과 하나도 다르지 않은 존재임을 알게 하여 진정한 행복의 길로 가게 합니다.

2020.01.04.

지혜로운 이는 일할 때
원을 세우며 바치고 연구한다

제가 법문 시간에 제일 먼저 드리는 발원은, 선생님께서 하셨던 것을 따라 하는 것입니다.

"재앙은 소멸하고 소원은 성취해서 부처님 전에 복 많이 짓기를 발원."

우리 불교의 목적, 수행의 목적은 재앙을 소멸하는 것도 소원을 성취하는 것도 아닙니다. 밝아지는 것입니다. 밝아지기 위해서는 조건이 있습니다. 바로 재앙 소멸입니다. 재앙이 있으면 그 뒤치다꺼리를 하느라 밝아질 수 없습니다. 재앙 소멸이 매우 필요합니다. 또 소원을 이루지 않고서는 밝아지는 것이 어렵습니다. 자기 속의 한이 풀려야 밝아질 수 있기 때문입니다. 결국 우리는 밝아지고 지혜로워지는 것이 목적이지만, 그것을 이루기 위해서는 먼저 재앙을 소멸하고 소원을 성취해야 합니다. 밝은이는 그렇게 보시고 원을 세우시는 것 같습니다.

우리는 종종 재앙 소멸, 소원 성취에만 치중하는 나머지 본래 목적인 지혜로워지고 밝아지는 것을 외면하게 됩니다. 그러다 보니 지혜로운 일에 소극적이고, 밝아지는 길을 가지 못하는 경우가 너무도 많습니다. 우리의 갈 길, 우리의 목표는 지혜로워지는 것과 밝아지는 것입니다. 오늘은 지혜로워지며 밝아지는 길에 대하여 본격적으로 말씀드리려 합니다.

원 세우고 바치며 꾸준히 연구한다

종종 법문 시간에 모른다는 생각을 자꾸 바치면 알아진다고 말씀드렸습니다. 제가 이 이야기도 여러 번 했습니다.

금강산에서 서울역까지는 500리나 되는 먼 길입니다. 금강산에서 서울역의 시계탑이 보일 리 없습니다. 그런데 그 모른다는 생각을 자꾸 바치면 금강산에서도 서울역의 시계탑이 보이고 몇 시인지 알게 된다는 것입니다.

백 선생님께서 금강산에 계실 때 시계를 잃어버렸는데, 몇 시인지 무척 궁금했지만 별 뾰족한 방법이 없었습니다. 그때 서울역 시계탑이 생각났다고 합니다. 500리 떨어진 거리에 있는 시계탑이 상식적으로 보일 리 없습니다. 서울역까지의 거리가 멀다는 생각이 보이지 않게 합니다. 자꾸 바치다 보니까 정말 서울역의 시계가 보이고 그 뒤로는 잃어버린 시계를 찾을 필요가 없었다고 합니다. 시간이 궁금하면 서울역을 향해서 모른다는 생각을 바치기만 하면 시간이 알아졌기 때문입니다. 그러다 보니 잃어버렸던 시계가 어디 있는지도 알게 되어, 시계도 찾았다고 이야기하셨습니다. 이때 아마 처음으로 무에서 유를 창조하는 법을 연습하신 것으로 생각합니다.

　지혜라고 하면, 모른다는 생각을 바쳐서 알아지는 것이라고만 생각합니다. 즉 깨치면 다 된다는 식의 이야기인데, 그것은 지혜나 밝아지는 것의 피상적인 일부입니다. 우리는 일생을 살면서 매우 많은 난제와 맞닥뜨립니다. 어떻게 가정불화를 극복할 것인지, 자식이 속을 썩이거나 실패할 때 어떻게 도와주어야 할지 등등 수많은 난제가 있습니다. 또 직장이나 법당에도 난제가 있습니다. 그것을 어떻게 해결할지, 난제의 해법을 알게 되는 것 또한 지혜입니다.

　흔히 바치기만 하면 다 될 것으로 생각합니다. 그런데 바쳐서 척척 해답이 나오는 정도가 되려면 상당한 시간이 걸리고 준비가 되어 있어야 합니다. 바쳐서 난제의 해답을 금방 알려고 하는 것은 현명하지 않습니다. 바치되 연구하는 과정이 필요합니다.

　예를 들면 우리는 톱질을 할 때 방법을 안다고 생각합니다. 그저 톱과 나무를 갖다 놓고 자꾸 왔다 갔다만 하면 되는 것으로 알고 있습니다. 그런데 그렇게 하면 힘들어서 1분만 지나도 지칩니다. 나중에 톱질을 좀 해보니, 밀 때는 힘을 주지 않고 당길 때만 힘을 주어야 합니다. 말하자면 이것이 지혜입니다.

　이런 지혜, 즉 실제 톱질하는 방법이 자꾸 바치기만 한다고 알아지는 게 아닙니다. 바치기도 하지만 몸으로 부딪쳐서 해보고 안 되는 것을 연구해야 합니다. 연구하다 보면 터득하게 되고 나중에는 알게 됩니다.

　연구하기 전에 반드시 일해야 합니다. 머리만으로는 안 되고 반드시 몸으로 부딪쳐야 합니다. 부딪치면서 난제가 생깁니다. 난제가 생길 때 그냥 바치면 척척 알아진다고 생각하기 쉬운데, 물론 되기야 하지만 척척 되는 사람들은 굉장히 준비가 많이 된 사람입니다. 처음에는 배우는 과정을, 다음으로 연구하면서 터득하는 과정을, 그에 더해 철드는 과정을 거쳐 최종적으로 알아집니다.

전생에 연습한 결과로 알아지는 것과
연구하고 터득해서 알아지는 것

우리는 그저 '모르는 것을 바치기만 하면 다 알게 되지. 이게 지혜지.' 생각했습니다. 그런데 바친다고 잘 알게 되지 않았습니다. 톱질, 대패질, 페인트칠하는 방법을 어떻게 바친다고 척척 알게 되겠습니까? 일단 해봐야 합니다. 바치되 한편으로 동시에 연구합니다. 실패하며 실지로 터득하는 과정에서 확실히 알게 되고, 남에게 가르쳐 줄 수도 있게 됩니다. 반면 척 바쳐서 대번에 알게 되면 가르쳐 주기도 힘들고, 자신이 체험한 것이 아니기에 금방 잊어버립니다.

지혜가 무엇인지 분명히 알아야 합니다. 수행 초기에 선생님이 지혜가 무엇이냐 물으시면 "모른다는 생각, 난제를 잘 바치기만 하면 척척 알아지는 것이 지혜 아닙니까?" 이렇게 자신 있게 대답했을 것입니다. 그러면 아마 선생님께서는 빙그레 웃으실 겁니다.

소사 도반 중 두 사람의 예를 들겠습니다. 누가 지혜로운 사람일까요?

한 사람은 바치기만 하면 대답이 척척 나오는 사람입니다. 예를 들어 "누구와 데이트를 하는데, 그 사람하고 결혼하면 어떨까?" 질문하면, 그 도반은 딱 관觀하면서 "그 사람 얼굴은 이렇고 마음씨는 이렇지?" 합니다. 어떻게 알았는지 물으면 모른다는 생각을 바치니까 금방 해답이 나오더라고 합니다. 그 정도로 능력이 있는 사람이고, 그의 말은 상당 부분 맞습니다. 우리는 그가 어느 정도 지혜가 있다고 생각하였습니다. 그런데 우리가 보기에는 능력 있는 그 사람을 백 선생님께서는 지혜가 있다고 한 번도 이야기하신 적이 없고, 오히려 무참히 평가절하 하셨습니다.

한편 그런 영적 능력은 없어도 굉장히 요령 있게 일하는 사람이 있었습니다. 예를 들면 톱질 방법을 금방 익혀서 잘하고, 대패질이나 페인트칠도 잘합니다. 저는 하나도 할 줄 몰랐어요. 선생님께서 다 가르쳐 주셨습니다. "톱질은 이렇게, 대패질은 이렇게 해야 한다. 무조건 페인트를 칠하는 것이 아니라 우선 표면을 페이퍼질 하고 거기에 녹슬지 않게 녹을 방지하는 페인트를 바르고, 다 마르고 나면 우둘투둘한 것을 깎아낸 뒤 페인트를 칠하는 것이다." 이렇게 실제로 연습을 시켰습니다. 일하는 요령입니다. 우리는 일하는 요령 같은 것은 지혜로 치지도 않았고, 다 알아맞히는 것이 지혜라고 생각했습니다. 그런데 백 선생님의 평가는 전혀 달랐습니다. 그렇게 척척 알게 되는 것은 전생에 연습한 결과이지, 터득하고 체험하고 깨쳐서 되는 것과는 다르다는 겁니다. 이것을 잘 구분하셔야 합니다.

지혜로워지는 방법

실제로 백 선생님께서 지혜에 이르는 방법은, 세상에서 하는 것처럼 연구하고 터득하는 과정에서 요령이 생기고 철들고 알게 되는 것이라 하셨습니다. 이것이 백 선생님 가르침의 핵심 부분입니다.

천만 원이라는 적은 돈으로 산속에서 집을 짓고 살아야 한다고 가정해 봅시다. 목재도 좋은 목재를 쓸 수 없고, 문짝을 사더라도 헌 문짝을 사서 페인트칠을 해야 합니다. 인건비로는 쓸 돈이 없으니, 스스로 콘크리트 시공, 톱질, 대패질도 할 수 있어야 합니다. 그러면 금강경 공부한 사람은 '바치면 되지!' 하겠지만, 단순히 바쳐서는 잘 안 됩니다. 바친다고 톱질, 대패질, 페인트칠 하는 방법을 알겠어요? 이것이 공부하는 사람들이 빠지기 쉬운 큰 함정입니다.

어떻게 해야 할까요? 처음에는 배워야 합니다. 물론 상당히 오랫동안 수도한 사람, 준비가 많이 된 사람은 바치면 알아집니다. 정말 답이 나옵니다. 그런데 우리는 그렇게 준비가 되어 있지 않습니다. 처음부터 바쳐서 해결하려고 하는 것은 욕심이고, 바치는 동시에 배우고 연구해야 합니다. 그렇게 자꾸 하다 보면 경험이 쌓이면서 나중엔 깨닫게 되고 알게 됩니다. 이런 과정으로 톱질, 대패질까지도 잘할 수 있게 됩니다.

수도하는 사람들은 연구하는 것, 책 보는 것을 아주 무시합니다. 백 선생님께서도 처음에는 책을 보지 말라고 하셨고 신문 방송도 보지 말라고 하셨기 때문에, 그것이 밝아지는 길에 역행하는 것으로 생각할 수도 있습니다. 물론 그 말은 일리가 있습니다. 그렇지만 우리가 당장 집을 짓고 먹고살아야 하니, 연구도 하고 필요하면 책도 봐야 합니다. 예를 들어 식당을 하려면 아는 사람에게 배워야 합니다. 우리는 원만 세워서 할 정도로 준비가 충분하지 않기 때문입니다.

수시로 원 세우는 연습이 꼭 필요합니다. 연구하는 것도 일종의 원 세우는 것입니다. 궁리하는 것과 연구하는 것은 다릅니다. 그리고 일의 이치를 터득하는 것을 수도의 연장으로, 지혜의 연장으로 봐야 합니다.

바치면서 동시에 연구하고 배우고 터득하는 과정이 반드시 필요합니다. 물론 자꾸 바치다 보면 알아지긴 합니다. 방법도 알게 되고 요령을 터득하고 지혜가 납니다. 지혜가 나기 전에 여러 가지 과정을 거칩니다. 배우는 마음, 알려는 마음을 내어 연구하는 자세가 필요하고, 실패와 성공 속에서 터득하는 체험이 있어야 최종적으로 알게 됩니다.

일례로 천만 원으로 집 짓는 일에 대해 말씀드렸습니다. 그 돈으로는 살 수 있는 재료가 극히 한정적이고 일도 혼자 할 수밖에 없는 상황입니다. 책도 보고 연구하면서 동시에 열심히 바치면, 돈도 생기고 심지어는 내가 못하는 일을 도와주겠다는 외부 사람이 나타나는 것은 참 이상한 일입니다.

자신을 낮추면서 부지런히 배우려 하고 원 세우면서 할 때 반드시 그렇게 됩니다.

지혜로운 사람

백 선생님께서는 세상에는 두 가지 타입의 사람이 있다고 이야기합니다. 첫째, 일할 때 설치며 하는 사람입니다. 회사 사장님 중에도 부지런히 설치는 사람이 있습니다. 잔소리하고, 자신의 말을 안 들으면 화내고 갈아치우는 유형이지요. 그렇게 해서 일의 성과를 꽤 올리는 듯도 합니다.

또 다른 타입을 말씀하십니다. 일할 때 절대 설치지 않습니다. 편편 노는 것 같고 일을 하나도 안 하는 것 같은데 일이 잘 돌아가고, 할 일을 다 해냅니다. 지도자 중에도 그런 타입이 있습니다. 요란하지 않으면서도 할 일은 다 하는 사람이지요. 신상필벌信賞必罰을 확실히 해서 사람을 따르게 하는 수도 있겠지만, 그렇게 하지도 않고 별다른 능력이 있는 것 같지도 않은데 저절로 일이 잘 돌아가게 하는 경우가 있습니다.

백 선생님께서는 어떤 사람을 선호하실까요?

후자. 전혀 하지 않는 것 같으면서도 일이 저절로 잘 되게끔 꾸려 나가는 지도자를 선호하고 그이를 지혜로운 사람이라고 하십니다.

이런 지혜로운 지도자가 되는 길은 반드시 자기를 낮추며 배우려 하고, 부처님께 바치고 원을 세우는 것이 동반되어야 합니다. 이렇게 할 때, 자기 혼자서 하는 것이 아니라 부처님과 함께 하는 것입니다. 마치 단돈 천만 원으로 혼자서 산속에 집을 지을 때, 바치고 연구하면서 하나씩 해 나가면 도와주는 사람이 나타나 일이 저절로 되는 것과 같습니다. 부처님과 함께 하는 겁니다.

반면 설치고 밀어붙여서 하는 것은 하지하下之下의 방법입니다. 원 세우고 연구하는 사람은 이미 부처님과 함께하고 있어, 일의 절반을 부처님께서 이미 해 놓으십니다. 자신은 가서 확인만 하면 됩니다. 펀펀 노는 것 같아도 할 일을 다 합니다. 사장이 일일이 잔소리 안 해도 종업원들이 규칙을 잘 지키고 일을 잘합니다. 이것이 지혜로운 사람이고, 우리의 갈 길이라고 말씀드립니다.

백 선생님께서 말씀하신 지혜 교육의 지침

그저 바치면 알아진다는 단순 논리에 속지 마시기 바랍니다. 그것도 물론 지혜지만, 이것은 상당히 준비가 많이 된 사람에게 해당합니다. 우리 같이 보통 사람은 바치는 것을 당연히 꼭 해야 합니다. 하지만 바쳐서 단박 해답을 얻을 것을 기대하기보다는 자기를 낮춰서 배우고 꾸준히 연구해야 합니다. 그리고 많이 아는 사람을 공경해야 합니다. 배우고 연구하여 알게 되는 과정에서 일이 되는 경우가 많습니다.

　원을 미리 세우며 일하라는 뜻입니다. 원 세우면서 일하면 알게 되기도 하지만 미리미리 일이 되어서 어렵지 않게 소기의 목적을 200% 달성할 수 있으리라. 이것이 백 선생님께서 말씀하시는 지혜교육의 지침입니다. 이것을 잘 아시고 일상생활에 활용하셔서 정말 슬기로운 사람, 유능한 사람이 되시기를 바랍니다.

2020.01.11.

우리 가르침은
부처님과 함께 하는 참선이며 기도수행

　요즘 불교 방송을 들으며 최근 불교 수행에 참선과 기도, 주로 두 갈래의 수행 형태가 있다는 것을 발견했습니다.
　우리 공부는 참선 쪽인가? 기도 쪽인가?
　이것을 한번 검토하는 것도 매우 중요한 것 같습니다.
　흔히 우리 공부는 기도지 무슨 참선이냐고 얘기할 수도 있을 것입니다. 결론적으로 참선도 되고 기도도 된다고 말씀드립니다.
　세상에서 엘리트라고 자부하는 판검사나 대학교수 출신들로 구성된 성실한 불자 모임이 있었습니다. 그들은 기도나 염불 수행을 무시하며 참선이 최고급 수행이라 여기고, 큰스님께 화두를 받아서 간화선 수행을 열심히 했었습니다. 그중 한 대학교수가 말기 암으로 사경을 헤매고 있었습니다. 병문안을 간 한 친구는 "야! 화두 들어, 화두!" 하였고, 다른 친구는 "이럴 때 화두가 되겠어? 나무아미타불 해야지." 하였습니다. 실제로 참선을 하시는 큰스님들조차도 세상을 떠날 때가 되면 화두가 통하지 않으니까 나무아미타불 염불로 돌아서는 수가 많다고 합니다. 흔히들 하는 말로 참선은 난행문難行門으로 어렵지만 빨리 깨치는 길이고, 기도에 속하는 염불은 이행문易行門으로 하기는 쉬워도 금생에 깨치기 힘들다고 하면서 좀 무시하는 경향이 있는 것 같습니다.

참선은 자력불교

참선과 기도가 어떻게 다를까요? 참선은 자력불교입니다. 즉심시불卽心是佛, 지금 내 마음에서 찾는다. 내가 수행하고 마음을 닦아서 밝아지는 것이지, 관세음보살이니 지장보살의 가피에 의해서 밝아지는 것은 아니라는 논리입니다. 그렇게 자력으로 열심히 하다가 세상이 허무하게 느껴지고 아무것도 안 될 때는 '자력에는 한계가 있구나, 결국 의지할 수밖에 없어!'하며 막판에는 염불로 돌아서게 됩니다.

참선이 많이 변했어요. 요즈음 간화선이 너무 어렵다고 위파사나로 많이 돌아섭니다. 위파사나는 간화선보다 훨씬 쉽고 생활하면서도 어느 정도 할 수 있어서 전통적인 간화선 수행자들 대부분이 위파사나로 돌아섭니다. 또 위파사나는 명상과는 조금 다른데, 명상 쪽으로 방향을 바꾸는 사람들도 있습니다. 간화선이나 위파사나 선은 부처님의 말씀으로 시작한 것입니다. 명상도 뿌리를 찾는다면 부처님 말씀으로부터 시작하였지만, 불교의 색채가 점점 없어져서 이제 불자들만 하는 것이 아니라 기독교나 천주교 신자, 스포츠맨 등 누구든지 마음을 안정시키고자 하는 사람은 다들 명상을 한다고 합니다.

본래 부처님 가르침, 즉 큰 스승이 주신 화두를 참구하되 항상 부처님 공경하는 마음을 동반하는 것이 간화선 수행자의 필수 덕목이었습니다. 최근 간화선 수행이 위파사나, 명상 등으로 바뀌면서 불교라는 색채가 점점 퇴색하였습니다. 심지어 어떤 스님은 불교라는 것을 내세워서는 안 되며, 차라리 불교라는 색깔을 없애서 천주교나 기독교인을 다 끌어안는 명상 쪽으로 가는 것이 더 바람직하다고 주장하고 있습니다.

간화선은 본래 부처님과 함께하는 수행이지 부처님을 떼어낸 단순한 수행이 아닙니다. 하지만 위파사나로 가면서 불교 색이 점점 흐려지다가 명상으로 가서는 불교 색이 완전히 없어진 단순한 수행이 되었습니다. 심지어 살불살조殺佛殺祖, 부처도 죽이고 조사도 죽인다는 가르침 때문에 간화선 수행자들은 부처님께 절하지 않는다는 자부심까지 있습니다.

간화선 수행의 본질은 부처님 공경심인데, 불교 색이 엷어지면서 완전히 자력불교로 변질하였습니다.

기도는 타력불교

이제 기도를 살펴보겠습니다. 관세음보살, 지장보살, 나무아미타불로 열심히 기도하면 절대자의 가피에 의해 생활이 개선되고 잘하면 깨달음까지 얻을 수 있다는 논리입니다. 기독교와도 좀 비슷합니다.

우리 공부도 부처님께 바치는 것으로 생활이 개선되고 잘하면 깨달을 수도 있다고 하니까, 참선이 아니고 기도라고 생각하시는 분들이 꽤 있는 것 같습니다. 스스로 참선처럼 최고급은 못되고 등급이 낮다고 폄하하시는 분들도 없지 않습니다. 하지만 우리 공부는 타력이 아닙니다.

우리 공부를 통해서 기적적으로 병이 낫거나 가정이 화목해지고 부자가 되는 경우가 있습니다. 부처님께 바쳐서 되었다고 할 때, 부처님께 감사하는 것까지는 좋은데 한층 더 나아가 부처님의 가피로 되었다고 하면서 우리 가르침의 정체성을 타력으로 바꾸는 경우가 참 많습니다.

가피라고 해서는 아니 됩니다. 우리는 본래 부자이고 건강하고 외롭지 않고 모든 것을 할 수 있습니다.

그러면 우리는 왜 병들고 가난하고 열등감을 가지게 되었을까요? 무시겁으로 지은 업보 업장, 탐진치로 인해서 탕자의 삶을 살면서 가난하고 외로워지는 것입니다.

우리 가르침은 자력인가, 타력인가?

부처님께 바치는 것은 자력입니다. 분별을 바치고 탐진치를 바쳐서 무시겁 업보 업장을 해탈하여 본연의 내 모습이 드러나는 겁니다. 본연의 내 모습이 드러나는 것을 부처님 광명이라고 합니다. 부처님 광명은 타력이 아닙니다. 형상이 있는 부처님이 아니기 때문입니다. 만약에 관세음보살이나 아미타불처럼 형상이 있는 부처님의 광명이라면, 이것은 곧 타력이 임하는 겁니다.

제가 말씀드리는 부처님 광명은 형상이 없는 부처님, '참나'의 광명이며 타력이 아닙니다. 자력은 아상을 포함하게 되므로 자력이라고도 할 수 없습니다. '참나'라는 점에선 자력이라고 할 수도, 타력이라고 할 수도 없습니다. 억지로 표현하기를 '형상 없는 부처님의 광명'이라고 합니다.

우리 수행은 가피나 타력에 의존하지 않는다는 점에서 절대로 기도가 아닙니다. 부처님과 함께 하는 수행이며 자력이라는 점에서 이것은 그대로 선입니다. 화두를 들지 않으므로 간화선이 아니고, 크게 깨친 이의 가르침에 의해서 수행하기 때문에 조사선이라 해야 합니다.

우리 수행은 부처님이나 미륵존여래불께 의존하는 가르침이 아닙니다. 부처님을 시봉하고 미륵존여래불의 뜻을 받드는 가르침이지, 의지하고 가피를 구하는 가르침이 아닙니다. 우리는 최고의 수행, 즉 조사선의 수행을 따르고 있다고 봐야 합니다.

사가이면면 불가이근근 斯可以綿綿 不可以勤勤

선 수행하는 분들은 깨달음을 목표로 합니다. 실생활에서 행복해지고 유능해지고 지혜로워지는 것을 외면하고 있습니다. 일초직입여래지一超直入如來地, 한꺼번에 탁 깨쳐서 부처가 되는 길만 추구합니다. 그런데 부처가 된다는 것이 쉽지 않습니다. 결국 부처도 되지 못하고 생활도 행복해지지 못합니다. 너무 큰 것만 바랄 필요가 없습니다.

한 번에 깨쳐서 부처가 되려고 생각해서는 안 됩니다. 우리 자신이 본래 부처입니다. 한 번에 깨치려고 하거나 열심히 할 필요 없습니다. 우리는 본래 부처이기에, 열심히 하는 것보다 아니하지만 않으면 됩니다. 여기도 가끔 금강경 7독, 10독을 해서 한 번에 끝내고 싶은 분들이 있습니다. 확 끝내 버리겠다는 것은 우리 공부의 정체성을 모르는 행위입니다.

'어서 하겠다'고 하는 것은 탐심으로 경계해야 합니다. 아니하지만 않으면 밝아지는 겁니다. '왜 안 되냐' 하면 진심입니다. '이만하면 되었다' 하면 치심입니다. 우리가 본래 부처인데 '어서 하겠다, 왜 안 되나, 이만하면 되었다' 할 필요가 없습니다. 이 세 가지 탐진치를 아니 하는 것을 사가이면면 불가이근근이라고 합니다.

우리 가르침은 부처님과 함께하는 참선이며 기도수행

가피에 의존하지 않고 타력이 아니라는 점, 또 부처님과 함께한다는 점에서 우리 가르침은 그대로 선 수행, 조사선 수행이기도 합니다. 또 본래면목을 발휘하여 능력과 지혜가 생기고, 생활이 점차 행복해지고 기적을 창조한다는 점에서 기도와도 다르지 않습니다.

이 시대에 가장 필요한, 기도와 선을 함께 하는 가르침입니다. 이러한 정체성을 아시고 수행하신다면 포교하거나 누가 공격할 때 대처하기에도 매우 바람직할 것입니다. 우리 가르침을 즐겁게 받들고 수행하시면 좋겠습니다.

2020.01.18.

아름다운 우리 법당의
특징과 나아갈 길

오늘은 제가 출가하여 공부했던 소사 법당의 특징을 우리 법당에 어떻게 적용할 것인지 생각해 보겠습니다.

소사 법당의 특징

제가 출가했을 때가 1967년이었습니다. 출가 동기는 여러 가지가 있었지만, 그중 가장 크게 작용한 것은 백 선생님의 훌륭한 인격이었습니다. 출가하기 1년 전부터 저는 꾸준히 법문을 들었고 그분의 언행을 살펴볼 기회가 있었습니다. 제가 공부할 자리인지 아닌지도 탐색했는데, 조금도 빈틈이 없어 '도인이란 저런 모습인가' 할 정도로 그분의 인격은 아주 훌륭했습니다. 어떨 때는 의심하기도 했지만, 특히 돈에 대해 그 어떤 욕심도 없었고 무소유를 철저히 실천하셨습니다. 제자들이 당신의 자동차와 집을 팔아 버려도 항의하거나 빼앗으려고 하지 않았습니다. 사실 여러 번 의심도 했습니다만, 그분이야말로 일절 여색을 밝히지 않는 청정 비구였다는 것을 뒤늦게 알게 되었습니다. 재색, 돈과 여자에 대해서 그분처럼 깨끗한 분이 어디 있을까? 이것이 제가 출가하게 된 결정적인 원인이었습니다. 저는 그분의 탁월한 인격을 굉장히 존경하고 사모했습니다. 또 그분의 가르침은 너무나 시원했고 실생활에 적용할 수 있었습니다. 불교의 위대성과 절대성을 알게 해 주었습니다. 그분의 가르침은 너무나 획기적이었습니다. 저는 그분의 인격과 가르침에 반해서 출가하였습니다.

어려움도 없지 않았습니다. 제일 큰 어려움이라면, 출가하고 나서 그곳에서 공부하는 분들의 풍토가 저를 굉장히 힘들게 했었습니다. 불법승 삼보에서 백 선생님의 훌륭한 인격을 부처님(佛)이라고 가정하고 그분의 훌륭한 법문을 진리, 즉 법法이라고 얘기하고 싶습니다. 그러나 그분의 가르침을 따르는 제자(僧)들은 정말 탁월하지 않았습니다.

처음 들어가 보니 사회와 하나도 다르지 않았습니다. 선후배를 뚜렷이 따졌습니다. 물론 선생님의 바치라는 가르침에 따라서 바치려고는 하지만 세상에 있을 때의 습기習氣가 그대로 남아서 밥그릇을 상당히 따집니다. 선배가 먼저 아랫목을 딱 차지하고 앉았으면 우리는 도저히 아랫목에 앉을 수가 없었습니다. 선배가 아니라 선생님 같았고 툭하면 갑질을 했습니다. 명령하는 식으로 일을 시켰습니다. 공부하는 자리에서 왜 이런 일이 있을까? 이것이 저를 견딜 수 없게 했습니다. 아마 그런 풍토에 많은 사람이 실망하고 심지어 퇴타심을 내어 보따리 싸서 나가게 되지 않았을까 하는 생각이 듭니다.

백 선생님의 인격이 훌륭하고 가르침이 탁월해서 그런지 선후배 따지고, 상하가 있고, 그에 따라 앉는 자리까지 정해져 있던 풍토가 서서히 바뀌기 시작했습니다. 그리고 고집이 센 선배는 드디어 선생님의 훌륭한 가르침과 인격에 감동하여 공양주를 자청하게 되었습니다. 공양주는 그곳 보직 중에서 제일 말단으로, 처음 들어오는 사람에게 시키는 일입니다. 자신이 가장 못난 줄 알고 새까만 후배들을 받들기 시작하면서 선생님께 늘 꾸중 듣던 그 사람은 드디어 칭찬을 받게 되었습니다.

　처음에 그 선배를 꾸중할 때는 선생님이 너무 심하다고 느꼈지만, 그가 칭찬받게 되면서 새삼스럽게 알았습니다. 역시 꾸중을 하실 때도, 칭찬하실 때도 이유가 있었습니다. 자신이 가장 못난 줄 알고 낮추려고 했을 때 그이가 칭찬받았고, 지혜롭고 밝아졌습니다.

　이것이 제가 소사에서 공부했던 몇 년 동안 겪은 변화였습니다.

우리 법당의 시작

　저는 선생님의 훌륭한 가르침과 인격을 닮으려고 무척 노력했습니다. 선생님이 돌아가시고 7년 후, 1988년에 이 법당을 세우게 되었습니다. 선생님께서는 단체를 만들지 말라고 하셨으며 사람들에게 회비를 걷지 말라고 하셨습니다. 저는 그것을 그대로 닮으려고 했고 이곳이 어떤 단체로서의 특징을 갖지 않도록 주의했습니다.

　소사에서의 법문은 지식을 가르쳐 주는 법문이 아니라 지혜를 일깨워 주는 법문이었습니다. 여기서도 제가 감히 법문한다는 생각을 하지 않았습니다. 처음 몇 년은 소사에서 공부 잘하던 분을 모셔 와서 공부했습니다. 그 사람이 가 버리고 난 뒤 법문할 사람이 없어서 제가 마지못해 금강경 해설을 시작했습니다. 금강경 해설은 저에게 너무나도 어려웠습니다. 처음 공부할 때는 쉬운 것 같았는데 막상 금강경을 알고 보니까 정말 어려웠습니다. 저 자신의 무지와 부족함에 새삼 놀랐습니다. 자신이 가장 못난 줄 알고 배워야 한다는 선생님의 말씀에 감동하면서 정성껏 더듬더듬 금강경을 강의하려고 했었습니다. 하다 보니 드디어 금강경에 대해 몰랐던 것을 알게 되었는데, 그것은 오로지 백 선생님의 가르침, '모른다'는 생각을 바쳐서 얻어진 지혜의 결과라고 생각합니다. 그리고 몇 년이 지나 드디어 금강경에 관한 책을 쓸 수 있게 되었습니다.

아름다운 금강경 실천수행 법당

우리 법당의 풍토를 잠시 생각해 봅니다. 코로나19로 말미암아 지금 한국은 아주 공포에 휩싸여 있습니다. 5년 전에는 메르스라는 병이 있었습니다. 제가 마침 동국대학교에서 강의할 때인데 메르스 때문에 학교는 문을 닫고 많은 강의가 폐쇄되었습니다. 하지만 메르스 여파에도 불구하고 제 강의는 만원을 이루면서 그대로 진행되었던 기억이 있습니다. 천하의 메르스도 신심을 절대로 이길 수가 없다는 것을 절실히 느꼈습니다. 오늘도 코로나바이러스의 공포가 전국을 휩쓰는데 이렇게 전국에서 모이신 분들을 보고 5년 전의 그 생각이 나면서 고마움을 다시 느낍니다.

코로나19에도 불구하고 여기에 오시는 이유를 생각해 보겠습니다.

우선 많은 분은 법문이 좋다고 얘기를 하십니다. 법문이 백 선생님의 법문처럼 활구 법문, 지식이 아니라 지혜를 일깨워 주는 법문, 실용적인 법문이라서 좋다고 말하는 사람들이 많이 있습니다. 어제도 처음부터 깊이 빠져드는 법문 덕분에 놀라운 변화의 체험을 했다고 하는 분을 여러 명 만났습니다. 살아있는 실천 법문, 이것이 우리 법당의 장점이요 특징이며 매력입니다.

두 번째 매력은-아마 소수겠지요-법문을 가장 우선으로 치지만, 또한 저를 전 재산을 바친 무소유의 실천자로 보고 좋아해서 오신 분들도 있지 않나 싶습니다. 그러한 점도 여기 먼 길을 찾아오신 중요한 원인 중 하나가 될 것 같습니다.

또 하나가 있다면 이 법당의 아름다운 풍토를 좋아해서 오신 분들도 있을지 모릅니다. 단체처럼 행동하지 않는 것이 우리 법당만의 유일한 풍토라고 감히 말씀드립니다.

우리 법당의 온라인 회원은 현재 5,000명이 넘고 오프라인으로 매주 오시는 분이 300여 명, 주말 출가자만 해도 150명이 넘습니다. 열기가 상당히 뜨겁습니다.

저는 세상 기준으로는 연령이 꽤 높은 편입니다. 법사가 좋아서 오는 사람은 아마 적어질 것입니다. 법문은 하도 들어서 국민 법문이 될 것입니다. 법문이 특별히 우수하다고 생각하지도 않을 것입니다. 그러면 여기 오는 분은 왜 오는가? 단체 같지 않은 단체라는 특성 때문에 올 것입니다. 여기는 회비가 없습니다. 우리가 소사에 있을 때도 물론 회비가 없었고 백 선생님이 다 돈을 내서 우리를 먹여 살리셨어도, 갑질하는 선배가 있었습니다. 이곳은 밥그릇 따지는 선배가 없고 갑질하는 선배가 없다는 것이 또 하나의 매력이 될 것입니다. 앞으로는 더 큰 매력이 되리라 생각합니다.

부처님 같은 사람은 앞으로 없습니다. 그런 인격자는 찾을 수 없습니다. 그리고 이 법문은 널리 보편화되어 어디 가서나 들을 수 있습니다. 하지만 단체 같지 않은 단체, 상하가 없고 갑질하는 사람이 없고 목에 힘주고 명령하는 사람이 없는 곳은 찾기 힘듭니다. 여기가 이런 아름다운 사람들의 금강경 실천 수행처이기 때문에 천릿길을 마다않고 이 법당까지 찾아오는 분이 있을 것입니다. 이런 특징이 없다면 아마 여기에 올 일은 전혀 없어질 것입니다. 이 점을 소중하게 생각하며 키워 가고 싶습니다.

여기에 복전함을 만들고 싶지 않았지만, 돈을 아무 곳에나 놓으셔서 하는 수 없이 복전함을 만들었습니다. 복전함에는 한결같이 1만 원에서부터 2만 원, 심지어 100만 원까지 이름을 쓰지 않고 보시를 합니다. 100만 원을 자기 이름 쓰지 않고 내는 곳이 어디 있을까요? 콧등이 시큰하고 눈물이 날 정도로 고맙습니다. 머리 굴리지 않고 돈 계산하지 않는 아름다운 법당이 또 어디 있겠습니까? 아름다운 금강경을 실천하는 수행처로서 유지해 가야 할 것입니다.

우리 법당의 나아갈 길

이곳에 상하가 있어서는 아니 됩니다. 갑질하는 사람이 있어서도 아니 됩니다. 큰 목소리를 내서는 더욱 아니 됩니다. 백 선생님의 말씀처럼 자신이 가장 못난 줄 알고 다른 사람을 부처님처럼 보는 풍토가 이 법당에서 점점 커져 나가길 바랍니다. 부처님 같은 사람은 없고 우수한 가르침은 없어도, 이런 아름다운 풍토 속에서 우리의 신심은 더욱 커질 것이고 진정한 정법이 무엇인가를 알게 될 것입니다.

백 선생님께서는 금강산에서 대중들에게 이것을 강조하셨다고 합니다.

"법당에서는 가장 못난 줄 알고, 밖에 나가서는 가장 당당해라."

법당에서 과시하고 큰 목소리를 내고 텃세를 부리는 사람일수록 집이나 밖에서 꼼짝하지 못합니다. 그런데 반대로 법당에서 하심하고 다른 사람을 부처님으로 아는 사람은 이 가르침의 위대성을 알기 때문에 밖에 나가서는 당당하고 실제로 위대한 일을 해냅니다.

우리는 어떠한 사람이 되어야 할까요?

특히 봉사자 여러분들께서는 법당에서는 제일 하심하시고 도반님을 부처님으로 봐 주시기를 간곡히 부탁드립니다. 그럴 때 법당도 더욱 커질 것입니다. 절대 갑질하지 마세요. 명령하지 마세요. 짜증내지 마세요. 그리고 밖에 나가서는 당당하세요. 예전에 갑질하고 아랫목 차지했던 그 사람이 솔선해서 공양주를 하여서 드디어 선생님께 칭찬을 듣고 밝아졌듯이, 솔선해서 귀찮은 일을 찾아서 해보는 것은 어떨까요? 갑질하기 전에 다른 사람을 도와주고 양보해 보면 어떨까요? 그럴 때 이 법당은 많은 사람의 사랑을 받으면서 우리가 원하는 세계적인 교육기관으로 거듭날 것입니다.

제가 B방송에 가서 좋은 교육기관을 만들기 위해 같이 힘을 합쳐보자고 하며 우리가 쓴 책을 선물했더니 사장님께서 말씀하시기를, 먹고살기 바쁘고 직원들 봉급 주기에 바빠서 책을 읽을 틈이 없다는 것입니다. 불교방송 사장님이 이런 말을 하시다니······. 그래서 제가 우리 법당을 자랑했습니다. 우리는 회비가 없고 모금도 안 하는데 돈은 쌓이고 있으며 큰 불사도 하고 있다고 말했더니 눈이 휘둥

그레지며 방법 좀 가르쳐 달라고 합니다.

  우리는 회비가 없고 모금도 안 하지만 가난하지 않습니다. 도와줄 수 있을 정도로 재산이 많이 늘었고 더욱 늘어나고 있습니다. 상하가 없고, 명령하는 사람이 없고, 갑질하는 사람이 없을 때 우리 법당은 그대로 극락세계가 될 것입니다. 이것은 머지않아 곧 이루어질 일이고, 큰 불사도 이루어질 것입니다.

  다시 강조합니다. 법당에서는 가장 못난 줄 알고 하심하세요. 그렇다고 밖에 나가서까지 바보 노릇을 해서는 안 됩니다. 우리 가르침이 얼마나 대단한데 밖에 나가서 주눅 들고 법당에서만 큰소리칩니까? 법당에서는 가장 낮추셔야 밝아지고 지혜로워질 수 있습니다. 밖에 나가서는 우리 가르침의 위대성을 얘기하면서 당당하게 도와주세요.

  이 가르침을 잘 실천해서 행복하게, 지혜롭게, 자유롭게 사시고 부처님 시봉 잘하시기를 발원드립니다.

2020.02.01.

재앙을 미리 소멸하는 금강경 가르침

몇 주 전부터 매주 금요일이면 주말 출가하시는 분들이 머무는 3층 방에 들어가서 어떻게 이 공부를 만났고 수행해서 무엇이 달라졌는지 듣고 있습니다. 특히 재앙을 소멸하고 소원을 성취했을 뿐 아니라 별천지의 세계를 체험한 얘기를 들을 때 저는 깊이 감동합니다. 우리 공부법이야말로 사람을 살게 하는 진정한 정법이라는 것을 실감하게 됩니다. 어제도 예외 없이 두 시간 동안 스무 명 가까이 되는 분들의 수행 체험, 그중에서도 특히 기적적이라고 할 만한 재앙 소멸의 경험을 들으면서 깊이 감동하였습니다.

우리 공부는 어떻게 재앙을 소멸하게 하는 것일까?

부처님의 가피에 의해서 재앙이 소멸하는 것일까?

참선하는 식으로 자력에 의해서 되는 것일까?

우선 어째서 재앙이 소멸하는지 그 까닭을 알아야 합니다.

금강경만이 유일하게
난제를 착각으로 알게 하여 재앙을 소멸한다

기도하는 사람들은 대부분 불보살의 가피에 의해서 재앙이 소멸한다고 믿습니다. 한편 재앙을 소멸하고 소원을 성취하는 것은 기복이라 불교의 정법이 아니며, 오로지 마음 닦아서 깨치는 것만이 정법이라고 하면서 재앙 소멸과 소원 성취에 대한 가치를 폄하하는 가르침이 불교에도 있는 것으로 알고 있습니다. 특히 참선하는 분들이 그런 것 같습니다.

저도 한때는 부처님의 가르침은 오로지 밝아지는 가르침이고 마음 닦는 가르침이며 깨달음을 얻는 가르침일 뿐이지, 어디에 기대하고 의지해서 복을 비는 가르침이 아니라고 생각했습니다. 하지만 밝아지고 깨달음을 얻는 과정에서 자연스럽게 재앙이 소멸하고 소원이 이루어질 수 있습니다. 그것은 지극히 당연한 권리입니다.

어떻게 재앙이 소멸할 수 있을까?

대표적으로 금강경 5분과 32분에 있는 사구게에서 찾아볼 수 있습니다.

범소유상　개시허망　약견제상　비상　즉견여래
凡所有相　皆是虛妄　若見諸相　非相　卽見如來

일체유위법　여몽환포영　여로역여전　응작여시관
一切有爲法　如夢幻泡影　如露亦如電　應作如是觀

난제를 참으로 믿고 참이라고 이름을 짓는다면 결코 재앙은 소멸될 수 없습니다. 참이면 없어질 수 없기 때문입니다. 하지만 일체유위법一切有爲法, 즉 난제는 여몽환포영如夢幻泡影. 난제는 꿈과 같고 탈바가지와 같고 이슬과 같고 그림자와 같이 일시적임을 알게 된다면 재앙이 재앙 아닌 것으로 변하게 된다는 뜻입니다.

무슨 생각이든지 착각인 줄 알고 부처님께 바치라는 것입니다. '무슨 생각'이라는 것은 난제를 의미합니다. 참으로 알면 바쳐지지 않으니, 착각인 줄 알고 부처님께 바친다면 난제가 꿈처럼 여겨지면서 꿈속에서 탈피하고 소멸될 것이라는 가르침입니다.

이런 가르침은 오로지 금강경밖에 없습니다. 저는 경전을 많이 읽고 불교방송을 꽤 많이 들었던 편에 속합니다. 처음부터 끝까지 시종일관 '꿈과 같다. 착각이다. 본래 없다'고 말하는 경전은 금강경밖에 없다고 믿게 되었습니다. 다른 경전에도 물론 꿈과 같다는 이야기가 나오지만, 그와 동시에 또 다른 이야기가 나와서 초점을 알지 못하게 합니다. 오직 금강경만이 처음부터 끝까지 '네 생각은 착각이며 꿈과 같다'고 합니다. 금강경만이 유일하게 절체절명의 난제를 꿈처럼 알게 하여 재앙을 소멸하게 합니다.

소원을 이루지 못하는 것은 재앙의 요소가 우리 마음속에 있기 때문입니다. 재앙이 착각이고 꿈과 같다고 알게 된다면 재앙이 소멸함과 동시에 마음이 편안해지고 즐거워집니다. 그리고 그 즐거워진 마음이 결국 소원을 이루게 합니다.

제가 이런 식의 법문을 자주 했고 많은 분이 그런 법문을 즐겁게 실천한 결과 놀라운 기적을 창조하면서 재앙 소멸을 체험하신 것입니다. 우리 가르침, 즉 무슨 생각이든지 착각인 줄 알고 바치는 금강경 실천 수행은 분명 재앙을 소멸하게 합니다.

특히 집에서 하는 것보다 가족의 지중한 업보에서 벗어나 단 3일만이라도 출가를 해보라고 권합니다. 몇 주라도 계속하면 이해가 깊어지고 드디어는 절체절명의 난제라도 그것이 맥없이 꿈처럼 느껴지게 되어 결국은 재앙을 소멸합니다.

미움과 그리움을 바쳐서
미래에 올 재앙을 방지한다

우리 공부는 재앙을 소멸하는 유일한 대책입니다. 재앙 소멸과 동시에 소원을 이룹니다. 그뿐 아니라 미래에 올 재앙을 예방합니다.

누가 기다려질 때가 흔히 있습니다. 부모는 사랑하는 자식이 해외에 나가 있을 때 자꾸 보고 싶고 그리워지고 꿈에서라도 보기를 원합니다. 자기를 도와주는 가까운 친구가 있다면 어려울 때 그 친구가 와서 나를 도와주기를 바라며 기다리는 수가 있습니다. 그런데 내가 기다리는 대상은 알고 보면 나를 도와주는 대상이 아닙니다. 그이한테 빚진 것이 있어서, 그이한테 줄 것이 있어서 그 줄 것을 주기 위한 결과가 기다려지는 마음으로 나타난 것입니다. 이것은 밝은 선지식의 말씀입니다.

누구를 기다리는 마음은 재앙을 예고하고 있습니다. 그이가 와도 절대로 나를 도와주지 않습니다. 내 기대와는 정반대로 내가 줄 것이 있고 **빼앗길** 것이 있어서 보고 싶고 기다려지는 것입니다. 결국은 나의 희망과 기대를 저버리게 되는 경우가 대부분입니다.

"누구를 기다리지 마라. 자꾸 기다리는 것은 줄 것이 있다는 증거이니라."

백 선생님께서는 기다리는 마음을 애써 바치게 하셨습니다. 이것은 사랑하는 마음을 해탈하라는 뜻과 같습니다.

누구를 자꾸 미워하는 경우가 있습니다. 자기 마음속에 미워하는 마음이 있다면 이것은 미래에 재앙이 일어날 증거라고 봐야 합니다. 집을 떠날 때 그릇이 확 깨지는 수가 있습니다. '오늘 재수 없는 일이 나타날 징조로구나.' 이렇게 생각을 하면 실지로 그런 일이 일어납니다. 또 부부 싸움을 하게 되면 불길한 예감을 갖는 수가 있습니다. 부부 싸움은 불길한 재앙을 예고한 것인지도 모릅니다. 부부 싸움이나 그릇 깨지는 것 말고도 미래의 재앙을 예고하는 징조는 너무나도 많습니다. 누가 미워지기 시작한다면 그를 포함한 누군가로부터 미움을 받을 재앙을 예고하는 것이라고 보면 틀림이 없습니다.

왜 미움을 바치라고 할까요?

단순히 마음이 편안해지기 위해서 바치라는 것이 아닙니다. 미래에 닥칠 심각한 재앙을 방지하는 뜻으로 미움을 바치는 것입니다.

왜 사람을 그리워하지 말라고 할까요?

도인은 기대가 실망으로 변하는 것을 방지하기 위해서 누구를 그리워하거나 기대하지 말라고 가르치는 것입니다. 그리워하고 기대하는 마음이 들 때 이 또한 재앙을 예고하는 것이라고 알고, 그 생각을 힘써 부처님 전에 바치라고 말씀하십니다.

의심 없는 신심은
어떠한 재앙도 소멸할 수 있다

밝은이들은 가정을 떠나 출가를 해서 마음 닦는 공부를 하라고 권하는 수가 있습니다. 제 경우가 그렇습니다. 1967년, 선생님께서 집을 떠나 공부를 하라고 하신 적이 있습니다. 그때 상황은 도저히 출가할 형편이 되지 않았지만, 한편 제 속에는 출가해서 이 공부를 해보고 싶은 생각도 없지 않았습니다. 그것은 굉장히 지혜로운 메시지였던 것 같습니다.

결국 저는 큰 어려움을 무릅쓰고 출가를 결정했습니다.

'출가가 과연 옳은 것일까? 집안에 해야 할 일이 너무나 많은데 어떻게 한 사람만 믿고 모든 것을 다 바쳐서 출가한다는 말인가?'

많이 갈등했습니다. 그럴 때마다 백 선생님께서는 달콤한 말인지 꾀는 말인지는 몰라도 이런 말씀을 여러 번 하셨습니다.

"아무 염려하지 마라."

심지어는 "속지 않는다."라고 하셨습니다.

제가 의심하고 있는 것을 너무나 잘 아셨기 때문입니다. 저는 젊은 시절을 수행에 전부 투자하는 것은 웬만한 신심으로는 안 되는 일이고, 의심을 안 할 수 없다고 생각했습니다.

어제 어느 분이 수행 발표하실 때 매우 놀란 것이, 법문을 처음 듣자마자 확 믿어지더라고 합니다. 저보다 한 수 위라고 생각했어요. 절체절명의 위기를 능히 극복하고 각종 재앙을 소멸할 수 있는 큰 신심이 있는 분이라고도 생각했습니다. 저는 그렇지 못해서 수시로 속아 넘어가는 것 같다고 의심했고, 그러니 불안하고 근심 걱정이 많았습니다. 그럴 때마다 선생님께서는 이렇게 얘기하셨습니다.

"아무 걱정하지 마라. 속지 않는다. 너희들은 복 많은 사람이다. 여러 생의 고생을 해탈하는 길이다."

여러 생이 있는지조차 모르고, 당장의 현실만 잘되었으면 좋겠다고 생각했었습니다. 몇 십 년이 흐른 지금 생각해 봅니다. 그때 그 공부로 저의 재앙을 많이 소멸했고, 여러 생의 고생을 초월했다고 믿게 되었습니다. 도인의 지혜로운 예언이 정확히 맞는다고 생각합니다. 금강경 가르침의 우수성과 특징, 즉 난제라는 것이 착각이고 본래 없다는 부처님의 말씀에 근거한 것입니다.

우리 가르침은 현재의 재앙을 소멸하고 소원을 성취하게 하는 가르침일 뿐만 아니라 미래에 닥칠 재앙까지 소멸하는 가르침이기도 합니다. 이것은 틀림없습니다.

어제는 엄동설한이고 매우 추웠습니다. 혹한에도 부산, 대구에서 많은 분이 오셨습니다. 이런 엄동설한의 날씨와 사람들이 모이는 곳에는 가기 싫어하는 분위기에도 불구하고, 머나먼 이곳까지 찾아와서 금강경을 공부하시는 분들은 반드시 그 신심에 걸맞은 재앙 소멸과 소원 성취의 결과가 있을 것으로 확신합니다. 그리고 이 믿음으로 나아간다면 드디어는 큰일도 이룩할 수 있을 것으로 생각합니다. 금강경의 위대성을 실감하신 도인의 가르침이기에 가능합니다.

기쁜 마음으로 부처님 전에 잘 바치셔서 시봉 잘하기를 발원드립니다.

2020.02.08.

사람을 대할 때는
바라지 말고 주는 마음으로

인생을 어떻게 살며, 불교를 어떻게 믿을 것인가?

다소 거창한 얘기지요. 선생님 말씀을 바탕으로 지혜롭게 사는 길을 생각해 보기로 하겠습니다.

백 선생님께서는 이런 말씀을 종종 하셨습니다.

"물을 내 쪽으로 가져오려고 물이 담긴 대야를 내게로 끌어당기면 물은 저쪽으로 더 밀려간다. 반면 물을 저쪽으로 주려고 대야를 밀면 물은 내 앞으로 온다."

"헤엄칠 때 자꾸 뜨려고 하면 가라앉고, 물속으로 깊이 잠수하려고 하면 뜬다."

우리는 사람을 처음 대할 때, 결혼하려고 맞선 볼 때, 또는 세일즈를 위해 만날 때 '저 사람이 나한테 얼마나 이익이 될까? 얼마나 도움을 줄까?' 생각합니다. 백 선생님께서는 사람을 대할 때 '저 사람이 나한테 무엇을 해 줄까.' 기대하는 탐욕심을 굉장히 경계하셨습니다.

"사람을 대할 때는 바라는 마음이 아니라 주는 마음으로 대해라. 무보수한 일을 연습해라. 이것이 보시 바라밀이니라. 사람을 바라는 마음으로 대하는 것은 마치 물이 담긴 대야를 내 쪽으로 끌어들이는 것과 같다. 바라는 마음으로 대할 때 그 사람이 나한테 주겠느냐? 오히려 주는 마음으로 사람을 대해라. 그것은 마치 물을 상대한테 주려고 할 때 물이 내 쪽으로 오는 것과 마찬가지다."

참뜻을 전하지 못하는 왜곡된 해설

『맹자』의 첫 구절에 양나라 임금 양혜왕이 맹자님에게 묻습니다.

"우리나라에 와서 무엇을 도와주겠습니까?"

임금으로서는 당연히 그런 말을 물을 수밖에 없겠죠.

맹자님의 대답입니다.

"이익利益을 바라지 마십시오. 오직 인仁과 의義가 있을 뿐입니다."

맹자님은 인과 의를 대단히 중요하게 여기셨다고 생각했습니다.

그런데 문제는 그것을 해설하는 학자들에게 있습니다. 해설하는 학자가 『맹자』의 첫 구절을 거론하며 맹자의 사상은 너무 추상적이고 현실과 맞지 않는다고 말합니다. 우리가 어떻게 이익을 바라지 않을 수 있느냐며, 맹자는 이익을 바라는 양혜왕 앞에서 오직 인과 의만 강조하며 현실을 무시했다고 해석하는 것입니다. 이 해설 한마디에 맹자의 정신을 잃어버리고 맙니다. 아마 그분은 맹자의 참뜻을 몰랐던 것 같습니다.

맹자님은 아마 나한테 어떤 이익을 주시겠냐는 질문에 이렇게 애기하고 싶었을 것입니다.

"이익을 바라는 마음은 참된 이익이 되지 않으며, 도리어 베푸는 마음이 실지로 이익이 되는 것이다."

그 말씀을 인과 의로 표현했을 텐데, 학자가 자기 의견을 붙여서 해설한다는 것이 그만 왜곡되게 전달해서 맹자의 참뜻을 알지 못하게 합니다.

저는 가끔 화엄경을 해설하시는 큰스님의 이야기를 듣습니다. 훌륭한 부처님의 뜻을 얘기하는 것으로 그치면 좋은데, 거기서 그치지 않고 "이런 훌륭한 부처님의 말씀을 실행하는 사람이 어디 있겠는가?"라고 자기 의견을 보탭니다. 그러면서 본래 화엄경의 참뜻을 상당 부분 잘못 전달합니다. 해설을 듣는 사람이 역시 우리는 범부로 살 수밖에 없다고 생각하게 합니다. 문제는 화엄경에 있는 것이 아니라 그것을 해설하는 사람의 용심用心에 있다고 생각합니다.

기대하거나 바라지 말고
항상 주는 마음으로 대하라

사람을 대할 때 항상 우리는 바라고, 기대합니다. 저 사람이 나한테 무엇을 해 주었으면 하는 마음이 있습니다. 배우자, 세일즈, 부모, 심지어 스승을 만날 때도 우리는 바라는 생각을 합니다.

"기대하고 바라지 마라. 베풀어 주어라. 주는 마음으로 대해라. 그렇게 되면 오히려 자기한테 돌아오는 것이 더 많으니라. 무보수한 일을 연습할 때 참된 것이 돌아오느니라."

백 선생님께서는 불교를 믿는 자세에 대해서도 강조하셨습니다.

우리는 부처님은 대자대비하고 전지전능한 분이니, 드릴 필요가 없고 그저 주시기만 하는 분으로 알고 있습니다.

'부처님께 바라기만 하면 되지, 부처님을 잘 섬기겠다고 하면서 불교 믿는 사람 봤어? 부처님은 능력 있고 모든 것을 다 갖추고 티내지 않고 주시기 때문에 바라는 것이 너무나 당연해.'

스님들조차도 그렇게 가르치시는 것 같습니다. 이래도 안 되고 저래도 안 될 때는 부처님께 매달려 보라고 합니다. 저도 그 말을 믿고 부처님께 정성껏 매달려 봤는데 해 주시지 않았습니다. 도리어 매달리면 매달릴수록 점점 더 부처님과 멀어지는 것을 발견했습니다. 이때 다시 백 선생님의 말씀을 상기하고 생각합니다.

"부처님께 드려 보아라. 시봉하려고 해 보아라. 부처님께 바라지 마라. 부처님께 요구는 더더욱 하지 마라."

어떻게 원을 세워야 소원 성취를 할 수 있냐고 묻습니다. 기막히게 원 세워도 바라는 마음으로 한다면 하나도 이루어지지 않습니다. 가장 평범한 원, '부처님 시봉 잘하기를 발원. 부처님 전에 복 많이 짓기를 발원.' 하는 것이 좋습니다. 부처님 전에 복 짓는다는 것은 부처님을 섬기겠다는 뜻입니다. 오로지 부처님 시봉 잘하고 부처님 섬기는 마음을 가질 때라야 부처님 광명이 들어오며 소원이 성취됩니다. 미사여구를 써서 원을 세운다고 부처님이 그 말씀에 속으시겠어요? 부처님께 진실로 바치는 마음, 부처님께 복 짓는 마음이 아니라면 우리는 부처님의 광명을 받을 수 없습니다.

사람을 대할 때도 마찬가지로 주는 마음, 베푸는 마음, 공경하는 마음으로 대해야 합니다. 시봉하는 마음으로 대할 때 무량복덕이 이루어질 것입니다. 급할 때일수록 더더욱 간절히 바라는 것은 바람직하지 않습니다.

'나는 죽더라도 부처님 시봉하면서 죽을 것이다.'

이런 정신을 가질 때 기사회생하고 필사즉생 하게 되리라 생각합니다. 이것은 저의 경험이기도 합니다.

바라는 마음보다
도우려는 마음을 먼저 내야 한다

우리는 앞으로 큰 화주를 할 일이 생길 것 같습니다. 왜냐하면, 오랫동안 간곡히 염원했던 교육기관 금강경 연수원 설립의 밝은 징조를 요즘 많이 체험하고 있기 때문입니다. 또 거의 약속을 하는 사람까지 등장했습니다.

'그 사람이 정말 해 주겠구나. 그 사람이 부자니까 그 사람한테 마냥 바라기만 하면 되는구나.' 흔히 이렇게 생각할 수 있습니다. '그 사람을 어떻게 도와주어야 할까? 그 사람을 어떻게 도와줘서 그이가 일을 이루게 할까?' 이런 생각은 안 하는 것 같습니다. '그이는 부자니까 도와줄 것도 없다. 그이가 약속했으니까 그이는 우리의 일을 이룩해 줄 것이다.' 마치 우리가 부처님이라는 절대자에게 바라듯이 그 사람한테 바랍니다. 그러면 해 주겠다는 사람도 도망갑니다. 그러니까 해 주겠다고 약속해도 그 말을 믿고 의지해서는 안 됩니다. 그 사람이 그 일을 이룩하도록 도와주는 마음을 낼 때 진정 우리에게 큰 선물로 돌아올 수 있을 것입니다.

우리는 앞으로 큰 불사, 세계적인 교육기관 금강경 연수원을 이룩하기 위해서 모금해야 합니다. 화주를, 요새 말로 하면 세일즈를 해야 합니다. 저는 세일즈에 성공해 보지는 않았지만, 영업과 화주에 성공하는 원리는 알고 있습니다. 절대로 그 사람에게 바라서, 꼬셔서, 설득해서 큰 화주를 할 수 없고 세일즈에도 성공할 수 없습니다. 부처님의 말씀이 그 근거가 됩니다.

화주를 하고자 할 때 그 사람을 도와주는 마음으로 해야 합니다. 그 사람을 시봉하는 마음을 내야 합니다. 물이 담긴 대야를 내 쪽으로 끌면 물은 오히려 저쪽으로 밀려가는 그 이치와 똑같습니다. 화주나 세일즈를 할 때, 그 사람을 꾀거나 설득하거나 미사여구를 쓰는 식으로는 일시적으로만 성공할 수 있습니다. 진심으로 그 사람이 신심 발심하기를 기원하고 그 사람을 도우려고 할 때, 그 사람이 큰 힘을 내서 위대한 일을 하길 기원하는 마음으로 할 때라야 그 사람은 협조할 수 있습니다. 이런 세일즈나 화주는 세세생생 복이 된다고 백 선생님께서 말씀하셨습니다.

월정사 화주승 이야기

그러면서 실지로 월정사의 화주승 얘기를 하신 적이 있습니다. 지금은 고인이 되셨지만, H그룹을 설립하신 조 회장 이야기입니다. 그분은 집안이 모두 독실한 기독교 신자였다고 해요. 월남에서 크게 호황을 누렸는데, 호사다마라고 여러 가지 분쟁이 일어나서 굉장히 골치 아팠던 때가 있었다고 합니다. '이 난제를 어떻게 해결하나.' 깊은 고민에 빠질 때마다 예외 없이 꿈에 어떤 절이 눈앞에 선명하게 떠올랐다고 합니다. '이 절이 대체 어디지?' 그것도 한 번 보이는 게 아니라 자꾸 보여서 결국 주위 사람들에게 물었다고 합니다. 그 절이 오대산 월정사였다고 합니다.

　월정사에 가 봤더니 자기가 꿈에 본 모습과 너무나 똑같았다고 합니다. '아! 나는 기독교 신자인데 어떻게 꿈에 월정사가 보일까?' 어떻게 된 인연인지 그 뒤로 그이는 부처님께 귀의했습니다. 전생에 월정사에서 복을 지은 인연이 있는 모양이기에 꿈에 이렇게 보이는 것임을 깨닫고 난 뒤에, 부처님께 귀의하고 그의 재력을 활용해서 월정사 대웅전을 지었습니다. 지금도 월정사 대웅전에 가면 조 회장의 힘으로 월정사가 지어졌다는 공덕비가 있습니다. 월정사를 짓고 나서 그이는 월남 특수를 누리면서 겪었던 심한 고통에서 벗어났다고 합니다.

　백 선생님 말씀에 따르면 그는 전생에 월정사의 화주승이었다고 합니다. 그때도 절이 열악해서 '어떻게 하면 이 절을 부흥시킬 수 있을까? 화주의 길밖에 없다. 화주를 해야겠다.' 하면서 이 부자, 저 부자를 찾아다니며 화주를 받았습니다. 화주를 해서 월정사에 많은 복을 지었습니다. 그런데 이 부자, 저 부자를 찾아다니는 과정에서 너무너무 다리가 아팠습니다. '내게 날개가 있다면 훨훨 날아 여러 곳을 다니면서 적선을 해서 부처님 시봉 잘 할 텐데.' 그때는 비행기도 없고 자동차도 없어서 걸어 다닐 수밖에 없었습니다. 그래서 걸어 다니는 자기 신세를 탓하며 날개가 있는 새처럼 날아다니면서 편하게 적선하기를 바랐습니다.

　그이는 큰 부자들을 어떻게 꾀어서 지갑을 열게 할까 생각하며 화주를 하지 않았을 것 같습니다. 그분들이 신심 발심하기를, 부처님 전에 복 많이 짓기를 진심으로 발원했을 것입니다. 화주하는 사람의 마음이 먼저 부처님처럼 변했을 것입니다. 그래서 그 부자들은 부처님처럼 변한 그 마음에 감동해서 화주를 했을 것으로 생각해 봅니다.

그는 날개 있는 새처럼 훨훨 날아서 화주하면 좋겠다는 원으로 우리나라의 독보적인 항공사를 설립하였고, 화주를 해서 절을 세운 공덕으로 세계적인 부자가 되었다고 백 선생님께서 말씀하셨습니다. 제가 식당을 운영할 때 조 회장의 화주승 공덕을 찬양하시면서 "너도 그와 같은 기업 세우기를 원해라."라고 말씀해 주셨습니다.

화주의 자세
돕는 마음, 주는 마음

세계적인 교육기관 금강경 연수원을 위해서 화주를 해야 할 때가 온 것 같습니다. 화주를 어떻게 해야 할까요? 절대 남의 주머니를 노려서, 꼬셔서, 달콤한 말로 속여서 권하지 마세요. 그 사람을 돕는 마음으로 하세요. 그리고 실지로 큰 화주를 하는 사람이 있다면 나한테 어떤 이익이 되기를 바라면서 그 사람하고 사귀려고 하지 마세요. 그런 추한 모습을 보일 때 부자는 달아나고 지갑을 열지 않습니다. 그 사람을 진정으로 도우려고 할 때, 그 사람이 신심 발심하기를 진정으로 원할 때 감동해서 지갑을 열 것입니다.

저는 세일즈에 대해서 잘 모르고, 세일즈에 성공한 사람을 잘 모릅니다. 성공하는 방법도 모릅니다. 그렇지만 그 원리는 압니다. 요새 많은 사람이 법문에 감동해서 달라진 것을 보면 압니다. 저는 바라는 마음으로 한 것이 아니라 순수하게 주는 마음으로 했고, 이 마음에 사람들이 감동했다고 생각합니다. 미사여구를 써서 사람들의 마음을 움직였다고 생각하지 않습니다. 제 법문의 효과를 통해 세일즈의 원리를 좀 이해하게 된 듯합니다. 물을 상대한테 주려고 할 때 나한테로 온다는 원리와 같습니다.

앞으로 큰일을 위해서 우리는 화주를 해야 하고 조 회장처럼 큰 복을 지어야 합니다. 그 사람들이 신심 발심해서 복 많이 짓기를 발원하는, 주는 마음으로 할 때 화주도 성공하고 큰일도 이룩할 수 있다고 생각합니다.

앞으로 큰 복 지어서, 큰 화주 하셔서 부처님 시봉 잘하기를 발원합니다.

2020.02.15.

코로나바이러스에 대한 진실한 해법

　제가 법문 시간에 늘 강조했던 부처님 말씀이 있습니다. 대표적인 것을 하나 고른다면 일체유심조 입니다. 모든 것이 내 마음일 뿐 내 마음 이외에 다른 것은 없다는 유식무경唯識無境도 많이 강조했습니다. 또 우리가 팩트fact라고 보는 여러 가지 사실이 있는데, 이것은 착각이고 본래 없다는 공空의 진리도 자주 강조해서 말씀드렸습니다.

　지금 코로나바이러스 공포가 대한민국 전역을 강타하고 있습니다. 바이러스에 감염되면 아주 위험하고 사망률도 높다고 하지요. 유일한 해법은 바이러스를 소멸시키거나, 감염된 사람들을 피하거나, 전파 가능성이 있는 모임에 가지 않는 것이라고 합니다. 많은 사람이 심각한 사태에 대해 굉장히 우려하고 공포를 느낍니다. 여기서 벗어나는 길은 무엇일까요? 정부에서 이야기하는 것처럼 방역을 철저히 하는 것 또는 사람들을 피하는 것이 방법일까요?

여기에 대해서 불자로서 어떻게 해야 할 것인지 진정한 해법을 내놓아야 합니다. 하지만 "이것은 우리가 불러온 공업共業이니 이 공업을 해탈하기 위해서 기도하자."와 같은 이야기 외에는 좀 더 근본적인 처방을 내놓지 못하고 있습니다. 저도 불안에 떠는 사람들을 만나면서 우리가 불자로서 어떤 소신을 밝혀야 하는지 대안을 제시해야 할 필요성을 느껴 그 길을 생각해 보았습니다.

신라 시대 살별 이야기

백 선생님께 들은 신라 시대 살별 이야기를 생각해 냈습니다.

신라 시대에 꼬리가 길게 달린 살별(혜성)이 하늘에 떴다고 합니다. 그런데 언제부터 누구로부터 시작이 됐는지, 저 별은 나라에 불길한 일이 일어날 징조라는 소문이 입에서 입으로 걷잡을 수 없이 퍼져 나갔습니다. 그러면서 나라에는 전염병이 돌고, 왜구들이 부산 앞바다에 새까맣게 진을 치면서 호시탐탐 신라를 집어삼키려고 노리는 등 여러 가지 우울한 일들이 줄을 이었습니다. 임금도 속수무책이었습니다. 신라의 국교가 불교였기 때문에, 그는 깨쳤다는 도인을 불러서 물었습니다.

"어떻게 하면 이 난국을 극복할 수 있겠는가?"

"사람들은 저 하늘에 뜬 별이 흉凶한 별이라고 생각하지만, 사실 흉한 별이라는 증거는 어디에도 없습니다. 사람들이 그렇게 생각하는 것이 현실을 만드는 것뿐입니다. 지금이라도 늦지 않았으니 저 별에 길吉한 별이라고 이름을 붙여 봅시다. 그러면 길하다는 생각이 공감대를 형성하면서 흉한 일이 제거되고 길한 일을 불러올 것입니다."

바로 일체유심조나 유식무경 또는 심외무법心外無法의 진리를 응용해서 난국의 해법을 제시한 것입니다.

임금도 불교 신자였기 때문에 공감하며 물었습니다.

"그 말에는 공감하지만, 어떻게 퍼지게 할 수 있겠는가?"

"저 별은 길한 별, 좋은 별이라는 노래를 지어서 어린이들에게 노래하게 하여 퍼트리는 것이 가장 빠른 방법입니다."

도인의 말대로 저 별은 흉한 별, 재앙을 일으키는 별이라는 인식에서 벗어날 수 있도록 저 별은 길한 별, 축복을 주는 별, 희망을 주는 별이라는 내용이 담긴 노래를 지어 어린이들에게 부르게 해 널리 퍼트렸습니다. 노래는 전파력이 강했고 따라서 효과도 컸습니다. 결국 그것이 전 국민의 공감대로 형성되면서 나라는 급속히 안정을 찾고 드디어는 평화로워졌다는 이야기입니다. 도인이 일체유심조의 진리, 유식무경의 진리를 바탕으로 난국을 극복한 위대한 사례입니다.

코로나바이러스는 우리 죄업을 일깨워 주는 고마운 복균

이제 다시 금강경 공부를 생각해 봅니다.

바이러스가 병을 옮기는 것일까? 바이러스가 병을 옮긴다는 생각이 병을 옮기는 것일까? 일체유심조의 진리를 모르고, 물질을 최고의 가치로 알고, 마음 밖에서 모든 것의 해답을 찾으려는 사람들은 바이러스가 병을 옮긴다고 믿을 수밖에 없습니다. 그런데 지혜로운 이는 바이러스가 병을 옮긴다는 것은 팩트가 아니며, 바이러스가 병을 옮긴다는 믿음이 결국 병을 불러온다고 합니다. 자기 생각이 모든 것을 만드는 겁니다. 일체유심조입니다. 생각을 바꾸면 되는 것입니다.

백 선생님의 체험 이야기입니다. 다른 병은 없으셨는데 변비 때문에 늘 고생을 하셨습니다. 변비를 고치기 위해서 약물을 항문에다가 집어넣는 치료를 받는데, 그것을 할 때는 의사나 간호사들이 늘 긴장을 한다고 합니다. 통증이 심해서 환자가 육두문자로 욕을 하는 경우가 많았기 때문입니다. 또 환자가 무슨 발광을 하지 않나, 난동을 부리지 않나 긴장을 한다고 합니다. 백 선생님께서 "항문에 약물을 주입하는 고통스러운 치료를 받을 때 내 입에서 무슨 말이 나왔는지 아느냐?" 물으세요. "이 병은 참 고맙다." 그랬대요. 그랬더니 의사와 간호사가 다 놀라서 슬슬 피해서 달아나더라고 하셨습니다. 고맙다고 할 때 병이 치료되는 겁니다. 약물 주입 때문에 고통이 생긴다고 생각하고 저주할 때 그 병에서 벗어날 수 없다는 뜻입니다.

20년 전으로 기억하고 있는데, 일본에서 고베 대지진이 일어나 수많은 사람이 희생되었습니다. 일본의 지성인들은 냉정하게 그 재앙의 원인을 분석해 봤습니다. 그리고 한 용감한 지성인이 일본 사람들의 이기심이 고베 대지진을 불러왔다고 이야기했습니다. 자기 죄업 때문에 죽는 것이지 지진 때문에 죽은 것이 아니라는 일체유심조의 진리를 일깨워 주는, 통찰력 있고 지혜로운 발언이라고 생각합니다.

코로나바이러스 때문에 병에 걸리는 게 아니라 우리의 죄업이 불러온 것이라고 생각한다면, 그것은 우리의 죄업을 일깨워 주는 고마운 복균이 될지언정 저주하고 도피할 것이 아님을 알게 됩니다. 코로나바이러스가 나쁜 것이라고 이름 짓지 말아야 합니다. 우리의 죄업을 일깨워 주고, 일깨워서 닦을 수 있게 해 주고, 한층 더 업그레이드해 준다면 '코로나바이러스가 고맙다.'라고 이름 지을 수 있습니다. 그리고 고맙다는 이야기가 자꾸 퍼져 나가게 한다면, 어떤 방법보다도 훨씬 더 나라를 안정시키고 사람들을 병에서 벗어나게 하는 데 탁월한 효과를 발휘하리라 믿습니다. 이것은 옛날 천여 년 전의 향가가 주는 귀중한 교훈이기도 하고, 일체유심조라는 부처님의 가르침을 바탕으로 한 것입니다.

난제의 해법을 마음 밖에서 찾지 말고 마음속에서 찾자

역사적으로도 병 때문에 나라가 망한 예가 아주 많습니다. 홍역은 지금은 병도 아닙니다. 그런데 기원전 430년에는 홍역이 대단한 질병이었습니다. 홍역을 치료할 방법이 없어서 그리스 아테네에서 인구의 3분의 1이 죽었다고 합니다. 지금 홍역은 예방주사를 맞습니다. 바이러스 퇴치는 백신이 하는 게 아니에요. 우리의 인식이 병을 퇴치한다고 보면 됩니다.

하나님이 모든 것을 다 관리한다는 중세 암흑기에서 어떻게 벗어나 르네상스를 이룩했을까? 많은 학자는 페스트 때문이라고 합니다. 페스트는 본래 몽골이 지배하는 원나라 시대의 중국에서 발생했다고 합니다. 페스트로 인해 중국 인구의 절반이 죽었다고 해요. 몽골이 세계 제패의 꿈을 안고 유럽을 침략합니다. 이때 페스트로 죽은 사람을 적진에 던지면 그 세균이 무섭게 전파되어 유럽 인구의 3분의 1을 죽게 했다고 합니다. 페스트는 걷잡을 수 없이 유럽을 강타하면서 모두를 공포의 도가니로 몰아넣었고 드디어는 신神중심의 세상을 무너뜨리게 했습니다. 르네상스를 일으킨 동력이 페스트였다고 합니다. 그런데 이것이 지금은 없어졌는가? 없어지지 않았습니다. 하지만 예방주사를 맞지 않아도 이제는 페스트가 그렇게 창궐하지 않습니다. 왜 그때는 그렇게 걷잡을 수 없이 창궐했으며 지금은 창궐하지 않을까? 사람들의 바뀐 인식이 병을 제거했다고 보면 됩니다.

그리고 또 역사적으로 질병 때문에 정권이 무너지고 나라가 망하고 전쟁이 무위로 돌아간 사례가 있습니다. 나폴레옹이 유럽을 석권하려고 했을 때 나폴레옹의 군대에서 발생했던 것이 발진티푸스였습니다. 결국 나폴레옹의 유럽 석권을 저지한 결정적인 요인은 발진티푸스라고 역사는 얘기합니다.

무서운 전염병이 역사를 바꾼 사례를 잠시 살펴봤습니다. 전쟁으로 인한 악심이 병을 발병하게 했고, 그것이 병이 아니라는 공감대가 형성되면서 백신이 없어도 저절로 전염병이 사라지는 실례를 검토했습니다. 저는 여기에서 또다시 부처님 가르침의 위대한 지혜를 확신하게 되었습니다.

바이러스가 무서운 게 아닙니다. 바이러스가 무섭다는 우리의 인식이 우리를 괴롭게 하고 죽게 합니다. 옛날 신라 향가의 정신처럼 바이러스를 무서운 원인균이라고 생각하지 말고 '이 바이러스가 고맙다.'고 이름 지어 봅시다. 고맙다는 공감대가 형성될 때 이것은 맥을 쓰지 못합니다. 이러한 공감대가 병을 치료했다는 사례는 여러 곳에서 발견됩니다.

난제의 해법을 마음 밖에서 찾지 말고 우리 마음속에서 찾습니다. 마음속에서 코로나바이러스를 물리쳐야 할 악悪으로 보지 않고 고마워하는 인식이 보편화될 때 바이러스의 공포에서 완전히 벗어나서 밝고 아름다운 세상을 창조할 수 있다고 말씀드립니다.

기도의 힘,
국가적인 위기 극복을 위해서 다 같이 기도하자

지금 당국에서 제발 집회를 하지 말라고 합니다. 그런데 이것이 문제가 아닙니다. 우리 도반 중에도 요즘 확진자가 많이 발생하는 대구에 살기 때문에 미안해서 법당에 오지 못한다는 분들이 많습니다. 그리고 무료급식소에서도 코로나바이러스 공포 분위기 때문에 무료급식을 할 수 없다며 걱정을 많이 하고 있습니다. 제가 지금 그분들에게 일체유심조, 유식무경이니까 코로나바이러스를 고맙다고 생각하라고 얘기할 수는 없습니다. 그 말이 통하지 않아요. 상당히 믿음 있는 사람 외에는 통하지 않습니다.

우리는 도반들의 우려를 받아들이고 국가의 정책에 협조하기 위해서 앞으로 2주 동안은 법회를 하지 않습니다. 단지 나라가 우환에서 벗어날 수 있도록 기도할 수 있는 사람은 기도에 참여하라고 이야기하고 싶습니다.

기도의 힘이 크다는 이야기를 하겠습니다. 6·25 당시에 북한 공산당이 파죽지세로 쭉 밀고 와서 불과 한 달 사이엔가 낙동강까지 내려갔습니다. 낙동강만 무너지면 대한민국은 사라지는 겁니다. 소련의 힘을 업고 내려온 공산당에 의해 나라의 존망이 지극히 위험한 단계에 이르렀습니다. 그때 대구를 임시 수도로 하고 있을 때인데, 미국의 무초 대사가 이승만 대통령에게 수도를 제주도로 옮기라고 건의를 했다고 합니다.

그러자 이승만 대통령이 무초 대사 앞에서 권총을 빼 들고 하늘을 겨냥해서 한 방을 쐈다는 얘기가 있습니다. "나는 절대로 수도를 제주도로 옮기지 않는다. 만일 여기가 함락되면 이 총으로 북한 공산당 하나를 죽이고 두 번째로 내 아내를 죽이고, 그리고 나도 죽겠다. 나는 절대로 수도를 옮길 수 없다." 그렇게 하니까 미국 대사가 더는 말을 못했다고 해요. 그때 전세가 매우 열세였다고 합니다.

이승만 대통령은 거기서 그치지 않고 전국 교회의 목사, 장로들이 모두 한군데 모여서 사흘 동안 낙동강 전선이 밀리지 않도록 철야 기도를 하라고 독려했다고 합니다. 목사나 장로들이 밤새워가면서 사흘을 철야기도 한 결과-그래서 그랬는지 아닌지는 모르지만-낙동강 전선은 무너지지 않고 보전되었습니다. 결국은 인천상륙작전까지 전개되었는데, 인천상륙작전도 성공할 확률이 5,000분의 1이었다고 합니다. 이승만 대통령은 또다시 전국의 목사나 장로들이 모여서 인천상륙작전이 성공하도록 기도해 달라고 부탁했다고 합니다. 기도의 힘은 무시할 수 없습니다. 결국 인천상륙작전은 5,000분의 1의 확률을 딛고 성공했습니다. 그때 유엔군들이 서울 거리를 활보하고 있던 모습이 지금도 떠오릅니다.

마찬가지로 저는 '국가의 위기를 극복하는데 우리 불자가 앞장서자.'라는 적극적인 생각을 합니다. 그리고 국가의 위기를 극복하고자 기도하시는 분들은 법당에 오신다면 막지는 않겠습니다.

일체유심조나 유식무경의 진리를 믿고 우리 마음이 안정을 얻을 때 국가의 모든 재앙도 다 소멸됩니다. 이 가르침으로 씩씩하고 용감하게 나아가시기 바랍니다.

2020.02.22.

"법문 들으면서
법문을 가지지 말고,
부처님께 바쳐
시봉 잘하길 발원."

2권 찾아보기

【ㄱ】

가짜 나 67, 178, 233, 323
감사합니다 250, 269
거지 마음 206, 244, 335
경계해야 할 대상 301
경천 58, 177
계율 209, 281
고행 47, 135
공경심 135, 136, 179, 292, 299, 305
공부법의 우수성 239
공양미 삼백 석 179
관계 28
교통사고 277
구족 32, 70, 93, 239
국토 장엄 332
군 법사 172
궁한 마음 168, 323
귀신의 원한 188
근본원리 131
금강경 16분 58, 177
금강경 3분 92, 118, 180, 290
금강경 책 305
금강경식 교육 109
금생 24, 60 85, 124, 128, 254

기 싸움 196
기다리는 마음 368
기도의 힘 387
김일엽 스님 313
깨달음 138, 173, 339
깨달음의 길 83
깨친 이 18, 138, 359
꾸중 23, 26, 73, 241, 258, 359

【ㄴ】

나쁜 이름 150
나폴레옹 386
난제 78, 95, 142, 169, 248, 288, 321, 325, 344, 366, 385
내 마음 29, 41, 89, 115, 215, 220, 228, 307
내리막길 45, 63, 170
네 마음인 줄 알라 32, 95, 319
농약 중독 262
누진통 70
눌러 참는 것 31, 307

【ㄷ】

단풍 283
대승 27, 54
대야에 있는 물 372
대쪽 같은 마음 37
도덕교육 210
도둑 마음 244
도둑놈 242, 260
도반 7, 72, 121, 140

도인의 길 313
도인의 법식 77, 193
돈 53, 66, 172, 202, 236, 305
돈 버는 것 53
동국대학교 257, 297
동상 258

【ㄹ】

로드맵 70, 141

【ㅁ】

마음에 짓는 죄 224
마음의 표현 120, 229
매달리는 마음 74
먹구렁이 171
명상 246, 279
명예훼손 225, 352
명현반응 25
목표 40, 174
못난 줄 232, 356, 362
무료 급식 86
무소유 357
무시하는 마음 36
무주상 38
무주상 보시 85, 234
무초 대사 388
미래 261, 322, 368
미륵존여래불 79, 150, 262
미세한 탐진치 186
미워하는 마음 228

【ㅂ】

바라는 마음 305, 325, 373, 376
바치는 것 35, 98, 126, 151, 179, 290, 315, 354, 369
바치는 참뜻 181, 288
박복한 소 221
밝은 곳 20
백은 대사 216
뱀 151
법다운 법당 17
법다운 법문 17
법당에서 당하는 재앙 278
베푸는 마음 61, 375
보람을 찾겠다 204
보시 바라밀 373
복균 383
복수초 115
본능 122, 140, 142, 210
본래 없는 것 212, 251, 308, 321, 325
부분과 전체 82
부자 33, 202, 297, 323, 378
부처님 공경 135, 183, 223, 232, 252, 260, 299
부처님 마음 134, 144, 182, 199, 251
부처님 시봉 40, 44, 154, 174, 206, 233, 278, 294, 302, 375
부처님과 함께 128, 349, 351
부처님으로 보기 308
부처님의 광명 256, 318, 354
부탁 167

분별심 43, 78, 140, 186, 205
불가이근근 355
불도수행 50
불안 261
불행의 길 165
불행의 원인 134, 157
비교 157, 160,165
빈궁한 마음 323

【ㅅ】

사가이면면 355
사과 편지 227
사리탑 258
사회사업 204
사회생활 54
살별 149, 382
서양식 교육 100
서양식 사고방식 43
서울역 343
선배 358
선세죄업 58, 61, 177
선지식 169, 245
설치며 하는 사람 348
섬기는 마음 375
세상 떠날 때 283
소식小食 62, 311
소의 전생 221
소외감 322
소원성취 64, 73, 106, 130, 150, 170, 190, 207, 277
손석재 선생님 109
수기설법 77

숙명적인 관계 193
숙명통 71
슬픈 마음 284
시계탑 343
시시각각 64, 204, 277
식당 35, 113, 161, 189, 347
신심 135, 331, 370
신심과 환희심 331
실천 수행 362, 367
실천하는 과정 17, 24, 89
싫은 마음 122
심청전 179

【ㅇ】

아는 능력 140
아름다운 풍토 361
아상 24, 51, 82
아인슈타인 206
안 된다 243, 267, 284, 311, 326
야운 비구 49
양혜왕 373
어른 마음 34
업보 187, 195, 263, 318, 320
열등감 291
영광 36, 129, 161
영원한 소원성취 208
오늘 하루만 264
요령 있는 사람 346
용서 94, 104, 228
우리 공부법의 특징 241, 260
우리 법당 231, 357
우울한 마음 285

운력(울력) 184, 263
원 세우는 연습 347
원효 스님 47
월정사 377
위대한 존재 64, 96, 249
위파사나 353
육바라밀 304
육조단경 50, 115
음노치婬怒癡 309
음탐심 304, 310
응무소주 294, 301
의심 없는 신심 369
이기적인 마음 125
이름 95, 118, 147, 249, 267
이만하면 되었다 51, 159, 172
이승만대통령 257, 388
인仁과 의義 373
인공지능 혁명 시대 322
인색한 마음 37
인천상륙작전 388
일초직입여래지 355
임마누엘 칸트 41

【 ㅈ 】

자력불교 352
잘난 척 22, 32, 109, 166, 175,
　　187, 222, 233, 241, 289, 309
장엄 불토 119, 331
재벌 97, 121, 297
재앙 소멸 58, 130, 342, 368
재앙 원인 132, 185
재앙이 축복 38

전생 25, 58, 59, 187, 193, 221,
　　251, 276, 311, 320, 345, 378
전염병 382
전지전능 64, 93, 243, 292, 375
정신 집중 317
정체성 231, 239, 354
종소리 199
좋은 사람 123
좋은 이름 154, 250, 265
주는 마음 236, 305
주는 마음 연습 305
주인 마음 34
죽은 셈 치고 223, 232
중생심 182
지눌 스님 46
지혜 100, 105, 136, 154, 193,
　　216, 255, 300, 304
지혜로운 사람 217, 338, 342, 356
지혜로워지는 법문 345, 348
진심嗔心 21, 32, 72, 75, 83, 133,
　　175, 211, 283, 308, 338, 356,
　　319
집중 138, 182, 232, 317
짜증내는 마음 132

【 ㅊ 】

착각인 줄 79, 88, 96, 126, 245,
　　288, 326, 367
찰나 67, 126, 231, 290, 318, 355
참선 122, 124, 182, 351
책임 33, 54, 74, 214
처처불상 사사불공 340

초발심자경문 46
축복 38, 63, 214, 218, 248
축복의 씨앗 57
축음기 100
출가 71, 147, 165, 320, 369
출발부터 38, 125, 173, 293
치심癡心 23, 43, 75, 169, 223, 289, 356
친한사람 237

【 ㅋ 】

칸트 41, 173
코로나바이러스 381

【 ㅌ 】

타력 289, 353, 354
타력불교 353
타심통 71
탁자치는 소리 116
탐진치 23, 60, 70, 83, 140, 157, 174, 186, 195, 304, 309, 354
탐진치가 없는 법문 23
태전 선사 299
토론 27, 102, 105
퇴타심 71, 75, 166, 177, 276, 318, 358

【 ㅍ 】

페스트 385
포행 168

폭발할 근원 307
풍요 61, 83
프로이트 310

【 ㅎ 】

하겠다 128, 159, 164, 167, 204, 284, 289, 356
하나만 바쳐라 78
하루에 12시간만 168
함정 347
항상 감사 167
해탈 28, 75, 125, 171, 188, 196, 244, 269, 283, 304, 354
행동지침 30
행복 49, 82, 94, 124, 132, 156, 200, 215, 261, 355
행복의 길 94, 156, 165
행복의 요인 156
행복해지는 법문 337
허상 79, 89, 95, 115, 338
헌식獻食 189
혜능 대사 183
흉보는 것 166, 176
호수공원 13
혼자하는 공부 27
화엄경 280
화주승 377
환희심 30, 42, 75, 169, 170, 331

주제로 찾아보기

왜 금강경이어야 하나?
금강경 공부는 자신을 변화시켜 행복과 보람을 느끼게 한다	1권 p.109
아상의 함정에서 벗어나 부처님과 바로 만나는 금강경	1권 p.137
고통의 원인을 정확히 진단하고 해결하는 가르침	1권 p.233
부처님 가르침의 절대성 위대성 당위성을 강조하는 이유	1권 p.284
금강경 가르침의 위대성, 모든 것을 내 마음에서 찾는다	2권 p.113
재앙을 미리 소멸하는 금강경 가르침	2권 p.365
금강경 정신으로 돌아가자	3권 p.194
본래 없음을 바탕으로 하는 금강경 공부는 쉽고 빠르다	3권 p.339

우리 가르침의 정체성
부처님과 함께 하는 선지식의 가르침	1권 p.239
우리 법당의 정체성	2권 p.231
우리 가르침은 부처님과 함께 하는 참선이며 기도수행	2권 p.351
아름다운 우리 법당의 특징과 나아갈 길	2권 p.357
우리 가르침은 석가여래의 마음을 닮아 가는 공부	3권 p.55

난제의 원인과 해결
모든 문제의 해답은 네 안에 있다	1권 p.102
재앙의 원인, 이기적이고 타성적인 생각	1권 p.271
예정된 재앙을 극복하고 부처님 세계로	1권 p.279
축복의 씨앗, 고통을 감사하며 즐겁게 바친다	2권 p.57
밝은이가 보시는 재앙의 원인과 소멸	2권 p.185
내 마음이라 깨치고 참회할 때까지 재앙은 반복된다	2권 p.220
질문 속에 답이 있다	3권 p.47
공부의 핵심, 경천을 묵묵히 참회하고 부처님께 바치는 것	3권 p.94

고통에 저항하지 않고 감사하며 바칠 때 축복이 된다	3권 p.99
불타는 집에서 벗어나 진정으로 행복할 수 있다	3권 p.112
일시적 재앙과 구조적 재앙	3권 p.131
난제가 착각인 줄 알고 바칠 때 전지전능한 능력이 드러난다	3권 p.204
부처님 마음을 신구의身口意로 실천하여 재앙을 소멸한다	3권 p.253
절체절명의 위기 극복, 나는 무시겁으로 살생한 적이 없노라	3권 p.262
만물을 자기 몸처럼 사랑하고 실감한다면	3권 p.273
고통을 나의 분신으로 알고 사랑할 때 해탈할 수 있다	3권 p.357

걱정, 근심, 불안에 대처하는 자세

불안한 생각이 올라올 때	2권 p.261
아무 염려하지 마라, 걱정 근심이 본래 없는 것이다	2권 p.325
코로나바이러스에 대한 진실한 해법	2권 p.381

소원을 성취하는 원리

바치는 것은 재앙이 뒤따르지 않는 영원한 소원 성취법	1권 p.49
소원 성취의 원리, 잠재의식에서 '안 된다'는 생각을 소멸한다	1권 p.59
슬기롭게 소원을 이루는 방법	1권 p.159
진실한 소원이 이루어지는 원리	1권 p.189
소원 성취해서 부처님 드리겠다고 하면 진실로 내 것이 된다	2권 p.64
재앙은 소멸하고 소원을 성취하는 올바른 마음가짐	2권 p.130
소원을 적극적으로 성취하고 오래오래 유지하는 방법	2권 p.201
무엇을 이루려는 한恨을 바치면 소원 성취는 저절로	3권 p.36
소원 성취하여 부처님 기쁘게 해 드리기를 발원	3권 p.41
가장 확실하고 완전한 금강경식 소원 성취	3권 p.102

왜, 어떻게 바쳐야 하나

무슨 생각이든지 바쳐라, 선지식께서 말씀하신 이유	1권 p.129
불평이 착각인 줄 알고 바치면	1권 p.143
현재 현재에 진실하면 미래 미래는 완전할 것이다	1권 p.166
취해서 사는 삶에서 벗어나라	1권 p.176
분별을 바치는 것이 행복하게 사는 길	1권 p.331
부처님께 바치면 영원히 행복해지고 밝아진다	1권 p.337
분별심이 다양해도 하나만 마음 세워서 끝까지 바쳐라	2권 p.78
집중하여 아는 것과 깨달음은 다르다	2권 p.138

바치는 것은 공경심으로 완성된다	2권 p.179
난제를 부처님께 바치면 가장 좋은 결과로 축복받는다	2권 p.248
무슨 생각이든지 착각인 줄 알고 형상 없는 부처님께 바쳐라	2권 p.288
부처님께 바칠 때 우주를 움직이는 보편적 가치가 된다	3권 p.171

진정한 지혜를 얻는 길

투쟁에 맞서지 않고 아상을 소멸한 지혜로 대처한다	1권 p.255
금강경식 지혜 교육, 모른다는 생각을 부처님께 바쳐 터득한다	2권 p.100
도인의 법식, 바쳐서 나오는 지혜로 대처한다	2권 p.193
금강경 가르침, 4차 산업혁명 시대의 훌륭한 대안	2권 p.314
지혜로워지는 법문과 행복해지는 법문	2권 p.337
지혜로운 이는 일할 때 원을 세우며 바치고 연구한다	2권 p.342
모든 생각을 바쳐서 나오는 완전한 지혜	3권 p.62
지혜 교육을 받아야 성공하고 능력자가 된다	3권 p.89
선입견을 바쳐서 소멸하는 지혜 교육	3권 p.120

부처님 시봉하는 수행

우리 가르침은 목표달성이 아니라 부처님 시봉	2권 p.40
본능을 거스르기 싫은 마음을 부처님께 바치며 즐겁게 한다	2권 p.122
무슨 일이든지 이름 짓지 말아야 하는 이유	2권 p.147
밝은이가 가르쳐 주시는 진정한 행복의 길	2권 p.156
부처님 시봉하는 마음, 응무소주 이생기심의 실천	2권 p.294
발원문은 보살이 부처님 시봉하겠다는 서원	3권 p.17
나는 부처님 시봉하는 사람	3권 p.79
부처님께 의지하는 불교에서 부처님 시봉하는 불교로	3권 p.239

수행의 마음가짐

바라고 의지하는 아가 마음에서 오직 주는 마음으로	1권 p.17
자신이 못난 줄 알아야	1권 p.120
바람직한 수행은 나를 없애는 수행	1권 p.171
처음부터 부처님 시봉하는 마음으로	1권 p.178
법당에서는 자신을 가장 낮추고 밖에서는 당당하라	1권 p.246
선지식 모시고 대승의 마음으로 공부해야 한다	2권 p.27
진정한 불자는 늘 부처님을 향한다	2권 p.273
윗목의 도반을 호랑이가 물어가도 흔들리지 마라	3권 p.285

신심과 공경심의 위대한 힘

진정한 신심, 신심을 키우는 수행	1권 p.148
순수한 신심과 환희심, 장엄 불토의 본질	2권 p.331
불교는 절대성이 있는 종교, 단순한 수련이 아니다	3권 p.142
최고의 수행법, 부처님을 절대 공경하는 것	3권 p.152

선지식의 크신 사랑

아상을 소멸하는 선지식의 가르침	1권 p.33
선지식 없이 혼자 공부하는 것은 불가능하다	1권 p.39
선지식의 수기설법, 새로운 인생관을 확립하여 운명을 바꾼다	1권 p.67
음탐심을 깨치면 큰 지혜와 생사해탈로 이어진다	2권 p.304
선지식은 우리의 위대성을 수시로 일깨워 준다	3권 p.70

도인의 법식

도인의 법식이 담긴 책, 전 세계로 퍼져 세상이 변화하기를 발원	1권 p.115
진정한 종교개혁과 르네상스	1권 p.199
지혜와 능력을 개발하는 금강경 가르침	1권 p.215
백 선생님 가르침의 특징	2권 p.92
우리 가르침의 탁월함, 마음속에 이미 구족함을 알라	2권 p.239
도인은 자신을 드러내지 않는다	3권 p.161
도인은 말이 없다	3권 p.213
미래를 예견하시는 도인의 수기설법과 대승불교	3권 p.222
수행의 핵심은 음탐심의 해탈	3권 p.302
백성욱 박사 교육문화재단 설립의 의의	3권 p.312

참 불법의 특징

정법正法의 특징	1권 p.97
참 불법은 절체절명의 위기에서 벗어나게 하고 운명을 바꾼다	1권 p.344
고통에서 즉시 벗어나 지혜로워진다	1권 p.354
법다운 법당과 법다운 법문	2권 p.17
보살불교와 중생불교	3권 p.24

일체유심조

마음은 주위 환경을 변화시키고 새로운 것을 창조한다	1권 p.87
인과응보의 굴레에서 벗어나는 전지전능한 삶	1권 p.297

참나의 위대성	1권 p.305
마음 씀씀이가 운명을 만든다	3권 p.31

탐진치를 소멸하여 환희심이 나는 수행

도인의 법식, 탐진치의 현실적인 해석	1권 p.78
금강경 공부한 보람, 고난이 축복으로 된다	1권 p.223
불도佛道수행은 늘 즐거운 것	2권 p.46
탐진치를 소멸하여 환희심이 나도록 수행하라	2권 p.70
진정한 무주상 보시의 복덕은 바로 실감할 수 있다	2권 p.85
성공과 환희심을 유지하려면 치심癡心을 닦아야	2권 p.169
계율의 참뜻, 마음속에서도 하지 않아야 한다	2권 p.209
아상을 소멸하여 금생에 이루는 우리 가르침	2권 p.254
진심을 해탈하여야 세상 떠날 때 부처님을 향할 수 있다	2권 p.283
사람을 대할 때는 바라지 말고 주는 마음으로	2권 p.372

붙은 마음을 어떻게 떼나

마음을 떼는 방법, 부처님께 일일이 여쭤본다	1권 p.27
마음을 떼고 진실하게 그리면 한순간에 이루어진다	3권 p.294
부처님 감사합니다	3권 p.348

건강한 사회인이 되는 길

부귀영화의 길, 부처님 향하는 길과 다르지 않다	1권 p.313
불교 수행의 목적, 몸과 마음을 건강하게 하는 것	3권 p.183
자신이 못난 줄 알고 이 공부를 영광스럽게 알아야	3권 p.323

나, 국가, 불교가 발전하는 가르침

불교 발전의 길, 선지식의 가르침	1권 p.210
국가와 개인이 모두 잘살 수 있는 참 가르침	1권 p.262
이 시대 스님의 사명과 불교의 역할	1권 p.322
백 선생님 가르침, 한국불교가 사는 길	1권 p.360

편집후기

선지식의 크신 사랑으로
새벽을 밝히며

후기는 쓰지 않으셨으나 여러모로 성실하게 도와주신 청우 지혜 교육원 도반님들이 많이 계십니다. 그 도반님들과 함께 할 수 있었던 날들을 부처님께 감사드립니다.

서정완

　듣고 또 듣고, 보고 또 보며
　부처님의 가르침을 잘 알려주시어
　현실에서 직접 적용하게 하시며
　재앙을 축복으로 만드는 기쁨을 알려 주시는
　선지식의 크신 사랑으로
　기쁨이 솟아 나오는 샘을 찾았습니다.

　이 가을 울긋불긋한 치장을 떨구며
　철이 드는가 합니다.
　오는 겨울도 봄으로 만들며
　이 기쁜 마음도 부처님께 바칩니다.
　부처님 감사합니다.

이혜림

　우리 모두는 부처님과 같이 전지전능한 존재라는 사실을 일깨워 주시는 선지식의 말씀에서 희망과 용기를 얻습니다. 선지식의 무한한 사랑을 느끼며 깊이 감사할 따름입니다. 이 책이 전 세계인의 인생 지침서, 지혜 교육의 교과서, 그리고 세계적인 인재 양성소 금강경 연수원 건립의 토대가 되기를 발원합니다.

김순점

　새벽을 달리고 달렸습니다. 새벽법문에 젖어들 때 세상은 고요했고 법사님은 늘 나의 오른쪽에 계셨습니다. 마침내 이른 새벽을 가르고 해가 떠오릅니다. 이 법문집을 읽게 될 모든 분들의 가슴에 밝은 태양이 떠오를 것을 확신합니다.

남경민

　『재앙을 축복으로 만드는 사람들』 책표지와 본문 편집에 참여하게 되어 매우 영광입니다. 매주 토요일 새벽 5시의 영상 법문이 세 권의 책 시리즈로 재탄생하는 동안 법사님을 향한 도반님들의 공경심과 선지식의 지혜와 사랑을 실감할 수 있었습니다. 늘 귀한 법문을 해 주시는 법사님께 무한 감사드리며 책 작업에 참여하신 모든 분들 이 책 읽으시는 모든 분들이 세세생생 선지식 만나 부처님 시봉 잘 하시기를 발원드립니다.

노지선

　선지식님의 새벽 법문은 들을 때에도 들을수록 새로운 마음으로 듣게 되는 희유한 법문이었습니다. 글로 바뀐 새벽법문 역시 선지식님의 선호념, 선부촉과 큰 은혜를 느낄 수 있는 보면 볼수록 또 보고 싶은 글이었습니다. 이 과정에 참여할 수 있어 무한한 영광입니다. 이 책을 통해 우리 가르침이 전 세계에 두루 퍼지고, 전 세계 모든 사람이 세세생생 선지식 모시고 금강경 공부 잘하여 스스로 전지전능한 존재임을 깨달아 부처님 시봉 잘하길 발원합니다.

박지현

선지식님의 말씀을 한 단어 한 단어 더욱 귀 기울여 들을 수 있는 영광된 기회를 주심에 감사드립니다. 희망과 용기를 주시는 밝은 말씀으로 칠흑 같은 어둠 속에 갇혀있던 제게 지금까지 경험해 보지 못한 마음 벅찬 희망의 새벽이 열리는 것 같습니다. 선지식님의 재앙을 축복으로 만드는 희유한 가르침과 헤아릴 수 없는 크신 사랑에 깊이 감사드리며, 모든 사람들이 이 책 잘 읽으셔서 마음에 눈부신 동이 트는 환희로운 새벽을 맞이하시기 발원드립니다.

문성경

선지식의 은혜와 모든 인연에 감사드립니다. 이번 작업은 주는 것이 곧 받는 것임을 실감하게 했습니다. 바쁠 때 겨우 자원을 하면 우연히 받은 교정물에서 제게 꼭 필요한 법문을 어김없이 얻게 되는 것이었습니다. '해가 뜨기 전의 새벽이 가장 어둡다'. 이는 달이 지고 해가 뜨기 직전의 순간이기 때문인데, 가장 어두워 보이지만 실은 밝아지기 위한 과정인 것입니다. 모든 사람을 영원한 밝음으로 이끄는 선지식의 귀한 가르침을 지침으로 하여 재앙을 축복으로 만드는 사람들의 대열에 동참하여 부처님 시봉 잘하시기를 발원드립니다.

함홍식

처음 시작은 선지식의 법문을 더욱 잘 이해하고 공부하기 위하여 활자로 옮겨 정리하는 것이었습니다. 한 사람 한 사람이 돌을 놓았고 그 돌이 쌓여 어느새 돌탑이 되었습니다. 이 돌탑은 보통의 돌탑과 달리 소원을 빌기 위함이 아니고, 신심과 공경심으로 이루어진 부처님 기쁘게 해 드리는 돌탑이 되었습니다. 이 돌탑에 작은 돌 하나 놓을 수 있는 기회를 주신 것에 감사합니다.

김형태

  선지식 말씀 오해없이 그대로 전달되도록 듣고 또 들으며 녹취했던 시간, 글로 옮긴 내용 보고 또 보며 교정보았던 시간, 선지식의 말씀이 저희에게는 법비가 되어 온몸에 젖어들었던 행복한 시간이었습니다. 이 책을 보시는 모든 분들께서 환희심 가득 내어 세세생생 선지식 모시고 부처님 시봉 잘 하길 발원드립니다. 법사님 감사합니다. 부처님 감사합니다.

황수복

  불법을 공부할수록 부처님의 은혜에 감격해서 눈물이 난다는 글을 읽은 적이 있는데, 법문 편집하면서 감격하는 그 마음을 이해할 수 있었습니다. 책에 있는 법문 한글자 한글자 마다 공부하는 사람들을 밝게 해 주시려는 법사님의 자비로운 마음이 담겨 있습니다. 이 희유한 법문이 책으로 나올 수 있도록 도움 주신 모든 분들께 감사드립니다. 모든 사람이 이 책 잘 읽어서 부처님과 법사님께 진심으로 감사하고 공경하는 마음으로 시봉 잘하기를 발원합니다.

김수

  당나라 시인 두보杜甫는 만권의 독서를 하면 글을 쓰는 경지가 신神에 도달한다고 했습니다. 한때 많은 독서를 통한 지혜 교육으로 운명을 변화시킬 수 있다고 믿었지만, 세상에 나온 서적들은 대부분 지식교육의 한계를 넘지 못하였습니다.
  하지만 이 책은 지식교육을 넘어 누구에게나 운명을 바꿀 수 있는 지혜교육의 길을 제시해줄 책이 될 것이라고 확신하였습니다.

채희선

  선지식의 법문 작업에 비록 처음부터 참여하지는 못했지만, 마지막 작업이라도 참여할 수 있어서, 영광으로 생각하며 감사드립니다. 잊어버렸던 법문, 미처 듣지 못했던 법문을 읽게 되어 절로 공부가 되는 것 같아 즐거웠습니다. 법사님 감사합니다. 도반님 감사합니다.

이영주

새벽에 설하시는 선지식의 진리의 말씀은 나의 무지를 일깨우고, 지혜의 등불을 밝혀 항상 '참나'로 이끌어 주셨습니다. 그 법문이 너무 심오하고 높아서, 일상생활 속에서도 반복해서 들으며, 선지식의 가르침을 깨우치고자 하였습니다. 이제 새벽법문이 책으로 출판되니, 많은 사람들이 생활의 지침서로 삼아 더욱 밝아지고 난제를 축복으로 바꾸어 행복해지기를 발원드립니다. 법사님과 출판에 참여한 도반들께 진심으로 감사드립니다.

김은희

편집을 하면서 법문에 더욱 깊게 빠져들었고 새 정신이 났으며 마음이 든든해졌습니다. 오히려 제가 많은 복을 받았습니다. 선지식의 법문은 언제나 우리를 밝게 해 줍니다. 희유한 법문을 편집하고 후기까지 쓰게 된 무한한 영광을 부처님께 바칩니다. 출판에 무주상으로 참여하신 도반님들께 감사드립니다. 소중한 복을 짓게 해주신 선지식께 감사드립니다. 이 책을 보는 모든 분들이 재앙과 축복이 둘이 아님을 깨우쳐 고통에서 벗어나 부처님 전에 복 많이 지으시길 발원드립니다.

이 책을
전 세계 모든 사람이 잘 읽어서
부처님과 내가 둘이 아닌 진리
번뇌와 보리가 둘이 아닌 진리
재앙이 곧 축복임을 아는
불이不二의 진리를 단박에 깨쳐
부처님 시봉 잘하시기를 발원합니다.

재앙을 축복으로 만드는 사람들 2

초판 1쇄 인쇄일 | 2021년 11월 15일
초판 1쇄 발행일 | 2021년 11월 22일

지은이 | 김원수

발행처 | 도서출판 바른법연구원
주소 | 서울시 마포구 망원로 10길 21
등록번호 | 540-90-01473
등록일자 | 2020년 9월 1일
전화번호 | 02-337-1636
네이버 카페(바른법연구원) | https://cafe.naver.com/buddhaland
유튜브 | https://www.youtube.com 바른법연구원 김원수

ⓒ 2021, 김원수

ISBN 979-11-974426-3-6 04220
ISBN 979-11-974426-1-2 (세트)

값 18,000원

※ 이 책에 실린 내용은 무단으로 복제하거나 전재할 수 없습니다.
※ 잘못된 책은 교환해 드립니다.